100대 한글 문화유산 ― **86**
(재)한국어세계화재단

의유당관북유람일기

류준경 지음

신구문화사

발간사

　21세기는 흔히 정보화 시대, 인터넷 시대라고 합니다. 정보는 내용이고 인터넷은 그것이 오가는 통로이지만 빠를수록 좋다는 점에서 공통적이라 할 수 있습니다. 21세기 들어 우리 사회는 점점 더 빠르게 변화하고 있으며, 이 같은 세태를 반영하듯 새로운 말들도 예전에 비해 훨씬 많이 만들어지고 있습니다. 이러한 분위기에서 요즘은 국어의 역사에 대한 사람들의 관심도 적어지는 것 같습니다. 그러나 국어는 우리 민족 문화의 근간이고, 역사의 전승 도구라는 점에서 관심을 새롭게 해야 한다고 생각합니다.

　한국어세계화재단에서는 2003년부터 문화관광부의 지원을 받아 우리 선조들이 남기신 국어 고전 자료 중 역사적, 문화적, 학술적 가치가 높은 중요 자료 100종을 선정하여 일반인들이 이해하기 쉽도록 해설하는 사업을 해 왔습니다. 선정된 자료들은 주로 문자·언어 관련서, 유학서, 종교서, 역학서, 기술서, 문학서, 생활사 자료 등 영역별로 중요하다고 선정된 문헌들입니다. 이 자료들을 후세까지 영구히 보존하고 일반 대중에게도 널리 읽힐 수 있게 하려면 하루빨리 이들을 디지털화하는 작업과 함께 해당 분야 전문가들에게 의뢰하여 역주·해설하는 작업을 병행해야 합니다. 그러한 작업의 결과가 이제 책자로도 출판되어 나오게 되었습니다. 따라서 독자들은 온라인으로도 원전은 물론 역주와 해설을 함께 볼 수 있으며, 그것을 인쇄된 책으로도 접할 수 있게 된 것입니다.

　그동안 다른 기관에서도 국어 고전 자료에 대한 많은 책들을 발간해 왔으나 일반인들이 쉽게 접근하기 어려운 경우가 많았습니다. 이번에 재단에서 출판하는 책들은 국어 전공자가 아닌 일반인이나 중·고등학생들도 큰 어려움 없이 읽을 수 있도록 쉽게 설명하고 해제를 붙였습니다.

　우리는 이 책들이 해외에도 널리 보급되어 재외 동포는 물론 한국어나 한국학에 관심을 가지고 있는 외국인들이 한국을 이해하고 한국어에 더욱 높은 관심과 애정을 가질 수 있게 되기를 기대합니다. 특히 최근 한류 등을 통하여 모처럼 일고 있는 한국에 대한 관심이 더욱 확산되고 지속되도록 하기 위해서는 실제로 한국어를 배우고 한국학을 전공하려는 재외 동포나 외국인이 많이 나와야 할 것입니다. 이른바 "100대 한글 문화유산 정비 사업"의 일환으로 이루어지는 이들 책자의 발간이 안으로는 선조들이 남기신 소중한 문화유산을 후손들이 쉽게 접할 수 있도록 하고, 밖으로는 한국어의 세계화에도 기여할 수 있을 것이라 확신하며 이러한 사업에 기꺼이 뜻을 같이하고 땀 흘려 주신 필자들께 깊은 감사의 말씀을 드립니다.

　재단에서는 앞으로도 국어 고전 자료뿐만 아니라 현대의 주요 국어 자료들도 세계화하기 위한 다양한 사업들을 계획할 것입니다. 아무쪼록 이러한 노력이 국내외에서 더 많은 사람들이 한국어에 관심을 가질 수 있도록 하는 데 좋은 계기가 되기를 바랍니다. 마지막으로 이러한 사업을 수행할 수 있도록 지원해 주신 문화관광부와 국립국어원에 감사드립니다.

2008년 1월 20일

한국어세계화재단 이사장　정순훈

머리말

『의유당관북유람일기(意幽堂關北遊覽日記)』는 의유당 남씨(意幽堂南氏, 1727~1823)가 지은 작품이다. 『의유당관북유람일기』에는 「낙민루」, 「북산루」, 「동명일기」, 「춘일소흥」, 「영명사득월루상량문」 등의 작품이 실려 있는데, 이중 「동명일기」는 일찍이 고등학교 교과서에도 실릴 만큼 널리 알려진 작품으로, 의유당의 섬세한 관찰과 생동하는 필치를 확인할 수 있다.

『의유당관북유람일기』와 관련하여서는 개인적인 소회가 있다.

초등학교 1학년 때였다. 부산 출신인 나는 처음으로 서울 나들이를 하였다. 이때 아버지께서 『의유당관북유람일기』의 작자인 의유당이 연안 김씨가 아니라 의령 남씨임을 밝히는 논문을 동국대학교에서 발표하셨다. 아버지의 발표 덕에 처음으로 서울 나들이를 했던 것이다. 물론 그때 나는 아버지께서 발표하시는 사실조차 몰랐다.

고등학교 때였다. 국어 시간에 「동명일기」를 배웠다. 선생님께서 「동명일기」의 작자에 관해 말씀하셨다. 당시 국어선생님은 아버지의 연구를 거론하며 의유당은 연안 김씨가 아니라 의령 남씨라고 하셨다.

그리고 20여 년이 지났다. 외람되게도 내가 『의유당관북유람일기』로 책을 내게 되었다. 세계화재단의 요청으로 『의유당관북유람일기』에 대해 교주 및 현대역 작업을 진행하게 된 것이다. 내가 『의유당관북유람일기』로 책을 내게 된 것은 모두 아버지의 영향이다. 아버지께서 의유당 남씨의 또 다른 저작인 『의유당유고』를 가지고 계셨기에, 이를 적절히 참조

할 수 있는 내가 『의유당관북유람일기』의 교주 및 현대역에 적합할 것이
라 판단하였기 때문이다.

『의유당관북유람일기』의 주석 작업은 주로 2006년 여름에 이루어졌다.
함흥부 관련 기록과 평양 관련 기록을 뒤지며 보다 정확히 주석하려고 노
력하였다. 그리고 새로운 사실이 발견되거나 의문 나는 점이 있으면, 틈
틈이 아버지께 질정을 구하기도 하였다. 그러는 와중에 아버지께서는 뒷
방의 짐 속을 뒤져 빛바랜 사진을 보여주셨다. 바로 의유당의 묘소를 찍
은 사진이었다. 30여 년 전에 의유당 남씨의 묘소를 수소문하여 찾으시
고, 사진을 찍어 놓으셨던 것이다. 지금 다시 수소문하여 그 묘소를 찾아
보니, 2000년에 후손이 평장(平葬)하여, 납골당으로 옮겼다고 한다. 이제
의유당의 봉분(封墳)은 사라지고, 아버지의 사진으로만 과거의 모습을 확
인할 수 있을 뿐이다.

이 책의 초벌 원고는 2006년 여름이 끝날 즈음 거의 완성되었다. 아버
지께서는 2006년 겨울 병마로 인해 그만 돌아가셨다. 당신으로 인해 작업
하게 된 아들의 책이 발간되는 것을 보시지도 못한 채.

부끄럽기 그지없지만, 이 책을 아버지 영전에 바친다.

2008년 9월
류 준 경

차 례

제1장 의유당관북유람일기 해제

『의유당관북유람일기』에 대하여

　의유당(意幽堂) 의령 남씨(宜寧南氏 : 1727~1823)의 『의유당관북유람일기(意幽堂關北遊覽日記)』 혹은 「동명일기(東溟日記)」는 고등학교 교과서에 수록되어, 누구나 들어보고 읽어보았을 것이다. 필자 역시 국어 교과서에서 「동명일기」를 처음 읽었다. 선생님께서 "『한중록』과 함께 조선시대 최고의 여류 수필"이라며 강조하셨지만, 당시 이 작품이 그리 좋은지 잘 몰랐다. 왜냐하면 고어투의 내용과 고문법 이해에 급급했기 때문이다. 지금도 기억나는 것은 "회오리밤"이니 "소 혀"니 하면서, 해를 나타내는 것이 무엇인지 묻는 시험문제이다. 해돋이 광경의 아름다움은 기억나지 않고, 시험에 나왔던 문제만을 기억하는 것은 필자에게만 해당되지 않으리라.

　『의유당관북유람일기』는 분명 빼어난 작품이다. 특히 「동명일기」의 뛰어난 묘사와 아름다운 표현, 생동하는 감정 등은 읽는 이를 즐겁게 한다. 이를 제대로 감상하지 못한 당시의 내가 후회스럽다. 그런데 국문학계에서 『의유당관북유람일기』에 관한 연구는 별반 없다. 국어 교과서에 실린 대다수의 고전문학 작품은 많은 연구 성과가 쌓여 있지만, 『의유당관북유람일기』의 경우는 예외적이다. 문학사적으로 중요한 작품임은 분명하나, 새롭게 해명되어야 할 사실은 그리 많지 않았기 때문이리라. 한편으로는 기행문이라는, 문학의 본령에서 약간 벗어난 장르적 성격과도 관련이 있을 것이다.

『의유당관북유람일기』는 1948년에 가람 이병기 선생이 교주본을 출판하면서 알려지게 되었는데 여기에서 의유당(意幽堂)이 함흥판관(咸興判官)을 지낸 이희찬(李羲贊)의 아내인 연안 김씨(延安金氏)이며, 창작 시기는 순조 18년(1829) 이라고 하였다. 하지만 이후 류탁일 교수에 의해 의유당은 연안 김씨가 아니라 신대손(申大孫)의 아내인 의령 남씨이고, 창작 시기는 1769년 즈음임이 밝혀졌다.[1]

그런데 『의유당관북유람일기』의 원본은 지금 전해지지 않고 있다. 다만 가람 이병기 선생이 현대 활자화한 『의유당관북유람일기』만 전해지고 있을 따름이다. 앞서 언급했듯이 『의유당관북유람일기』는 현대 활자화한 교주본을 출간하면서 최초로 소개되었다.[2] 이때 책의 제목은 『의유당관북유람일기』가 아니라 "意幽堂日記"였다.

이 책의 범례에서 가람 이병기 선생은 원문이 필사본이며, 탈락(脫落) 및 오사(誤寫)된 곳이 많다고 지적하였으며, 동시에 현대 활자화하는 과정에서 이를 수정하였다고 하였다. 또한 원문의 'ㆍ'나 'ㅐ' 등과 같은 고어표기를 현대적으로 고치고, 철자법(綴字法)에 맞게 수정하였음도 밝혀두었다. 곧 1948년에 가람 이병기 선생에 의해 최초로 소개된 "의유당일기"는 원래의 모습이 아닌 상당히 수정된 것이다.

그런데 『의유당관북유람일기』는 1949년에, 『조선역대여류문집(朝鮮歷代女流文集)』(민병도 편, 을유문화사)에 실려 다시 소개된다. 이때 제명은 "意幽堂集"으로 되어 있으며, 이전 백양당본과 마찬가지로 여전히 현대활자로 인쇄된 것이지만, 'ㆍ' 등의 고어표기를 살리고, 철자법을 수정하지 않아 원문의 모습을 그대로 살리고 있다. 그런데 이 책의 편자인 민병도

---

1) 하지만 여전히 인터넷에는 "작자는 의유당 김씨, 창작 시기는 1829년"이라는 해설이 돌아다니고 있다. 아마도 과거 교과서에는 작자가 의유당 김씨로 표시되었다가, 근래의 교과서에는 의유당이라고만 표기되었기 때문일 것이다. 바로 잡을 필요가 있다고 생각된다.
2) 延安金氏 著, 李秉岐 校註, 『意幽堂日記』, 白楊堂, 1948.

가 쓴 서문에 의하면 "자료의 수집과 해설은 전혀 이병기 선생과 이병도 선생의 지도로 된 것"이라 하였다. 이는 『조선역대여류문집』에 실린 "의유당집"이 이전에 소개된 "의유당일기"와 동일한 책을 바탕으로 만들어진 것임을 알려주는 것이라 하겠다.

따라서 『의유당관북유람일기』의 원본이 전해지지 않는 현재의 상황에서, 가장 원본의 모습을 잘 보여주는 자료는 『조선역대여류문집』 소재 「의유당집」이다. 하지만 이 역시 상당 부분 수정된 것이다. 왜냐하면 가람 이병기 선생이 처음 소개하면서 탈락이나 오사된 부분이 많다고 하였지만, 『조선역대여류문집』 소재 「의유당집」에서 탈락이나 오사가 거의 나타나지 않기 때문이다. 곧 가람이 탈락이나 오사되었다고 생각한 부분을 바로 잡아서 소개한 것이 바로 『조선역대여류문집』 소재 「의유당집」인 것이다.

그렇다면 원본은 어디에 있으며, 어떤 모습일까.

아마도 원본은 최초 소개자인 가람 이병기 선생이 소장했던 듯하다. 백양당본 서문에서 "썩은 고서 속에서 튕기쳐 나온 진본"이라든가, "어문학 연구열이 점점 높아지는 이때, 이런 책을 감추어 두기는 너무 애석한 일"이라 언급한 사실에서 추측해 볼 수 있다. 하지만 이 원본이 지금은 전하지 않는다. 가람 이병기 선생의 고서는 서울대학교 도서관에 기증되었지만, 거기에도 『의유당관북유람일기』는 존재하지 않는다.

그런데 『의유당관북유람일기』의 존재를 알려주는 또 다른 기록이 있어 주목을 요한다. 바로 『연경당언문책목록(演慶堂諺文冊目錄)』이 그것이다. 『연경당언문책목록』은 일제 강점기인 1920년에 작성된, 창덕궁 연경당에 모아져 있던 한글책의 목록으로, 현재 한국학중앙연구원 장서각에 소장된 낙선재본문고의 전신이 바로 이 '연경당언문책'이다. 이 목록에 바로 "意幽堂關北遊覽日記"가 기록되어 있다. 이는 『의유당관북유람일기』가 왕실 소장본으로 1920년까지 연경당에 존재하였음을 알려주는 것이다. 그리고 왕실에 있었던 이 『의유당관북유람일기』가 왕실에서 흘러나와 "썩은 고서 속에" 섞여 있다가 "튕기쳐" 나와 가람 이병기 선생 손에 흘러들어간 것으로 보인다.

『의유당관북유람일기』는 그 제목에서 알 수 있듯이, 의유당 남씨가 함흥판관으로 부임한 남편 신대손을 따라 함흥근처를 유람한 내용을 주로 담고 있다. 함흥부(咸興府) 안에 있는 명승(名勝)인 낙민루(樂民樓), 북산루(北山樓), 무검루(舞劍樓) 등을 유람한 「낙민루」, 「북산루」와 귀경대(龜景臺)에서 월출과 일출을 구경한 「동명일기」 등이 그것이다. 그리고 여러 사람의 일화를 번역한 「춘일소흥」, 역시 번역문인 「영명사득월루상량문」 등이 함께 실려 있다. 이중 「춘일소흥」과 「영명사득월루상량문」은 관북을 유람한 기록이 아니며, 또한 의유당이 직접 창작한 것도 아니지만 의유당이 직접 번역한 것이기에 함께 실린 것으로 보인다.

먼저 관북의 유람을 기록한 「낙민루」, 「북산루」, 「동명일기」 등을 살펴보기로 하자. 그 첫머리에 실린 것은 「낙민루」이다. 의유당은 서울에서 떠날 때부터 만세교(萬歲橋)와 낙민루(樂民樓)의 빼어남을 이미 듣고 있었다. 따라서 영조 45년(1769) 8월 24일 서울을 떠나, 9일만에 함흥에 도착하자마자 곧 만세교와 낙민루부터 구경한 듯하다. 함흥부는 바로 낙민루 옆에 있었기에 먼저 그곳부터 구경하였을 것이다.

낙민루는 무엇보다 누대에서 바라보는 경관이 빼어난 것으로 유명하다. 앞에는 드넓은 성천강(城川江)이 펼쳐져 있고, 저 멀리 상류에는 높은 산들이 감싸고 있으며, 하류 쪽은 바다와 접해 있어 아득한 물길이 드넓게 펼쳐져 있으니, 그 전망은 상상만 해도 시원하다. 게다가 넓은 성천강을 가로지르는 만세교까지 있으니 그 경관의 아름다움이야 이루 다 말할 수 없을 것이다. 이러한 경관이 있으니, 낙민루가 칭송되는 것은 당연한 일이다. 그런데 의유당은 성천강과 만세교만 묘사할 뿐, 멀리 솟아 있는 산이나, 바다로 접해 있는 하류의 경관을 특별히 주목하지 않는다. 오히려 강가에 "여염(閭閻)이 즐비(櫛比)하여 별 결이듯 하였으니, 몇 가구(家口)인 줄 모르겠더라."고 말한다. 아름다운 경관만을 주목하는 것이 아니라, 사람 사는 모습에도 많은 관심을 보이는 것이다. 이는 의유당이 아름다운 경치에 대한 동경과 함께 규방 너머의 또 다른 삶에 대한 호기심을 보이는 것이라 하겠다.

또 다른 삶에 대한 호기심은 이어지는 「북산루」에서도 보인다. 「북산루」는 북산루와 서문루(西門樓) — '무검루(舞劍樓)'라고도 함 — 를 구경한 일을 기록한 것인데, 서문루는 2년 전 부임했던 함경감사 채제공(蔡濟恭)이 새로 지은 것으로 "경치와 누각이 기이(奇異)하다"고 했지만, 주위에 여염집이 많아 구경 가는 것을 허락받지 못한다. 그러다 함흥에 온 지 2년이 지난 1771년 10월 보름에야 겨우 남편의 허락을 얻어 구경을 가게 된다. 서문루 구경에서도 의유당이 더욱 놀란 눈으로 바라보는 것은 여염집, 장터의 풍경이다. 서쪽 창으로 바라보니 마치 서울 밖의 지물(紙物)가게처럼 가게들이 즐비하고, 또 여염집도 빽빽하여, 서울의 남대문 부근도 이에 미치지 못할 것이라 말하기까지 한다. 그러다 어떤 무관(武官)이 늦은 밤에 풍류를 치며 만세교로 나가는 모습을 신기하고도 부러운 마음으로 바라보고, 또 시정(市井) 사람들이 떠들썩하게 무리지어 다니는 모습에 관심을 보인다. 그리곤 무뢰배들이 기생집을 다니며 호강하는 것이라고 생각한다. 여기서 우리는 내면으로만 침잠하는 일반적인 규방 여인이 아니라 바깥 세상에 호기심을 지닌, 자유분방함을 지향하는 활달한 여인의 이미지를 느낄 수 있다.

의유당의 활달하고 자유분방한 이미지는 북산루(北山樓) 구경에서 두드러진다. 북산루는 구천각(九天閣)에서 북쪽으로 삐죽이 나온 성벽 끝에 올려 있는 누각이다. 의유당의 말에 의하면 길게 뽑아낸 길이는 대략 60여 보(步)쯤이란다. 이 북산루에 올라서면 앞에 멀리 바라보이는 것은 말

을 타는 치마대(馳馬臺)이고, 동남편으로는 무덤들이 즐비하며, 서편으로
는 낙민루 앞 성천강 물과 만세교가 "비스듬히" 보인다. 여기서 의유당은
치마대에서 기생을 시켜 말을 타게 하지 못한 것을 아쉬워하고, 동남쪽의
무덤을 보면서 감창(感愴)하여 눈물을 흘리며, 서쪽에 넘실거리는 성천강
과 "비스듬히" 뵈는 만세교의 경관을 신기하고, 황홀하게 바라본다. 이어
풍류를 배설하고 즐기다 밤이 되어 관아로 돌아오는데, 기생들은 청사초
롱 수십 쌍을 들고, 관아 하인들은 횃불을 들며, 교전에 풍류까지 길게 잡
히어 장관을 연출한다. 여기서 의유당은 스스로를 군문대장(軍門大將)인
듯 느끼게 된다.

　　군악(軍樂)은 귀를 진동시키고 초롱 빛은 조요(照耀)하니, 마음에 규중소녀
자(閨中小女子)임을 아주 잊고 허리에 다섯 인(印)이 달리고 몸이 문무(文武)
를 겸전(兼全)한 장상(將相)으로 훈업(勳業)이 고대(高大)하여 어디서 군공(軍
功)을 이루고 승전곡(勝戰曲)을 연주하며 태평궁궐(太平宮闕)을 향하는 듯, 좌
우 화광(火光)과 군악(軍樂)이 내 호기(豪氣)를 돕는 듯, 몸이 육마거중(六馬車
中)에 앉아 대로(大路)를 달리는 듯 용약환희(踊躍歡喜)하여 오다.

여기서 의유당은 높고 큰 훈업을 이루어 궁궐로 개선하는 장군인 듯한
느낌에 사로잡히어, 여성이지만 더할 데 없는 호기로움을 보인다. 의유당
의 호방, 호탕함이 눈앞에 펼쳐지는 듯하다. 하지만 군문대장은 환상일
뿐이니, 그 호기로움 역시 일시적인 것이다. 그 역시 규방의 아낙이기 때
문이다.

　　관문(官門)에 이르러 관아(官衙) 안의 마루 아래 가마를 놓고 장(壯)한 초롱
이 군성(群星)이 양기(陽氣)를 맞아 떨어지는 듯 없어지니, 심신이 황홀하여
몸이 절로 대청(大廳)에 올라 머리를 만져보니 구름머리 꿴 것이 곱게 있고,
허리를 만지니 치마를 둘렀으니 황연(晃然)히 이 몸이 여자임을 깨달아 방중
(房中)에 들어오니 침선방적(針線紡績)하던 것이 좌우(左右)에 놓였으니 박장

(拍掌)하여 웃다.

청사초롱과 횃불, 그리고 풍악까지 앞세우고 오니, 개선장군인 듯 한껏 호기로움이 고양되었지만, 집에 들어서니 곱게 꾸민 구름머리와 치마를 입은 자신의 모습을 보게 되고, 방에는 하다가 그만 둔 바느질, 길쌈 거리가 널려 있음을 보게 된다. 한껏 고양된 감정과 현실 사이의 거리가 확인되는 순간이다. 그런데 다른 여성의 글에서는 규방에 유폐된 자의 안타까움이 묻어나는 경우가 일반적이지만, 의유당에게서는 그러한 점이 확인되지 않는다. 상상과 현실의 낙차를 호탕한 웃음으로 마무리하고 있기 때문이다. 여기서도 우리는 활달하며, 분방한 의유당의 숨결을 느끼게 된다.

이제 『의유당관북유람일기』의 백미(白眉)인 「동명일기」를 살펴보자. 의유당은 함흥에 도착하자마자, 동명(東溟)의 해돋이와 달맞이가 빼어남을 들어 솔깃하였다. 하지만 50리나 떨어진 곳이기에 쉽게 갈 수 있는 곳은 아니다. 이미 남편에게 구경 가기를 청하였으나, "여자의 출입을 어찌 경(輕)히 하리오."라며 거절당했다. 바로 옆의 무검루도 이태 만에야 구경하였으니, 동명(東溟) 구경의 어려움이야 말할 필요도 없었으리라. 하지만 의유당의 간청(懇請)으로 함흥에 온 지 2년 뒤인 1771년 8월에 드디어 남편과 함께 동명 해돋이 구경에 나서게 된다. 허나 날씨도 돕지 않고, 출발도 늦어 일출은 보지 못하고 다만 격구정(擊毬亭), 선바위 등의 경관만을 구경하고 돌아온다. 일출 구경을 못한 것이 한(恨)이 되어, 다시 구경 가기를 자주 청하지만 허락받지 못한다. 이미 함흥에 온 지 4년이나 되고, 그 사이 형부인 김시묵(金時默) ― 정조의 장인 ― 이 세상을 떠나고, 같이 와 있던 조카 김기종(金基鍾)도 떠나 우울함을 이기지 못하여 다시 구경 가기를 청하였지만, 여전히 남편은 허락하지 않는다. 이에 "인생(人生)이 기하(幾何)오? 사람이 한번 돌아감에 다시 오는 일이 없고, 심우(心憂)

와 지통(至痛)을 쌓아 매양 울울(鬱鬱)하니 한번 놀아 심울(心鬱)을 푸는 것이 만금(萬金)에 비하여 바꾸지 못하리니 덕분에 가지라.”고 자주 청하니 드디어 1772년 9월 17일에 남편과 함께 동명 일출 구경을 떠나게 된다.

이미 한차례 구경을 떠났으나 보지 못하자, 끈질긴 간청으로 끝내 동명에서의 해돋이를 구경 갈 수 있게 된 것이다. 일출구경에 목말라 하는 의유당의 모습이 눈에 보이는 듯 선하다. 나아가 원님인 남편에게 회유하고 협박(?)하는 아내의 모습 그리고 끝내 허락하는 남편의 모습에서 부부 사이의 애정이 느껴지기도 한다.

이러한 노력 끝에 쟁취한(?) 동명 해맞이였으니 그 설렘이야 말할 필요가 없을 것이다. 떠나기 전날 밤부터 부산하다. 설레는 것은 의유당만이 아니다. 기생과 비복들도 마찬가지이다. 날씨가 어떨까 하여 밤새 잠을 못자고 “뜰에 내려 사면(四面)을 관망(觀望)하”고, 새벽 동트기 전에 또 하늘을 본다. 이제 드디어 길을 나선다. 그런데 동명에 가는 길인 남문으로 나가지 않고, 서문으로 나가 성벽(城壁)을 돌아 남문 쪽으로 간다. 서문에서 남문 사이는 저자가 펼쳐져 있다. 앞서 「서문루」에서 여염집과 저자에 관심을 보였듯이, 여기서도 저자거리에 많은 관심을 보인다. 이어 동명 근처 가치섬에 숙소를 정하고, 바다에서 뱃놀이[船遊]를 한다. “군복(軍服)한 기생의 그림자는 하늘과 바다에 거꾸로 박힌 듯”하고 “풍류(風流) 소리는 하늘과 바다 속에 사무쳐 요란한 듯”하며, 석양 빛이 바다에 비치니 “일만 필(疋) 흰 비단을 물 위에 편 듯”하였으니, 선유는 무척 장관이었나 보다.

선유를 끝내고 월출을 보기 위해 귀경대(龜景臺)에 오른다. 귀경대는 바닷가에 10여 장의 높이로 우뚝 솟은 바위인데, 정상이 평평하여 4~50명이 앉을 수 있다고 한다. 귀경대란 이름은 앞의 바다에 거북이 모양처럼 생긴 바위가 있어 그렇게 이름 지어진 것이다. 귀경대에서 바라보는 바다는 장관이었다. 만추(晩秋)인 구월이라 "기러기 어지러이 울고 한풍(寒風)이 끼치는데 바다로 말도 같고 사슴도 같은 것이 물 위로 다니기를 말 달리듯" 한다. 아마 고래나 물개 같은 것이었으리라. 이곳 기생들조차 "연성(連聲)하여 괴이(怪異)함을" 부르짖으니, 처음 보는 의유당 "마음에 신기(新奇)키 어떠"했을까.

이어 파도소리가 장관인 가운데, 기생을 시켜 관동별곡(關東別曲)을 부르게 한다. 동해 바다 파도 소리 속에 낭랑히 들리는 관동별곡. 흥취를 더하였으리라. 이제 달이 떠오른다. "물 밑이 일시(一時)에 통랑(通朗)하며 게 드리운 도홍(桃紅)빛 같은 것이 얼레빗 잔등 같은 것이 약간 비치더니 차차 내미는데 둥근 빛 붉은 폐백반(幣帛盤)만 한 것이 길게 훙쳐 올라붙으며 차차 붉은 기운이 없어지고 온 바다가 일시에 희어지니 바다 푸른 빛이 희고 희여 은(銀) 같고 맑고 깨끗하여 옥(玉) 같으니 창파만리(滄波萬里)에 달 비치는 장관"이 이보다 좋을까.

허나 역시 동해에서 보는 것은 일출이 제격이라. 일찍이 숙소로 돌아와 해맞이를 기다린다. 의유당은 새벽부터 부산하다. "기생(妓生)과 비복(婢僕)을 혼동(混動) 하 하여 어서 일어나라 하니 밖에 급창(及唱)이 와", "아직 너무 일찍 하니 못 떠나시리라"고 하지만, "곧이 아니 듣고 발발이 재촉하여" 쑤어둔 떡국도 아니 먹고 바삐 귀경대에 오른다. 하지만 "별빛이 말곳말곳하여 동편에 차례로 있어 (날) 새기는 멀었고, 자는 아이를 급히 깨워 왔기 추워 날치며 기생(妓生)과 비복(婢僕)이 다 이를 두드"리며 추위한다. 의유당이 재촉하여 일찍 오게 만들었음을 알지 못하는 남편은 "상(常) 없이 일찍이 와 아이와 실내(室內) 다 큰 병이 나게 하였다"고 소리한다. 이에 의유당은 "마음이 불안하여 한 소리를 못 하고, 감히 추워하는 눈치를 못하고 죽은 듯이 앉았"을 따름이다. 설레어 일찍부터 부산을 떤 의유당. 추위에 아내가 탈이 날까 걱정하는 남편. 자신의 잘못이기에 겸연쩍어 추위도 추운 기색도 못하고 죽은 듯이 있는 의유당. 묘한 긴장이 흐르는 모습이 생동감 있게 그려져 있다. 읽는 이로 하여금 절로 미소 짓게 만든다.

　드디어 일출이다. 일출 광경 묘사는 「동명일기」의 백미(白眉)로 일찍이 교과서에 수록되어 우리가 익히 보았던 부분이다. 숯불 빛이니 회오리밤이니 소 혀 등이 무엇을 의미하는지 따위의 시험문제에 얽매이지 말고, 이제 좀 떨어져 그 장면의 상세함과 아름다움을 느껴보자. 하지만 잘 알려져 있다시피 동해 일출은 아무에게나 그 모습을 보이진 않는다. 기생들은 "이제는 해 다 돋아 저 속에 들었"다며, 구름에 가려 해 뜨는 것 볼 수 없다 한다. 하지만 남편은 "그렇지 않아, 이제 보리라"며 기다리란다. 그러니 이랑이·차섬이 등이 냉소하며 "소인(小人) 등이 이번뿐 아니고, 자주 보았사오니, 어찌 모르리이까. 마님, 큰 병환(病患) 나실 것이니, 어서 가압사이다." 의유당은 하릴없어 가마를 타고 가려 하니, 이젠 봉의 어미가 악을 쓰며 "어찌 가시리요? 기생(妓生) 아이들은 철모르고 지레 이렇게 구느냐?"며 만류한다. 일출을 앞두고 벌어지는 하인과 기생 간의 묘한 신경전. 살아있는 인물형상이 놀랍다. 묘한 신경전 끝에 드디어 장엄한 일출이 펼쳐진다.

　　홍색(紅色)이 거룩하여 붉은 기운이 하늘을 뛰놀더니, 이랑이 소리를 높이 하여 나를 불러, "저기 물 밑을 보라." 외치거늘, 급히 눈을 들어 보니, 물 밑 홍운(紅雲)을 헤치고 큰 실오라기 같은 줄이 붉기가 더욱 기이(奇異)하며, 기운이 진홍(眞紅) 같은 것이 차차 나와 손바닥 넓이 같은 것이 그믐밤에 보는 숯불 빛 같더라. 차차 나오더니, 그 위로 작은 회오리밤 같은 것이 붉기가 호박(琥珀) 구슬 같고, 맑고 통랑(通朗)하기는 호박도곤 더 곱더라.

　해뜨기 전의 바다 빛깔이다. 바다 밑에 잠긴 해의 모습이 보이는 듯하다.

　　그 붉은 위로 흘흘 움직여 도는데, 처음 났던 붉은 기운이 백지(白紙) 반 장

(半張) 넓이만치 반듯이 비치며, 밤 같던 기운이 해 되어 차차 커 가며, 큰 쟁반만 하여 불긋불긋 번듯번듯 뛰놀며, 적색(赤色)이 온 바다에 끼치며, 먼저 붉은 기운이 차차 가시며, 해 흔들며 뛰놀기 더욱 자주 하며, 항 같고 독 같은 것이 좌우(左右)로 뛰놀며, 황홀(恍惚)히 번득여 양목(兩目)이 어지러우며, 붉은 기운이 명랑(明朗)하여 첫 홍색을 헤치고, 천중(天中)에 쟁반 같은 것이 수레바퀴 같아 물속으로부터 치밀어 받치듯이 올라붙으며, 항·독 같은 기운이 스러지고, 처음 붉어 겉을 비추던 것은 모여 소혀처럼 드리워 물속에 풍덩 빠지는 듯싶더라. 일색(日色)이 조요(照耀)하며 물결의 붉은 기운이 차차 가시며, 일광(日光)이 청랑(淸朗)하니, 만고천하(萬古天下)에 그런 장관은 대두(對頭)할 데 없을 듯하더라.

해 뜨는 장관이다. 바다에 비치는 붉은 빛의 변화와 일렁이며 솟아오르는 해의 모습을 기운 생동하게 그리고 있다. '불긋불긋 번듯번듯 뛰노는' 해의 모습을 경탄하여 바라보는 의유당의 붉은 얼굴 빛이 보이는 듯하다. 특히 해가 솟아오를 때, 또 다른 붉은 빛이 "소혀처럼 드리워 물속에 풍덩 빠"진다고 한 대목은 세심한 관찰과 빼어난 표현의 백미이다. 곳곳에 드러나는 빼어난 비유는 우리말의 아름다움을 시범한 예가 아닐 수 없다. 동명의 일출도 빼어나지만, 이를 우리말로 아름답게 담아낸 솜씨 역시 만고천하에 대두할 데 없을 것이다.

일출 구경을 마친 의유당은 마지막으로 본궁(本宮)을 구경하고 돌아온다. 본궁은 태조의 구택(舊宅)이다. 지난 번 일출구경에서는 구경치 못했는데, 이번에 특별히 허락을 받은 것이다. 궁전과 태조의 갓, 화살, 허리띠 등과 마당의 소나무, 우물 등을 두루 돌아보고 드디어 관아(官衙)로 돌아오게 된다.

마지막으로 치사(致謝)의 말을 잊지 않았다. 부모님은 이미 돌아가시고, 자식들도 죽어 알뜰한 참경을 두루 보게 된 자신이 이렇게 좋은 구경을 할 수 있었던 것은 오로지 성주(聖主)의 은덕임을 강조한다. 그런데 이 '군은(君恩)'의 칭송은 관습적으로 서술한 것은 아닌 듯하다. 1762년에 세

손비(정조 비)로 책봉된 효의왕후(孝懿王后)가 바로 자신의 이질녀, 즉 언니의 딸이기 때문이다. 왕실과 연관을 가졌으며, 게다가 과거에 급제하지 못한 남편 신대손이 1769년에 함흥판관으로 부임할 수 있었던 것은 이러한 사실과도 관련이 있으리라. 따라서 의유당의 함흥 구경은 실제로 '군은(君恩)'에 의해 가능한 것일 수 있는 것이다.

「동명일기」를 끝으로 의유당의 관북유람이 끝났다. 하지만 『의유당관북유람일기』가 끝난 것은 아니다. 왜냐하면 『의유당관북유람일기』에는 이외에도 「춘일소흥」과 「영명사득월루상량문」이 더 실려 있기 때문이다. 그런데 이들은 「동명일기」와 전혀 다른 성격의 작품이다. 이들 작품은 "의유당관북유람일기"라는 제목에 걸맞지 않게 관북유람의 내용을 담고 있지 않으며, 동시에 우리말로 지어진 작품이 아니라 한문을 번역한 작품인 것이다.

이제 「춘일소흥」과 「영명사득월루상량문」을 차례대로 살펴보자.

「춘일소흥」은 김득신, 남용익, 정유악, 정탁, 정인홍, 김류, 조견, 유부인, 이번, 이탁 등 모두 10명의 일화(逸話)를 기록한 것이다. 『의유당관북유람일기』를 처음 소개한 이병기 선생은 「춘일소흥」의 장르를 '전기(傳記)'라 하였지만, 이는 일화(逸話)로 보는 것이 온당하다. 생평(生平)을 소개한 전기라기보다는 위의 인물과 관련된 몇몇 이야기만을 기록해 놓았기 때문이다.

그런데 이 일화는 의유당 남씨의 창작이 아니다. 이미 존재한 한문 작품을 초록(抄錄)하여 의유당 남씨가 번역한 것이다. 이 「춘일소흥」에 실린 일화 번역의 대본은 모두 두 가지인데, 하나는 도곡 이의현(陶谷 李宜顯, 1669~1745)의 「운양만록(雲陽漫錄)」이고, 다른 하나는 박량한(朴亮漢, 1677~?)의 『매옹한록(梅翁閑錄)』이다. 「춘일소흥」에 수록된 10명의 일화 중 처음 다섯, 곧 김득신, 남용익, 정유악, 정탁, 정인홍 등의 일화는 모두「운양만록」에 수록된 일화를 번역한 것이고, 나머지 다섯인 김류, 조견, 유부인, 이번, 이탁의 일화는『매옹한록』에 수록된 것을 번역한 것이다.

먼저 이의현의「운양만록」에 대해 살펴보자.

이의현은 영조 때 문형(文衡)을 지낸 대표적인 관료문인이다. 그는 김창협의 문하로, 일찍이 문장가로 이름을 날렸는데, 특히 영조 시기에는 노론의 영수로서 활동한 정치가이기도 하다. 그는 신임사화(辛壬士禍)로 1722년(경종 2)에 평안도 운산(雲山)으로 유배 갔다가, 영조가 등극한 1725년에 해배(解配)되는데,「운양만록」은 바로 운산 유배 시에 적어두었던 단편들을 해배된 후인 1728년에 산정(刪定)한 것이다.

이「운양만록」은 이의현의 문집인『도곡집(陶谷集)』에 실려 있는데,『도곡집』은 이의현 사후 약 20년 뒤인 1766년에 간행되었다. 따라서「춘일소흥」역시 1766년 이후에 번역되었을 것이고,「동명일기」가 1772년에 지어졌기에, 아마도「춘일소흥」역시 1772년경에 지어진 것으로 보인다.

「운양만록」은 모두 58개의 단편들을 싣고 있는데, 자신의 집안과 자기의 일로 시작해서, 역사인물의 일화, 문학론, 서적, 역사인물에 대한 평, 사상서에 관한 언급 등을 기록해 놓고 있다. 이 중 역사인물의 일화는 제13번째 단편부터 제30번째 단편에 집중적으로 기록되어 있는데,「춘일소흥」에서 번역한 것은 제17, 19, 20, 23, 26번째 단편이다.

「춘일소흥」에서 집중적으로 번역한 17번째부터 26번째까지 내용을 보면, 17번째는 정유악의 일화이고, 18번째는 백사 이항복, 청음 김상헌, 현옹 신흠 관련 일화이며, 19번째는 정탁의 일화, 20번째는 정인홍의 일화, 21번째는 박엽과 자신의 종조의 일화, 22번째는 윤두수, 윤근수 형제의 일화, 23번째는 김득신의 일화, 24번째는 책을 많이 보지 않는 근래의 관리들의 문제를 비판한 것, 25번째는 시와 관련된 대표적인 문학론인 '시

능궁인설'에 대한 평이며, 26번째는 호곡 남용익 일화[시화(詩話)]이다.

그런데 이들 17~26번째 자료에서 23번째 자료부터는 좀 더 다른 성격을 띤다. 17~23번째까지의 자료는 일화적인 성격이 강하다면, 23번째 자료부터는 보다 문학과 관련된 내용이 중심이 된다. 23번째 김득신의 일화는 김득신의 독서와 관련된 것이고, 26번째 남용익의 일화는 시화이다. 이는 이후의 자료를 통해서도 확인할 수 있는데, 28번째 자료는 문곡 김수항의 시화이고, 29번째 자료는 백호 임제의 시화이며, 30번째 자료는 동악 이안눌과 동명 정두경의 시화인 점에서 확인할 수 있다.

앞서 살폈듯이 「춘일소흥」은 역사인물 10명의 일화를 번역한 것이다. 그리고 「운양만록」에는 17~22번째까지 일화적 성격이 강한 자료가 몰려 있기에 이들을 번역한 것이라 할 수 있다. 그렇다면 「춘일소흥」은 17, 19, 20번째 자료만을 번역하고, 굳이 18, 21, 22번째 자료를 뺀 까닭은 무엇일까. 이는 번역된 자료와 번역되지 않은 자료의 차이를 통해 확인할 수 있다. 번역된 자료를 통해 알 수 있듯이, 서인 쪽의 일화는 빼고 남인 쪽의 일화만을 집중적으로 번역한 것이다. 그런데 이 남인들의 일화는 모두 부정적 성격이 강하다. 노골적인 비판이 뚜렷이 드러나는 경우가 대부분인 것이다.

이는 의유당의 당파적 성향을 드러내는 것으로, 상당히 남인에 대해 배타적인 성향이 강했던 것으로 생각된다. 기본적으로 「운양만록」 자체가 상당히 당파적인 색채가 드러나는 작품이다. 단순히 이의현의 당색인 노론 중심으로 기록되었을 뿐 아니라, 남인에 대한 배타적인 성향이 두드러진다. 그리고 이러한 남인에 대한 배타적인 성향은 주로 남인에 대한 부정적 일화를 통해 표출되고 있다. 그런데 「춘일소흥」에서는 이처럼 남인에 대한 배타적인 면모가 가장 두드러지는 자료만을 선별하여 번역하고 있는 것이다. 이는 곧 의유당 남씨의 당파적인 면모를 보여주는 것이라 할 것이다.

이상으로 「춘일소흥」과 「운양만록」의 관련에 대해 살펴보았다. 이제 「춘일소흥」에서 번역된 또 다른 자료인 『매옹한록』과 관련된 점을 살펴보자.

『매옹한록(梅翁閑錄)』은 박량한(朴亮漢, 1677~?)이 지은 필기·야담집이다. 박량한은 소론의 대표적 인물인 박장원(朴長遠)의 손자이자, 윤지완(尹趾完)의 외손이며, 정태화(鄭太和)의 외질로 소론 명문가 출신이다. 『매옹한록』은 일화가 주류를 이루는데, 인조에서 숙종년간의 시사(時事)와 사대부에 관련된 내용이 많다. 특히 외조부인 윤지완과 관련된 이야기 혹은 정태화와 관련된 이야기, 그리고 정태화의 아들인 동평위 정재륜이 지은 동평위공사견문록에 근거한 이야기가 많은 것으로 보아, 자신의 외가에서 보고 들은 것을 근거로 만들어진 책으로 보인다. 곧 소론 명문가를 중심으로 돌아다니는 이야기를 기록한 것이다.

그런데 『매옹한록』은 간행된 적이 없는 책으로, 필사본만이 전하는데, 이본에 따라 제목이 조금씩 다르며, 수록된 각편의 수와 내용에 있어서 차이를 보인다. 대표적인 이본으로 천리대 소장본(2책), 장서각 소장본(2책), 규장각 소장본(2책), 고려대 도서관 소장본(1책), 패림(稗林) 수록본(53장) 등이 있다. 이들 이본은 각각 261화(천리대본), 144화(장서각, 규장각본), 50화(고려대본), 99화(패림 수록본)가 실려 있는데, 이 중 천리대본이 가장 선본으로 추측된다. 천리대본 『매옹한록』의 이야기 중 「춘일소흥」에 번역된 것은 제 4, 8, 11, 30, 40번째 이야기이다. 그런데 「춘일소흥」에서는 제 30, 4, 40, 8, 11번째 이야기 순으로 번역되어 있다. 장서각본의 경우는 번역 순서가 다를 뿐 아니라, 아예 이번의 일화가 수록되어 있지 않고, 패림 수록본의 경우는 모든 이야기가 수록되어 있지 않다. 따라서 의유당 남씨가 번역한 대본은 또 다른 이본이었을 것으로 추정된다.

또한 『매옹한록』 소재 이야기의 번역에 있어서 의유당 남씨가 어떤 기준으로 자료를 선별하였는지는 분명하지 않다. 지금 남아 있는 이본에서 자료가 어느 한 부분에 집중적으로 몰려 있는 것도 아니며, 번역된 자료

에서 비슷한 주제적인 맥락을 찾아보기 어렵기 때문이다.3)

다만 번역된 텍스트인『매옹한록』이 소론가에서 작성된 야담집이라는 점이 주목을 요한다. 이는 바로 의유당 남씨의 당색(黨色)이기도 하기 때문이다. 의유당 남씨는 전통적 소론 가문 출신이다. 그의 남편 신대손(申大孫)의 조부는 소론의 핵심 인물인 박세채의 사위이며, 숙부 신경(申曔)은 박세채의 외손일 뿐 아니라 제자였다는 사실에서 이를 단적으로 확인할 수 있다. 특히『매옹한록』은 간행되지 않았기에, 필사본으로만 유통되었는데, 아마도 같은 명문 소론가였던 신씨 집안에서 쉽게 얻어 볼 수 있었기에 의유당 남씨가 이를 읽고 번역한 것으로 보인다.

이제는「춘일소흥」의 번역 양상에 대해서 살펴보도록 하겠다. 그런데『매옹한록』의 경우 이본에 따라 한자 자구의 차이가 나타나므로, 간행본인「운양만록」을 중심으로 번역의 양상을 살펴보도록 한다.

기본적으로「춘일소흥」은 원문을 직역하였는데, 번역에 있어서 크게 문제될 만한 점은 없어 보인다. 다만 번역의 대본이 야담·일화집으로 한문문장이 크게 어렵지는 않기 때문에, 의유당 남씨의 한문 수준을 쉽게 평가하기는 어렵다. 그런데 몇 구절에 있어서는 오역의 사례가 보이며, 부분적으로는 원문을 다 번역하지 않은 경우도 있다.

(1) 오역의 사례

三. 뎡유악

뎡유악이란 사룸은 셔인으로서 갑인 후의 남인의 브텨 아첨하는 티

---

3) <6. 김승평>은 기인한 사건과 몽조(夢兆)를, <7. 조안렴>은 충신의 면모를, <8. 유부인>은 지인지감(知人之鑑)과 괴팍한 성격을, <9. 이번>은 기인(奇人)의 면모를, <10. 이탁>은 강직한 성품을 드러내는 이야기이다.

도롤 사룸이 참아 바로 보디 못ᄒᆞ러니 그때 남인이 새로 득지ᄒᆞ야 허목을 튜존ᄒᆞ야 와주롤 삼아 일일은 모든 남인이 유악으로 더브러 궐듕의 모혀 [미수야는 허목의 별호라] 유악이 ᄯᅩ한 조ᄎᆞ 미수야롤 찬칭ᄒᆞ니 쳥셩이 마ᄎᆞᆷ 좌상긱으로 참예ᄒᆞ여 겨시더니 희롱ᄒᆞ여 우으며 갈오디 "길보[유악의 ᄌᆞ]는 가히 환야롤 님죵닌아위라 니로리로다."[아비 브르기롤 임의대로 이웃집 아ᄒᆡ다려 ᄒᆞᆫ단 말이라.] 유악이 대참ᄒᆞ야 나ᄎᆞᆯ 숙이고 모든 남인이 다 실색대경ᄒᆞ고 듯는 지 다 앙앙이 너기더라.

鄭維岳以西人, 甲寅後附南人諂佞之態, 人不忍正視. 時南人新得志, 推許穆爲窩主, 一日, 衆南與維岳會于闕中, 衆南齊稱眉叟爺, (眉叟者, 穆之號也) 維岳亦從而稱眉叟爺不已. 淸城適在座嘻笑曰 : "吉甫可謂喚爺, 任從隣兒爲也." 維岳慚沮, 衆南失色, 聞者快之. (吉甫者 維岳字也) 好事者目維岳曰 : "回龍顧祖, 納馬忘親." 盖堪輿家有回龍顧祖之格, 而維岳以元兇順朋之後, 其行事恰相似. 且其父死於虜, 而不知讐虜, 每當勑行時, 納馬以圖利故云.(「운양만록」)

밑줄 친 부분은 "가히 환야롤 님죵닌아위라"(可謂喚爺任從隣兒爲)에 대한 설명으로 문맥상 별 문제는 없으나, 이는 "可謂喚爺任從隣兒爲"의 의미를 잘못 파악한 것이다. 이때 '야(爺)'는 아버지란 뜻이 아니라, 어른에 대한 존칭으로 사용된 것이다. 이를 번역하면 "'爺'라고 높여 부르는 것은 자기 임의대로 이웃집 아이를 좇아서 한 것이라고 이를 만하다."가 된다. 이는 미수(眉叟)를 보고 '미수야(眉叟爺)'라고 높여 부르는 남인들을 좇아서 정유악이 '미수야(眉叟爺)'라고 부르는 것을 희롱한 것으로, 이 때 이웃집 아이[隣兒]는 여러 남인들을 빗대어 말한 것이다. 또한 원문의 뒷부분을 번역하지 않았다.

(2) 원문의 중간을 번역하지 않은 사례

四. 뎡탁

뎡탁은 녜천인이니 (…) 크게 놀라 갈오대 "그뒤 명이 지위는 인신의 극진ᄒᆞ고 수는 긔이[댱수하단 말이라]의 니르리니 우리 모든 벗이 다 ᄯᆞᆯ오기 어렵다." ᄒᆞ고 ᄯᅩ 갈오ᄃᆡ "이 직ᄌᆡ라. 녕남 풍속이 향족으로ᄡᅥ 뎨일 냥반을 삼거늘 이제 뎡공이 한미ᄒᆞᆫ 사ᄅᆞᆷ으로서 귀히 되리로라." ᄒᆞ더라. 후의 과연 정공이 상국이 된 후 그 형이 본군 좌수 되엿더니 왜난의 감시 군냥 니우디 못ᄒᆞᄆᆞ로 좌수를 중형홀ᄉᆡ 그 나흘 므르니(…)

鄭琢醴泉人也, 家世寒微, 遊於曹南冥之門, 頗知名於士友間. 明廟朝, 登第, 分隷芸閣. 是時用人, 只觀才望, 不甚拘門閥, 故歷踐玉堂銓郞, 終至位躋左揆, 勳封西原府院君, 年享八十, 致仕而卒, 子姓亦繁, 眞稀世之命數也. 其在芸閣, 適往玉堂, 時高霽峰敬命方在直, 與諸友論命, 盖霽峰妙於推命故也. 鄭公卽取筆書其四柱, 使霽峰推之, 霽峰怒曰:"君何敢爾." 鄭公遜謝不已. 霽峰默觀之, 極貴之命也, 乃大驚曰:"君之命位極人臣, 壽到期頤, 吾諸友皆不及也. 異哉異哉!" 嶺南之俗, 以鄕族爲重, 必以內外妻家表著之人, 入於鄕案, 鄭公以寒門之故, 官高而猶不得入. 爲吏判時, 受暇下鄕, 大供具, 請鄕老爲三日宴, 盖諷使入鄕也. 鄕老旣受饋, 乃議于一鄕曰:"鄭琢秩登正卿, 爲國重臣, 家世雖微, 似不可不入鄕." 鄕人皆許之. 一人曰:"是則然矣. 但旣入之後, 如欲與吾輩爲婚姻則奈何?" 一時傳笑. 鄭公入相後, 其兄爲本郡座首, 倭寇之亂, 監司以軍興不繼刑之, 例告年甲, 年七十餘. 監司責之曰:"年已老而事則疎?" 對曰:"鄭琢之兄也, 年安得不老." 監司驚而特免之.

위의 「운양만록」에서 정탁 부분을 번역함에, 밑줄 친 부분을 거의 생략하고 나머지 부분만을 번역하였다.

이상으로 「춘일소흥」에 대해 살펴보았다. 마지막으로 「영명사득월루상량문」에 대해 살펴보자.

먼저 「영명사득월루상량문」의 작자 및 창작시기에 대해 살펴보도록 한다.

영명사(永明寺)는 평양에 있는 유명한 사찰이며, 그곳의 득월루(得月樓) 역시 현재까지 남아 있는 주요문화재이다. 「영명사득월루상량문」의 창작시기를 알기 위해서는 먼저 득월루의 창건시기부터 살필 필요가 있다.

『한국민족문화대백과사전』 영명사 조에 의하면 "1703년(숙종 29)에는 구관(句管)이 득월루(得月樓)를 보수하였"다고 하였다. 『한국민족문화대백과사전』에서 이렇게 기록한 것은 그 참고문헌으로 보건대, 영호정호(映湖鼎鎬 : 朴漢永, 1870~1948)의 「평양부영명사중수기(平壤府永明寺重建記)」(1922)에 "顯宗四年, 本寺總攝自平禪師, 新修殿寮, 同二十九年三月, 句管大師, 增修得月樓"의 기록에 근거한 것으로 보인다. 이에 따르면 최소한 1703년 이전에 득월루가 있었다는 것이 된다.

그런데 득월루에 관한 또 다른 기록인 이계 홍양호(洪良浩, 1724~1802)의 「득월루중수기(得月樓重修記)」에서는 이와 다른 사실을 보여준다. 「득월루중수기」의 말미에서 홍양호는 "게다가 이 누각은 집안 형인 판돈령공께서 창건하시고 편액을 다셨는데, 사십 년이 지난 오늘에 나의 손에 의해 중수되었다.(況斯樓, 宗兄判敦寧公實刱建而題其扁, 今於四十年後, 重修於余手)."라 하였다. 여기서 집안 형[宗兄]은 홍상한(洪象漢)을 말하는데, 홍양호는 1791년부터 1792년까지 평안감사를 역임하였고, 홍상한은 이보다 약 40년 전인 1752년부터 1754년까지 평안감사를 역임하였다.

따라서 홍양호의 「득월루중수기」에 의하면 1752년에 건립된 것이 된다.

득월루 창건에 관한 기록은 홍상한의 아들인 홍악명(洪樂命)이 쓴 「영명사중수기(永明寺重修記)」에도 나타난다. 이 「영명사중수기」의 중간에 "강을 조감할 수 있는 동루를 세우고, '득월'이라고 편액을 달았다.(建東樓瞰江, 扁以得月)"이라 분명히 언급하고 있다. 이로 보건대, 득월루는 1752년에 건립된 것이 분명하다고 할 것이다.

그렇다면 「永明寺得月樓上樑文」의 작자는 누구일까. 이에 관한 기록은 아직 발견되지 않아 분명하지 않다. 다만 의유당 남씨가 직접 창작한 것은 아니라고 생각된다. 의유당 남씨는 「동명일기」를 그의 나이 46세인 1772년에 지었는데, 이보다 20년 전에 평양에 가서 득월루 상량문을 지었다고 보기에는 무리가 따르며, 또 남편이나 시아버지가 평양에서 벼슬한 흔적이 보이지 않기에, 득월루가 지어진 1752년에 의유당 남씨가 평양에 갔을 이유는 없기 때문이다. 따라서 의유당 남씨가 「永明寺得月樓上樑文」을 직접 창작한 것은 아니고, 다만 이를 한글로 번역한 것이라 하겠다. 이 점은 「永明寺得月樓上樑文」의 번역에서 부분적으로 오역(誤譯)의 사례도 나타난다는 점에서도 추측 가능한 일이다.

그렇다면 왜 의유당 남씨는 자신이 가본 적도 없는 영명사 득월루의 상량문을 번역하였을까. 이 역시 「춘일소흥」처럼 의유당 집안의 내력과 관련을 맺고 있는 것처럼 보인다. 영명사의 득월루를 건립한 사람은 당시 평안감사였던 홍상한이다. 「永明寺得月樓上樑文」의 작자 역시 홍상한과 관련을 맺고 있는 사람일 것이다. 이는 「영명사중건기」를 그의 아들이 썼다는 사실에서도 확인할 수 있다.

그런데 이 홍상한은 의유당 남씨와 인척 관계가 된다. 의유당 남씨의 시매부(媤妹夫)가 홍인한(洪麟漢)이고, 홍인한과 홍상한은 4촌 사이인 것이다. 곧 의유당 남씨와 영명사 득월루를 창건한 홍상한이 혼반(婚班)으로 얽힌 사이인 것이다. 따라서 「永明寺得月樓上樑文」을 의유당 남씨가 얻어 볼 수 있었을 것이고, 이에 따라 의유당이 직접 번역하게 된 것이다.

지금까지「永明寺得月樓上樑文」의 작자 및 창작시기와 관련된 문제를 검토하였다. 이제「永明寺得月樓上樑文」의 번역에 관한 문제를 살펴보자.

가람 이병기 선생이 소장하였던『의유당관북유람일기』에서는 원문의 한자음을 한글로 먼저 기록하고, 그 다음에 이 번역문을 실었던 것으로 보인다. 가람 이병기 선생이 처음 소개한 백양당본에서는 한자음의 한글 기록이 없지만,『조선역대여류문집』에 이와 같은 체재로 실려 있고, 또 조선 시대 한문번역본에서 이러한 체재가 빈번히 확인되기 때문이다.

그런데『조선역대여류문집』에 실린 원문의 한글음은 가람 이병기 선생에 의해서 교정된 것으로 파악된다. 왜냐하면 백양당본의 범례에서 "「영명사득월루상량문」본문에는 뒤바뀌어 적힌 구구자자가 퍽 많은데, 그것은 번역문과 대조하여 고쳤다."고 언급하였는데,『조선역대여류문집』에 수록된 것에서 뒤바뀌어 적힌 구구자자(句句字字)가 없기 때문이다. 이러한 가람 이병기의 언급은 가람 이병기 소장본이 의유당 남씨 당대에 만들어진 책은 아닌 것임을 보여주는 것이기도 하다. 한자의 한글음에서 많은 오류가 보이는 것은 이미 여러 차례 필사 과정을 거쳤음을 알려주는 증거이기 때문이다. 이는 또한 상당수의『의유당관북유람일기』이본이 존재하였음을 알려주는 증거이기도 하다.

이제 번역의 양상에 대해 살펴보자.

「영명사득월루상량문」역시 번역에서 큰 오류는 보이지 않는다. 다만 다음과 같은 오류가 보이는 정도뿐이다.

인뎐구뎨궁유긔ᄒᆞ니 / 옥텽쳥포지상샹이오(人傳九梯宮遺基 玉廳靑蒲之想像)

사ᄅᆞᆷ이 구뎨궁 남은 터흘 뎐ᄒᆞ니 / 옥집과 프른 개롤 싱각고
ᄯᅡ히 동명왕의 긔이ᄒᆞᆫ ᄉᆞ적을 머물우니 / 문무뎡과 긔린굴을 가히 ᄎᆞᄌᆞ리로다.

여기서 밑줄 친 '프른 개'는 푸른 갯벌이다. 그런데 원문의 '쳥포'는 문맥 상 한자로 '青蒲'가 되어야 한다. 앞의 '玉廳'을 보건대, 천자(天子)의 내정(內庭)을 뜻하는 '青蒲'가 타당하기 때문이다. 그런데 번역에 있어서는 청포의 한자를 '青蒲'가 아닌 '靑浦'로 잘못 파악하여, '푸른 갯벌'로 오역(誤譯)한 것이다.[4]

지금까지 『의유당관북유람일기』를 살펴보았다. 그런데 의유당 남씨의 작품으로 『의유당관북유람일기』 외에도 「백년봉서(白蓮峰序)」 등 한문산문 3편과 「춘경(春景)」 등 한시 17수 그리고 「기어유손(寄於幼孫)」 등 국문산문 3편이 실린 『의유당유고(意幽堂遺稿)』가 전한다. 『의유당관북유람일기』가 의유당이 46세 무렵에 지은 것이라면, 『의유당유고』는 50세 이후에 지은 것을 그녀 사후에 묶은 것이다. 이 『의유당유고』에는 노년의 삶에 대한 기록이 조금씩 나타난다.

『의유당유고』에 의하면, 의유당은 모두 12남매를 출산하였지만 한 명을 제외하고는 모두 잃고 만다.[5] 젊어서는 자못 번화하여 남편을 따라 남북으로 다녔지만, 말년에는 남편과 자식 대부분을 앞세우고 쓸쓸히 보낸 것이다. 이처럼 곤궁한 말년을 보내니, 『의유당유고』는 『의유당관북유람일기』의 글과는 달리 활달하고 자유분방한 기세가 보이지 않는다. 섬세한 관찰은 여전히 두드러지지만, 젊었을 적의 분방한 필치는 더 이상 드러나지 않는 것이다.

그런데 곤궁한 노년의 의유당을 보살펴 준 이는 다름 아닌 자신의 이

---

4) 반드시 오역으로만 파악할 수 없는 점도 있다. 의유당이 본 한문원문 자체가 '靑浦'로 오기(誤記)되었었을 수 있기 때문이다. 그렇다고 하더라도 오기(誤記)임을 파악하지는 못한 점은 인정해야 할 것이다.

5) 의령 남씨 족보에 의하면, 의유당에게는 3명의 자식만이 있는 것으로 기록되어 있다. 아마도 나머지 9명의 자식은 요절하여 족보에 오르지 못한 것으로 보인다.

질녀(姨姪女)인 효의왕후(孝懿王后)였다. 효의왕후는 바로 정조의 비(妃)인데, 의유당 남씨가 서울 삼청동에 기거하는 동안 때마다 음식과 의복을 보내어 이모인 의유당을 보살펴 준 것이다.

그런데 의유당 남씨와 왕실의 관계는 남다르다. 효의왕후의 시어머니인 혜경궁 홍씨 역시 의유당 남씨와 인척관계에 있기 때문이다. 혜경궁 홍씨의 아버지는 홍봉한(洪鳳漢)이고, 홍봉한의 동생은 홍인한이다. 그런데 이 홍인한이 의유당의 시매부가 된다. 곧 홍인한의 처남이 의유당 남씨의 남편인 신대손인 것이다.

앞서 살폈듯이 『의유당관북유람일기』는 왕실에 소장되어 있던 책이었다. 의유당의 작품이 왕실에 소장될 수 있었던 이유는 의유당과 왕실의 이러한 관련 때문일 것이다. 그런데 의유당의 또 다른 작품집인 『의유당유고』 역시 왕실에 소장되어 있던 책으로 보인다. 『연경당언문책목록』에 『의유당유고』가 보이진 않지만, 이 역시 낙선재본 문고였을 가능성이 있다. 낙선재본 문고 중에 『곤범』이라는 책이 있다. 이 책은 경서와 송나라 때의 성리학관련 저술 그리고 부인들의 전(傳), 비지(碑誌), 행장(行狀) 등을 뽑아서 한글로 음을 쓰고, 번역문을 붙인 것으로 왕실 여성의 교훈서로 만들어진 것이다. 그런데 이 『곤범』의 필체는 『의유당유고』의 필체와 동일하다. 『의유당유고』의 첫 면에 '석대(石臺)'라는 필사자의 호가 보이므로, 그가 『곤범』과 『의유당유고』를 함께 필사한 것으로 보인다. 그리고 한문의 경우 한자의 음을 한글로 쓰고, 이어서 번역문을 붙이는 체재는 『관북유람일기』, 『의유당유고』, 『곤범』이 모두 동일하다. 이로 보건대, 『의유당유고』 역시 왕실에서 흘러나온 책이 분명하다고 하겠다. 따라서 『관북유람일기』나 『의유당유고』 모두 왕실의 독서물이라는 동일한 성격을 지녔다고 할 것이다.

그런데 의유당의 문학 활동에서 왕실과의 관계는 좀 더 주목할 필요가 있다. 우리의 눈을 끄는 것은 효의왕후의 시어머니인 혜경궁 홍씨다. 곧 의유당은 혜경궁 홍씨의 며느리의 이모인 것이다. 그런데 혜경궁 홍씨의 문학적 소양은 그녀의 숙모인 신씨(申氏) 부인에게 왔다고 한다. 혜경궁 홍씨는 『한중록』에서 이렇게 적고 있다.

> 중모께서 또 덕행이 남다르오셔 백사(百事) 받드오심이 존고(尊姑) 버금이시고 기취고결(氣趣高潔)하시며 문식(文識)이 탁월하오셔 진실로 임하풍미(林下風味)요 여중선비라. 나를 심히 사랑하오셔 언문을 가르치시고 범백(凡百)을 지도하오셔 자별(自別)히 구오시며 내 또한 선비 같잡게 받드오니….

숙모인 신씨 부인에게서 문학적 소양과 범사를 배웠다는 것이다. 앞서 언급했듯이 이 신씨 부인이 바로 의유당의 시누이다. 우리는 여기서 고전 여류 수필의 백미라 할 『한중록』과 『관북유람일기』의 작자가 인척관계로 얽혀 있는 사실을 확인할 수 있다. 특히 왕실을 중심으로 이들 여류 문학 작품이 유통·향유되고 있다는 사실은 보다 주목을 끄는 일이다.

『의유당관북유람일기』는 여성 문학에서 독특한 위치를 점한다. 대부분의 여성 문학은 슬픔의 정서가 두드러진다. 난설헌 허초희나 혜경궁 홍씨, 호연재 김씨 등 대부분의 여성 문학이 보여주는 세계는 어둡다. 하지만 『의유당관북유람일기』는 활기차고, 밝고 자유분방하다. 우리말 표현의 아름다움을 개척하였을 뿐 아니라, 호기롭고 자유분방한 분위기의 여성문학을 이룬 점은 기억되어야 할 것이다.

또한 『의유당관북유람일기』에 수록된 번역 작품인 「춘일소흥」과 「영명사득월루상량문」 역시 주목을 끈다. 기존에 존재하는 한문 작품을 번역한 것이라는 점에서 이들의 문학적 가치는 그리 높아 보이지는 않는다. 하지만 이들은 여성문학의 한 특징을 보여준다는 점에서 주목할 필요가 있다.

먼저 「춘일소흥」과 관련하여 볼 때, 「운양만록」에서 번역한 자료는 모두 일화이다. 그리고 『매옹한록』 역시 사대부 일화가 중심인 야담집이다.

따라서 「춘일소흥」의 존재는 사대부가(士大夫家) 여성들이 야담을 향유 했다는 중요한 증거가 된다. 특히 주목되는 점은 의유당 남씨의 집안과 관련된 문제이다.

먼저 주목되는 점은 고전 여성 수필의 백미라고 일컬어지는『한중록』과 「동명일기」의 작자가 인척관계라는 사실이다. 이는 인척관계로 맺어진 이들 집안에서 여성문학적 역량이 축적되어 있음을 보여주는 증거가 된다. 이와 함께 야담문학의 향유도 주목할 필요가 있다. 의유당의 야담집 번역은 이들과 관련된 집안의 문화적 분위기와도 연관되기 때문이다. 여기서 주목을 끄는 것은 혜경궁 홍씨의 아버지인 홍봉한 집안을 중심으로 얽힌 야담집 편찬의 내력이다. 먼저 대표적인 야담집인『동패낙송』의 저자인 노명흠은 홍봉한 집안의 숙사(塾師)였고, 최초의 본격적인 야담집인『천예록(天倪錄)』의 저자인 임방은 홍봉한의 외조부이며, 3대 야담집의 하나인『계서야담(溪西野談)』의 작자인 이희평의 고조부는 홍봉한의 장인이 된다. 이러한 사실은 홍봉한 가(家)를 중심으로 한 야담 향유의 문화적 분위기를 감지할 수 있다. 이러한 맥락에서 홍봉한과 인척관계에 있는 의유당의 야담 향유와 번역을 이해할 수 있는 것이다. 따라서 「춘일소흥」의 존재는 사대부가 여성 특히 인척으로 연결된 몇몇 집안의 야담 향유 양상을 구체적으로 확인하게 하는 주요한 증거가 된다고 할 것이다.

「춘일소흥」과 「영명사득월루상량문」의 존재는 여성문학의 또 다른 주요한 특성을 보여준다는 점에서 주목할 필요가 있다. 이는 「운양만록」,『매옹한록』,「永明寺得月樓上樑文」이 번역될 수 있었던 이유와 관련을 갖는다. 이들은 기본적으로 가문, 당색과 밀접한 관련을 보인다. 「운양만록」에서 선발된 자료에서 보이는 타 당파에 대한 배타적인 시선, 동일 소론가의 서적인『매옹한록』의 독서와 번역, 그리고 영명사 득월루를 창건한 홍상한과의 인척 관계로 인한 「永明寺得月樓上樑文」의 번역 등은 의유당 남씨의 문학 향유가 철저히 가까운 가문 중심으로 이루어지며, 동시에 뚜렷한 당파적인 색깔을 띠고 있음을 보여주는 것이다. 이는 우리 고전 여성문학이 지니게 되는 당파적 성격을 보여주는 증거가 되며, 나아가 여성문학의 연구에 있어서 당파적인 접근의 필요성을 환기하고 있다고 할 것이다.

제2장 의유당관북유람일기 주석

의유당관븍유람일긔

낙민누1)

함홍 만세교2)와 낙민뉘3) 유명ᄒ다 ᄒ더니 긔튝년4) 팔월 념 ᄉ일5) 낙6)을 ᄯ러나 구월 초 이일 함홍을 오니 만세교ᄂ 댱마7)의 문허디고8) 낙민누ᄂ 서흐로 성 밧긘듸 누하문9) 전형10)은 서울 홍인11) 모양을 의디ᄒ야시듸12) 둥골고13) 적어 계유14) 독교15)가 간신이 드러가더라.

---

1) 낙민누 : 樂民樓. 함홍부 부성(府城)의 서쪽에 있던 누각(樓閣)이다. 본래 '낙민정(樂民亭)'이라는 이름의 정자가 있었는데, 임진왜란 때 소실되었다가, 선조 40년(1607)에 당시 관찰사였던 장만(張晚, 1566~1629)이 부성(府城)을 개축하면서 누각으로 지었다. 아래에는 방어를 위해 포루(砲樓)를 두고, 위에는 연회(宴會)가 가능한 연각(燕閣)을 마련하였다. 낙민루는 무엇보다 누각에서 바라보는 경관으로 유명하다. 바로 앞으로는 넓은 성천강이 흐르고, 그 강 위에 만세교가 있으며, 강 너머에는 넓은 들(함흥평야)이 펼쳐져 있고, 들 너머와 북쪽으로는 산이 높이 솟아 병풍처럼 두르고 있고, 남쪽으로 여러 섬과 바다가 보인다. 이처럼 산과 바다, 강, 들의 아름다움을 한 자리에서 감상할 수 있어 함흥에서 가장 유명한 승경지로 일컬어졌다.
2) 만세교 : 萬歲橋. 낙민루 아래에 있는, 성천강을 가로 지르는 다리. 1859년에 만들어진 『관북지(關北誌)』에 의하면, 아름드리 나무를 이어 만든 목교(木橋)로서, 길이가 150간(間)[약 500m]에 달해 함흥의 명소였다고 한다. 또 함흥의 풍속에 정월 초하루에 다리밟기[踏橋]를 하면 재앙이 없다고 하여 함흥부민 모두가 다리를 밟으므로, 혹 늦을까하여 일찍부터 자리를 펴고 밤새 즐겼다고 한다. 다리 앞에 '萬歲橋'라 새겨진 비석이 당시까지 있었다.
3) 낙민뉘 : 낙민루가.
4) 긔튝년 : 기축년(己丑年). 영조 45년(1769).
5) 념 ᄉ일 : 념(念) 사일(四日). 이십사일. 념은 스무날을 말한다.
6) 낙 : 洛. 洛陽. 서울을 말한다.
7) 댱마 : 장마.
8) 문허디고 : 무너지고.
9) 누하문 : 樓下門. 누각 밑으로 난 문.
10) 전형 : 全形. 사물 전체의 모습이나 형상.
11) 홍인 : 興仁. 홍인지문(興仁之門)의 준말. 서울의 동대문을 말한다.

그 문을 인ᄒᆞ여16) 성 밧그로 ᄲᅢ그어17) 누를 지엇ᄂᆞᄃᆡ 두 층으로 대롤 무으고18) 아ᄋᆞ라이19) ᄡᅡ올녀20) 그 우희21) 누롤 지어시니 단청과 난간이 다 퇴락ᄒᆞ야시ᄃᆡ22) 경치ᄂᆞᆫ 정쇄ᄒᆞ야23) 누 우희 올라 서편24)을 보니 성천 강25)의 크기 한강26)만ᄒᆞ고 믈결27)이 심히 묽고 됴촐ᄒᆞᄃᆡ28) 새로 지은 만 세교 믈 밧그로 놉희 대여자히나29) 소소30) 노혀시니31) 거동32)이 무디 게33) 휘온 듯ᄒᆞ고 기릭34)ᄂᆞᆫ 니로기롤 이 편으로셔 저 편ᄀᆞ지35) 가기 오 리36)라 ᄒᆞᄃᆡ 그럴니ᄂᆞᆫ 업서 삼ᄉᆞ니ᄂᆞᆫ 죡ᄒᆞ여 뵈더라. 강가의 버들이 ᄎᆞ례

12) 의디ᄒᆞ야시ᄃᆡ : 의지(依支)하였으되. 모방하였으되.
13) 둥골고 : 둥글고.
14) 계유 : 겨우.
15) 독교 : 獨轎. 말 한 마리가 끄는 가마. 또는 소 등에 싣고, 뒤채를 소 모는 사람 이 잡고 길잡이를 하며 가는 가마. 가마를 멜 사람이 없을 때에 이렇게 하였다.
16) 인ᄒᆞ여 : 인(因)하여. 바탕으로 하여. 말미암아.
17) ᄲᅢ그어 : 툭 삐져 나오게 하여. 빼내어.
18) 무으고 : 쌓고.
19) 아ᄋᆞ라이 : 아득히.
20) ᄡᅡ올녀 : 쌓아 올려.
21) 우희 : 위에.
22) 퇴락하야시ᄃᆡ : 퇴락(頹落)하였으나. 무너질 듯 낡았으나.
23) 정쇄ᄒᆞ야 : 정쇄(精灑)하여. 매우 맑고 깨끗하여.
24) 서편 : 西便. 서쪽.
25) 셩천강 : 성천강(城川江). 함경도 신흥(新興)에서 발원하여 함흥을 통해 동해 (東海)로 흘러드는 강이다. 상류는 물살이 빠르나 하류는 늦어져 삼각주인 함흥 평야를 이룬다.
26) 한강 : 서울의 漢江. 크기가 한강 만하다는 것은 과장이다.
27) 믈결 : 물결.
28) 됴촐한ᄃᆡ : 조촐한데. 조촐은 단정하고 깨끗함을 일컫는 말이다.
29) 대여자히나 : 대여섯 자나.
30) 소소 : 솟아.
31) 노혀시니 : 놓였으니.
32) 거동 : 擧動. 모양[儀].
33) 무디게 : 무지개.
34) 기릭 : 길이.
35) 이 편으로셔 저 편ᄀᆞ지 : 이쪽에서 저쪽까지.
36) 오리 : 五里.

로 만히 서고 녀염37)이 즐비ᄒ여38) 별 결이듯 ᄒ야시니39) 몃 가구믈40) 모를러라.

누샹41) 마루쳥 널42)을 밀고 보니 그 아래 아득ᄒᆫ디 스닥다리롤 노코 져리 나가ᄂᆫ 문이 바히43) 적으디 침침ᄒ야44) ᄌ시45) 못보다. 밧그로셔46) 아득히 우러러 보면 놉흔 누롤 두 층으로 무어47) 뎡ᄌ48)를 지어시니 마치 그림 속 졀 지은 것 ᄀᆺ더라.

---

37) 녀염 : 여염(閭閻). 백성의 살림집이 많이 모여 있는 곳.

38) 즐비ᄒ여 : 즐비(櫛比)하여. 빽빽하게 늘어서.

39) 별 결이듯 ᄒ야시니 : 별을 얽어 놓은 듯하였으니. '결(結)이듯 하다'는 '얽은 듯 하다'는 뜻이다.

40) 몃 가구믈 : 몇 가구임을.

41) 누샹 : 누상(樓上). 누각 위의.

42) 마루쳥 널 : 마루쳥(廳) 널. 마룻바닥에 깔아 놓은 널조각.

43) 바히 : 전혀. 아주.

44) 침침ᄒ야 : 침침(沈沈)하여. 어두컴컴하여.

45) ᄌ시 : 자세히.

46) 밧그로셔 : 밖으로서. 밖으로부터.

47) 무어 : 쌓아. 기본형은 '무으다'로 '쌓다'는 뜻이다.

48) 뎡ᄌ : 정자(亭子).

븍산누

븍산누1)는 구천각2)이란 디 가면 예수 퇴락ᄒᆞᆫ 누히라.3) 그 마루의 가셔 마루 굼글4) 보니 사닥ᄃᆞ리롤 노하시니 ᄃᆞ리로 게롤5) ᄂᆞ려가니 셩을 ᄧᆞ왼6) 모양으로 갈나7) 구천각과 븍누의 브텨8) 길게 ᄡᅡ9) 븍누10)의 가는 길흘 삼고 ᄡᅡ혀11) 누를 지어시니 븍누를 ᄇᆞ라보고 가기12) 뉵십여보ᄂᆞ ᄒᆞ더라.13)

븍누문이 역시 낙민누문 ᄀᆞᆺᄒᆞ디14) ᄆᆞ이15) 더 크더라. 반공의16) 소소

---

1) 븍산누 : 북산루(北山樓). 함흥부 부성의 북쪽 구천각(九天閣) 위쪽에 있는 망양루(望洋樓 : 멀리 바라보기 위해 만든 누각). 1613년에 당시 함경 관찰사였던 한준겸(韓浚謙, 1557~1627)이 적들이 침범할 때에 가장 잘 볼 수 있도록 지대가 제일 높은 곳에 구천각을 짓고, 북쪽으로 옹성(甕城)을 쌓았는데, 그 옹성 위에 지은 누각이 북산루이다.

2) 구천각 : 구천각(九天閣). 1613년 관찰사 한준겸이 부성의 북쪽에 지은 누각. 일제시대에 폐각되었다가, 1937년에 현대식으로 재건되어 현재 관광객의 휴식처이자 전망대로 사용되고 있다.

3) 누히라 : 누(樓)이라. 누각(樓閣)이다.

4) 굼글 : 구멍을.

5) 게롤 : 거기를. '게'는 '거기'.

6) ᄧᆞ왼 : 짜갠.

7) 갈나 : 갈라. 갈라내어. 나누어.

8) 브텨 : 붙여.

9) ᄡᅡ : 쌓아.

10) 븍누 : 북루(北樓). 북산루(北山樓).

11) ᄡᅡ혀 : ᄡᅡ히어. 빼어. 뽑아내어[拔].

12) 븍누를 ᄇᆞ라보고 가기 : 구천각에서 북산루를 바라보고 가기가.

13) 뉵십여보ᄂᆞ ᄒᆞ더라 : 육십여보(六十餘步)나 되더라. 예순 걸음 남짓이나 되더라.

14) 븍누문이 역시 낙민누문 ᄀᆞᆺᄒᆞ디 : 북산루문이 역시 낙민루문과 같되. 북산루와 낙민루는 모두 포루(砲樓)로서 누각(樓閣) 아래에 군사적인 방어를 위해 포(砲)를 설치하였다. 조선에서는 임진왜란 이후 명나라의 제도를 받아들여, 변방의 요지에 종종 포루를 설치하였다.

15) ᄆᆞ이 : 매우.

16) 반공 : 半空. 허공.

틋ᄒ고17) 구룸 속의 비최는 듯ᄒ더라. 셩 둘기18)룰 구천각으로부터 ᄲᅢ그 어19) 누롤 지어시니 의ᄉ20)가 공교ᄒ더라.21)

그 문 속으로 드러가니 휘휘혼22) 굴 속 ᄀᆺ혼 집인ᄃᆡ 사닥ᄃᆞ리룰 노하 시니 ᄃᆞ리23) 우흐로 올나가니 광한뎐24) ᄀᆺ혼 큰 마루라. 구간대쳥25)이 활낭하고26) 단청분벽27)이 황홀혼ᄃᆡ 압흐로 내미러 보니 안계28) 훤츨ᄒ 여29) 탄탄혼30) 벌31)이니 먼니 ᄇᆞ라 보이는 ᄃᆡ 치마ᄒ는 터히기32) 기성들 을 식인다33) ᄒᄃᆡ 머러 못 식이다.

동남편을 보니34) 무덤이 누누ᄒ여35) 별 버듯 ᄒ야시니36) 감창ᄒ야37)

---

17) 소ᄉᆞ 틋ᄒ고 : 솟은 듯하고.

18) 둘기 : 두둑. 둔덕. '셩 둘기'는 성벽(城壁).

19) ᄲᅢ그어 : 빼어 내어.

20) 의ᄉ : 의사(意思). 무엇을 하고자 하는 생각. 여기서는 구천각에서 성곽을 좁게 뽑아내어서 성곽을 쌓고 그 위에 북산루를 지은 아이디어를 말한다.

21) 공교ᄒ더라 : 공교(工巧)하더라. 공교롭더라. 생각이 기이함을 말한 것이다.

22) 휘휘혼 : 무서운 느낌이 들 정도로 고요하고 쓸쓸한.

23) ᄃᆞ리 : 사닥다리.

24) 광한뎐 : 광한전(廣寒殿). 광한전은 달 속에 있다는 항아(姮娥)가 사는 가상의 전각(殿閣)으로, 여기서는 크고 아름다운 전각을 의미한다.

25) 구간대쳥 : 구간대청(九間大廳). 아홉 칸이나 되는 큰 마루.

26) 활낭하고 : 활랑(闊朗)하고. 넓고 환하고.

27) 단청분벽 : 丹靑粉壁. 단청은 옛날식 집의 벽, 기둥, 천장 따위에 여러 가지 빛 깔로 그림이나 무늬를 말하며, 분벽은 하얗게 칠한 벽을 말한다.

28) 안계 : 眼界. 시야(視野).

29) 훤츨ᄒ여 : 훤칠하여. 막힘없이 깨끗하고 시원스러워.

30) 탄탄혼 : 탄탄(坦坦)한. 평평하고 넓은.

31) 벌 : 벌판. 북산루에서 남쪽으로 보면, 성천강과 함흥평야가 넓게 펼쳐져 바다 에 맞닿아 있다.

32) 치마ᄒ는 터히기 : 치마(馳馬)하는 터이기에. 말 타는 터이기에. 북산루의 북쪽 에 치마대(馳馬臺)가 있다. 치마대는 반룡산(盤龍山)에 있는데, 태조가 잠룡(潛 龍) 시에 말을 타던 곳이라 전해진다. 반룡산의 둥근 봉우리가 앞뒤에 솟아 있는 데, 그 사이 조금 평평한 곳이 있어, 좌우로 흙을 쌓아 말 타는 길을 만들어 놓은 것이다.

33) 식인다 : 시킨다. 하게 한다.

34) 동남편을 보니 : 동남쪽을 보니. 여기서의 동남쪽은 북산루의 동남쪽이 아니라,

눈물이 나 금억디38) 못 호리러라. 셔편으로 보니 낙민누 압 셩쳔강 물줄
기 게ㄱ지39) 창일호고40) 만세교 비슥이41) 뵈는 것이 더옥42) 신긔호야 황
홀이43) 그림 속 ㄳ더라.

풍뉴롤44) 일시의 주호니45) 대모관풍뉴라,46) 소리 길고 화호야47) 가히
드럼 죽호더라.48) 모든 기셩을 ㅤ지어 디무호야49) 죵일 놀고 날이 어두오
니 도라올시 풍류롤 교젼의 길게 잡히고50) 쳥사쵸롱51) 수십 ㅤ을, 고히
닙은 기셩이 ㅤㅤ이 들고 셔시며 회불을52) 관하인53)이 수 업시 들고 나
니 가마 속 붉기 낫 갓호니 밧것54) 광경이 호말을 헬디라.55) 붉은 사희56)

───────────────

치마대(馳馬臺)의 동남쪽을 말한다.
35) 누누호여 : 누누(纍纍)하여. 겹겹이 이어져.
36) 별 버 둣호야시니 : 별을 벌려 놓은 듯하였으니.
37) 감챵호야 : 감창(感愴)하여. 가슴에 사무쳐 슬퍼하여.
38) 금억디 : 금억(禁抑)지. 금하여 억제하지. 참지.
39) 게ㄱ지 : 개까지. 개[浦]는 강이나 내에 바닷물이 드나드는 곳을 말한다.
40) 창일하고 : 창일(漲溢)하고. 물이 넘쳐 흐르고.
41) 비슥이 : 비스듬히.
42) 더옥 : 더욱.
43) 황홀이 : 황홀하여.
44) 풍뉴롤 : 풍류(風流)를. 음악을. 풍류는 대풍류, 줄풍류 따위의 관악 합주(合奏)나 소편성의 관현악을 말한다.
45) 주호니 : 주(奏)하니. 연주하니.
46) 대모관풍뉴 : 대무관풍류(大廡官風流). 큰 고을의 음악 연주. 음악 연주의 규모가 크다는 말이다. 대무관은 큰 고을을 말한다. 보통 큰 고을에는 문묘(文廟)에 좌우 양무(兩廡)가 있어서 생긴 말이다.
47) 소리 길고 화호야 : 소리가 길고 조화되어.
48) 드럼 죽호더라 : 들음 직하더라.
49) ㅤ지어 디무호야 : 짝 지어 대무(對舞)하여. 대무는 마주 서서 춤을 추는 것을 말한다.
50) 교젼의 길게 잡히고 : 가마 앞에 길게 서서 연주하게 하고. '풍류를 잡히다'는 '음악을 연주하게 하다'는 뜻이다.
51) 쳥사쵸롱 : 청사(靑紗)초롱. 청사등롱. 푸른 운문사(雲紋紗)로 바탕을 삼고 위아래에 붉은 천으로 동을 달아서 만든 옷을 둘러씌웠다.
52) 회불을 : 횃불을.
53) 관하인 : 관아(官衙)의 하인.

프른 사흘 니어 초롱을 ᄒᆞ야시니57) 그림재 어롱디니58) 그런 장관이 업더
라.

　군문대쟝이59) 비록 야ᄒᆡᆼ의60) 사쵸롱61)을 현들62) 엇디63) 이대도록64)
장ᄒᆞ리오. 군악65)은 귀롤 이아이고66) 초롱 빗촌 됴요ᄒᆞ니67) ᄆᆞᆷ의 규듕
쇼녀ᄌᆞ믈68) 아조 닛치고69) 허리의 다ᄉᆞᆺ 인70)이 둘니고 몸이 문무를 겸젼
ᄒᆞᆫ 쟝샹으로71) 훈업72)이 고대ᄒᆞ야73) 어디74) 군공을 일우고 승젼곡을 주
ᄒᆞ며 태평궁궐75)을 향ᄒᆞᄂᆞᆫ 듯 좌우 화광76)과 군악이 내 호긔77)를 돕ᄂᆞ

---

54) 밧것 : 바깥.
55) 호말을 헬디라 : 호말(毫末)을 헤아릴지라. 털끝을 셀 수 있을 정도로 밝다는
　　말이다.
56) 븕은 사희 : 붉은 사(紗)에. 붉은 비단에.
57) 초롱을 ᄒᆞ야시니 : 초롱을 만들었으니.
58) 그림재 어롱디니 : 그림자가 아롱지니.
59) 군문대쟝 : 군문대장(軍門大將). 군영(軍營), 즉 군대의 대장.
60) 야ᄒᆡᆼ의 : 야행(夜行)에. 밤 행차에. 밤길을 걸어감에.
61) 사쵸롱 : 비단을 씌워 만든 초롱. 초롱은 등롱의 다른 말로, 등롱 안에 주로 촛
　　불을 켜기에 붙여진 이름이다.
62) 현둘 : 켠들.
63) 엇디 : 엇지.
64) 이대도록 : 이다지. 이토록.
65) 군악 : 군악(軍樂).
66) 귀롤 이아이고 : 귀를 흔들고. 귀를 진동시키고. '이아이다'는 일반적으로 '이아
　　다(이어다)'의 피동사이나 여기서는 사동사로 쓰였다.
67) 됴요ᄒᆞ니 : 조요(照耀)하니. 밝게 빛나니.
68) 규듕쇼녀ᄌᆞ믈 : 규중소녀자(閨中小女子)임을. 규중에서 지내는 보잘 것 없는 여
　　자임을.
69) 닛치고 : 잊히고. 잊게 하고.
70) 다ᄉᆞᆺ 인 : 다섯 인(印). 다섯 개의 도장. 여기서 도장은 관원이 그의 신분을 나타
　　내느라고 허리에 차던 도장을 말하는 것으로, 다섯 가지 관직을 겸함을 의미한다.
71) 문무를 겸젼ᄒᆞᆫ 쟝샹으로 : 문무(文武)를 겸전(兼全)한 장상(將相)으로. 문무(文
　　武) 모두에 뛰어난 장수이자 재상으로.
72) 훈업 : 勳業. 공훈. 공적.
73) 고대ᄒᆞ야 : 고대(高大)하여. 높고 커.
74) 어디 : 어디서. 어딘가에서.
75) 태평궁궐 : 평화로운 궁궐.

둣 몸이 뉵마거듕의78) 안자 대로의 둘니는 듯 용약환희ᄒ야79) 오다가 관문80)의 니르러 아녀81) 마루 아래 가마롤 노코 장한82) 쵸롱이 군셩83)이 양긔84)롤 마자 써러디는 듯 업ᄉ니85) 심신이 황홀ᄒ여 몸이 절로 대쳥86)의 올나 머리롤 믄져보니 구롬머리87) 쮜온88) 것이 고아 잇고89) 허리롤 믄디니90) 치마롤 둘러시니 황연이91) 이 몸이 녀ᄌᄆᆯ92) 씨ᄃ라 방듕의93) 드러오니 침션방젹94) ᄒ던 것이 좌우의 노혀시니95) 박댱ᄒ야 웃다.96)

븍뉘97) 블 븟고 다시 지으니98) 더옥 굉걸ᄒ고99) 단쳥100)이 새롭더라.

---

76) 화광 : 火光. 불빛.

77) 호긔 : 호기(豪氣). 씩씩하고 호방한 기상.

78) 뉵마거듕의 : 육마거중(六馬車中)에. 여섯 마리 말이 끄는 수레 가운데에.

79) 용약환희ᄒ야 : 용약환희(踊躍歡喜)하여. 뛸 듯이 기뻐하여.

80) 관문 : 官門. 관청의 문.

81) 아녀 : 아내(衙內). 관아 안의.

82) 장한 : 성대한.

83) 군셩 : 군성(群星). 뭇별. 많은 별.

84) 양긔 : 양기(陽氣). 태양의 기운. 햇빛.

85) 장한 쵸롱이 군셩이 양긔롤 마자 써러디는 듯 업ᄉ니 : 별들이 햇빛을 받아 보이지 않듯이, 성대하던 초롱의 불빛이 관아 안에 켜 놓은 밝은 횃불 때문에 보이지 않는 것을 말한 것이다.

86) 대쳥 : 대청(大廳). 한옥에서, 몸채의 방과 방 사이에 있는 큰 마루.

87) 구롬머리 : 구름머리. 운환(雲鬟). 여기서는 가체(加髢 : 부인들의 머리 위에 얹는 큰머리)를 말한다.

88) 쮜온 : 꿴. 기본형은 '꿰다'[串]. '쮜온 것'은 '꿴 것'. 곧 머리에 꽂은 비녀나 장식을 가리킨다.

89) 고아 잇고 : 곱게 있고.

90) 믄디니 : 만지니.

91) 황연이 : 황연(晃然)히. 확실히. 환히 깨닫는 모양.

92) 녀ᄌᄆᆯ : 여자임을.

93) 방듕의 : 방중(房中)의. 방으로.

94) 침션방젹 : 침선방적(針線紡績). 바느질과 길쌈. 침선은 바느질. 방적은 실을 뽑아 옷을 만드는 일, 곧 길쌈.

95) 노혀시니 : 놓였으니.

96) 박댱ᄒ야 웃다 : 박장(拍掌)하여 웃다. 손뼉을 치면서 웃다. 박장대소(拍掌大笑)하다.

97) 븍뉘 : 북루(北樓)가. 북산루가.

채순샹 제공101)이 셔문누102)룰 새로 지어 호왈 무검누라 ᄒ고103) 경티104)와 누각이 긔ᄒ다105) ᄒ니 ᄒ번 오ᄅ고져 ᄒ디 녀염총듕이라106) ᄒ기 못 갓더니 신묘년107) 십월 망일108)의 월식이 여주ᄒ고109) 샹뇌 긔강ᄒ야110) 목엽이111) 진탈ᄒ니112) 경티 쇼쇄ᄒ고113) 풍경이 가려ᄒ니114) 월색을 타115) 누의 오르고져 원님긔116) 쳥ᄒ니 허락ᄒ시거늘 독교롤 탁고 오ᄅ니 누각이 표묘ᄒ야117) 하눌 ᄀ의 빗긴 돗ᄒ고 팔쟉118)이 표연ᄒ

---

98) 블 붓고 다시 지으니 : 불에 타서 다시 지었으니.

99) 굉걸ᄒ고 : 굉걸(宏傑)하고. 굉장하며 훌륭하고.

100) 단쳥 : 단청(丹靑). 건물의 벽, 기둥, 천장 따위에 여러 가지 빛깔로 그린 무늬나 그림.

101) 채순샹 제공 : 채순상(蔡巡相) 제공(濟恭). 함경도 관찰사 채제공. 순상은 관찰사를 말한다. 채제공(1720 : 숙종 46~1799 : 정조 23)은 조선 후기의 문인이자 정치가로 정조(正祖) 때 남인(南人)의 영수(領袖)로서 영의정을 역임하였으며, 문집으로 『번암집(樊巖集)』이 있다. 채제공은 1768년(영조 44)부터 1769년(영조 45)까지 함경도 관찰사를 역임하였다.

102) 셔문누 : 서문루(西門樓). 함흥부성(咸興府城)의 서문 옆에 있던 누각.

103) 호왈 무검누라 ᄒ고 : 호왈(號曰) 무검루(撫劍樓)라 하고. 무검루라고 이름 짓고. 채제공은 함경도 관찰사였던 1769년(영조 45)에 서문루를 새로 지었다.

104) 경티 : 경치.

105) 긔ᄒ다 : 기이(奇異)하다. 훌륭하다.

106) 녀염총듕이라 : 여염총중(閭閻叢中)이라. 여염집[민가(民家)]이 빽빽이 들어섰다고. 함흥부의 서문루 앞 성천강가에는 시장이 형성되어 있어 민가가 몰려 있었다.

107) 신묘년 : 辛卯年. 1771년(영조 47).

108) 망일 : 望日. 보름. 15일.

109) 월식이 여주ᄒ고 : 월색(月色)이 여주(如晝)하고. 달빛이 낮처럼 밝고.

110) 샹뇌 긔강ᄒ야 : 상노(霜露)가 기강(旣降)하여. 서리가 이미 내려.

111) 목엽이 : 나뭇잎이. 목엽(木葉)은 나뭇잎.

112) 진탈ᄒ니 : 진탈(盡脫)하니. 모두 떨어지니.

113) 쇼쇄ᄒ고 : 소쇄(瀟灑)하고. 맑고 깨끗하고.

114) 가려ᄒ니 : 가려(佳麗)하니. 아름답고 고우니.

115) 월색을 타 : 달빛을 이용하여.

116) 원님긔 : 원님께. 원님은 의유당 남씨의 남편인 신대손(申大孫, 1728~1788)을 말한다. 당시 신대손은 함흥 판관이었다.

117) 표묘ᄒ야 : 표묘(縹渺)하여. 아득하여.

야119) 가히 보암 죽ᄒ120) 월색의 보니 희미혼 누각이 반공의 소소 쓴
듯121) 더옥 긔이ᄒ더라.

누듕의122) 드러가니 뉵간123)은 되고 새로 단청을 ᄒ야시니 모모124) 구
석구석이125) 쵸롱대126)롤 세우고 **쌍쌍**이 쵸롤 혀시니127) 화광이 조요ᄒ
야128) 낫 ᄀᆺᄒ니 눈을 드러 술피매 단청을 새로 ᄒ야시니 치식비단을 기
동과 반ᄌ롤 **쫀** 듯ᄒ더라.129)

서편 창호130)롤 여니 누하의 져자131) 버리던132) 집이 서울 외에133) 지
믈가가134) ᄀᆺ고 곳곳이 가가집이 겨러 잇ᄂᆫ딕135) 시뎡136)들의 소릭 고요

---

118) 팔쟉 : 팔작(八作). 팔작지붕. 위 절반은 박공지붕으로 되어 있고 아래 절반은
  네모꼴로 된 지붕을 말한다.
119) 표연ᄒ야 : 표연(飄然)하여. 가볍게 날아갈 듯하여. 표연은 바람에 가볍게 나
  부끼는 모양을 말한다. 여기서는 추녀의 모양이 하늘을 날듯이 날씬하다는 것을
  의미한다.
120) 보암 죽ᄒ : 봄 직하여. 볼 만하여.
121) 반공의 소소 쓴 듯 : 반공(半空)에 솟아 뜬 듯. 허공에 솟아 떠있는 듯.
122) 누듕의 : 누중(樓中)의. 누각 안으로.
123) 뉵간 : 육간(六間). 여섯 간. 간은 건물의 넓이를 재는 단위로 사방 여섯 자의
  넓이를 말한다.
124) 모모 : 모퉁이마다. '모'는 '모퉁이'를 말한다.
125) 구석구석이 : 구석구석에.
126) 쵸롱대 : 초롱대. 초롱을 매다는 막대.
127) 혀시니 : 켰으니. 기본형은 '혀다'. '불을 켜다'는 뜻이다.
128) 조요ᄒ야 : 조요(照耀)하여. 밝게 빛나.
129) 치식비단을 기동과 반ᄌ롤 쫀 듯ᄒ더라 : 채색(彩色) 비단으로 기둥과 반자를
  짠 듯하더라. 반자는 지붕 밑이나 위층 바닥 밑을 편평하게 하여 치장한 각 방의
  천장을 말한다.
130) 창호 : 窓戶. 창문.
131) 져자 : 저자. 시장(市場).
132) 버리던 : 벌이던. 벌였던.
133) 서울 외에 : 서울 외(外)에. 서울 밖의. 서울 도성(都城) 밖의.
134) 지믈가가 : 지물가가(紙物假家). 종이 파는 가게. '가가(假家)'는 '가게'의 원말.
135) 겨러 잇ᄂᆫ딕 : 결(結)어 있는데. 얽어 있는데. 많이 모여 있는데.
136) 시뎡 : 시정(市井). 시정아치. 시장에서 장사하는 사람의 무리.

ㅎ고 모든 집을 칠칠이137) 겨러 가며 지어시니 놉은 누샹의셔 즐비흔 녀
염을 보니 천호만가롤138) 손으로 헬 둧ㅎ더라.139)

셩누롤 구비140) 도라 보니 밀밀졔졔141)ㅎ기 경듕낙셩으로142) 다르
미143) 업더라.

이런 웅장하고 거록ㅎ기 경셩144) 남문누145)라도 이에 더ㅎ디146) 아니
홀디라147) 심신이 용약ㅎ야148) 음식을 만히 ㅎ여다가 기셩들을 슬컷149)
먹이고 즐기더니 듕군150)이 장한 이 월식을 ᄡᅳ여151) 대완152)을 트고 누
하문153)을 나가는디 풍뉴를 치고154) 만셰교로 나가니 훤화가갈155)이 ᄯᅩ
ᄒ 신긔롭더라. 시뎡이 서로 손을 니어 잡담ㅎ여 무리지어 둔니니156) 서

---

137) 칠칠이 : 칠칠히. 빽빽하고 많은 모양. 본래 '칠칠하다'는 '나무, 풀, 머리털 따
    위가 잘 자라서 알차고 길다'는 뜻.
138) 천호만가롤 : 천호만가(千戶萬家)를. 많은 집들을.
139) 헬 둧ㅎ더라 : 셀 듯하더라.
140) 구비 : 굽이.
141) 밀밀졔졔 : 밀밀제제(密密濟濟). 빽빽하고 가득함. '제제(濟濟)'는 많고 성(盛)
    한 모양.
142) 경듕낙셩으로 : 경중낙성(京中洛城)으로. 서울과.
143) 다르미 : 다름이.
144) 경셩 : 경성(京城). 서울.
145) 남문누 : 남문루(南門樓). 서울 숭례문(崇禮門 : 남대문)의 누각.
146) 더ㅎ디 : 더하지.
147) 아니홀디라 : 아니홀지라. 아니할 것이기 때문에.
148) 심신이 용약ㅎ야 : 심신(心身)이 용약(踊躍)하여. 몸과 마음이 뛸 듯이 즐거워.
149) 슬컷 : 실컷.
150) 듕군 : 중군(中軍). 조선 시대에, 각 군영(軍營)에서 대장이나 절도사, 통제사
    등의 밑에서 군대를 통할하던 장수.
151) ᄡᅳ여 : 띠어.
152) 대완 : 대완마(大宛馬). 대완은 서역의 옛 나라 이름으로, 이 나라에서 나오는
    말은 준마(駿馬)로 유명하였다. 이후 대완마는 준마의 대명사로 쓰이게 되었다.
153) 누하문 : 樓下門. 서문을 말한다.
154) 치고 : 연주하게 하고.
155) 훤화가갈 : 喧譁呵喝. '훤화'는 '시끄럽게 지껄이며 떠든다'는 뜻이며, '가갈'은
    '높은 사람이 행차할 때 큰소리로 행인의 통행을 금하는 것'을 말한다.
156) 둔니니 : 다니니.

울 굿호여 무뢰비157)의 기성의 집으로 돈니며 호강을 호는 돗시브더라.158)

　이 날 밤이 다호도록 놀고 오다.

---

157) 무뢰비 : 무뢰배(無賴輩). 건달패.
158) 호는 돗시브더라 : 하는 듯싶더라.

동명1)일긔

  긔튝년2) 팔월의 낙3)을 써나 구월 초싱4)의 함흥으로 오니 다 니르기롤
일월츌5)이 보암 죽다6) 하뒤 샹게7) 오십 니라 하니 ᄆᆞ음의8) 듕난ᄒᆞᄃᆡ9)
기싱들이 못내 칭찬ᄒᆞ여 거록ᄒᆞᆷ믈 일ᄏᆞᄅᆞ니 내 ᄆᆞ음이 들셕여10) 원님
긔11) 쳥혼대 ᄉᆞ군12)이 ᄒᆞ시ᄃᆡ "녀ᄌᆞ의 출입이 엇디13) 경이14) ᄒᆞ리오."
ᄒᆞ여 뇌거불허15)ᄒᆞ니 홀일업서16) 그쳣더니 신묘년17)의 ᄆᆞ음이 다시 들
셕여 하18) ᄀᆞ졀이 쳥ᄒᆞ니 허락ᄒᆞ고 겸ᄒᆞ야 ᄉᆞ군이 동ᄒᆡᆼᄒᆞ야 팔월 이십일
일 동명셔19) 나는 듕뇨손20) 한명우의 집의 가 자고21) 게서22) ᄃᆞᆯ 보ᄂᆞᆫ23)

---

1) 동명 : 東溟. 함흥에서 일출구경으로 유명한 지명. 함흥부에서 동쪽으로 60리 쯤
   떨어진 곳에 있다.
2) 긔튝년 : 기축년(己丑年). 1769년.
3) 낙 : 洛. 서울.
4) 초싱 : 초생(初生). 초승의 옛말. 초승은 음력 초하루부터 며칠간을 말한다.
5) 일월츌 : 일월출(日月出). 일출과 월출.
6) 보암 죽다 : 봄 직하다. 볼 만하다.
7) 샹게 : 상거(相距)가. 서로 떨어진 거리가.
8) ᄆᆞ음의 : 마음에.
9) 듕난ᄒᆞᄃᆡ : 중란(中亂)하되. 심란(心亂)하되. 마음이 어수선하되.
10) 들셕여 : 들썩여.
11) 원님긔 : 사또에게. 여기서는 의유당의 남편. 함흥판관인 신대손.
12) ᄉᆞ군 : 사군(使君). 원님.
13) 엇디 : 엇지.
14) 경이 : 경(輕)히. 가벼이.
15) 뇌거불허 : 牢拒不許. 딱 잘라 거절하여 허락하지 않음.
16) 홀일업서 : 하릴없어. 어찌할 도리가 없어.
17) 신묘년 : 辛卯年. 1771년.
18) 하 : 매우.
19) 동명셔 : 동명(東溟)에서.
20) 듕뇨손 : 중로손(中路孫). 중인의 후손. 중로(中路)는 중인을 말한다. 지방에서
   중인은 대개 향리(鄕吏) 집안 사람을 가리킨다.
21) 가 자고 : 가서 자고.
22) 게서 : 거기서.
23) ᄃᆞᆯ 보ᄂᆞᆫ : 달 구경하는. 월출을 구경하는.

귀경디24)가 십오 리라 호기 그리25) 가려 홀시 그째 츄위26) 지리호야27)
길 쩌나는 날ㄱ디 구룸이 스면으로 운집호고 짜히28) 즈러29) 몰 발이 싸
디되30) 임의31) 내현 모옴이라32) 동명으로 가니 그 날이 종시33) 쳥명티34)
아니호니 새박 돌35)도 못 보고 그져 환아36)롤 호려 호더니 새박의37) 종
이38) 드러와 '임의 날이 됴화시니39) 귀경디로 오르쟈' 긴쳥호기 죽을 먹
고 길히40) 오르니 임의 먼동이 트더라. **쌍**교마와41) 종42)과 기성 튼 몰을

<hr>

24) 귀경디 : 귀경대(龜景臺). 함흥부에서 동쪽으로 사십 리 쯤 떨어진 해변가에 있
　　는 큰 바위 언덕이다. 남구만(南九萬, 1629~1711)의 「함흥십경도기(咸興十景圖
　　記)」에 의하면, 높이가 십여 장(丈)이나 되며, 위는 40~50명이 앉을 수 있을 만
　　큼 평평하다고 한다. 특히 바위 밑부분은 파도에 침식되어 깎여 봉우리가 되기도
　　하고, 뚫려서 굴이 되기도 하여 마치 여울에 벌집이 있는 것과 같다고 하였다. 또
　　한 대(臺) 아래 물가에 평평하고 넓은 돌이 있는데, 마치 거북의 등과 같은 바둑
　　판 무늬가 있다고 한다. 그리고 귀경대의 뒤에는 명사(名沙)와 해당화(海棠花)가,
　　좌우에는 멀리 여러 봉우리들이 있으며, 앞에는 드넓은 바다가 펼쳐져, 해와 달
　　이 떠오를 때, 모두 눈 아래 있게 된다고 하였다.
25) 그리 : 그리로. 그곳으로.
26) 츄위 : 추위.
27) 지리호야 : 지리(支離)하여. 오래도록 계속되어.
28) 짜히 : 땅이.
29) 즈러 : 질어. 질퍽하여.
30) 몰 발이 싸디되 : 말의 발이 (땅에) 빠지되.
31) 임의 : 이미.
32) 내현 모옴이라 : 내킨 마음이기에. 정한 마음이기에.
33) 종시 : 종시(終始). 처음부터 끝까지.
34) 쳥명티 : 청명(淸明)치. 맑고 깨끗하지.
35) 새박 돌 : 새벽 달.
36) 환아 : 環衙. 관아(官衙)로 돌아감. '관아'는 지방 관청이지만 당시 남편 신대손
　　이 함흥 판관이었기에, 자기 집을 말한 것이다.
37) 새박의 : 새벽에.
38) 종이 : 종이가. '종이'는 친정 조카인 김기종(金基鍾)을 말한다. 의유당의 언니가
　　김시묵(金時默)에게 시집가 나은 아들이다. 김시묵은 정조(正祖)의 장인이니, 김
　　기종은 정조의 처남이 된다.
39) 됴화시니 : 좋았으니.
40) 길히 : 길에.
41) **쌍**교마 : 쌍교마(雙轎馬). 쌍교를 메고 가는 말. 쌍교는 말 두 마리가 각각 앞뒤

밧비 채롤 치니43) 네 굽을 모화 쒸여 드르니44) 안덥디 못ᄒᆞ야45) 십오
리46)롤 경긱의47) 힝ᄒᆞ야 귀경더의 오르니 스면의 애운48)이 ᄶᅵ이고49) 힉
돗는 더50) 잠간 터져 겨유51) 보는 듯 마는 듯ᄒᆞ여 인ᄒᆞ여 도라올시 운
전52) 니르니53) 날이 쾌쳥ᄒᆞ니 그런 애둘은54) 일이 업더라.

조반55) 먹고 도라올시 바다ᄀᆞ의 **쌍**교56)롤 교부57)의 머여58) 셰우고59)
전모60) 쁜 죵과 군복흔61) 기싱을 몰 틔와62) 좌우로 갈라63) 셰우고 샤
공64)을 식여65) 후리질66)을 식이니 후리 모양이 수십 쳑67) 댱목68)을 마

채를 메고 가는 가마를 말한다. 쌍가마라고도 한다.
42) 죵 : 조카인 김기종.
43) 채롤 치니 : 채찍질을 하니.
44) 네 굽을 모화 쒸여 드르니 : 네 말굽을 모아 뛰어 달리니.
45) 안덥디 못ᄒᆞ야 : 안접(安接)지 못하여. 편안하지 못하여. 말이 빨리 달리기 때문
    에 가마가 몹시 흔들려 편안하지 못하였다는 말.
46) 십오 리 : 시오리. 15리(里). 약 6킬로미터.
47) 경긱의 : 경각(頃刻)에. 잠깐 사이에.
48) 애운 : 靄雲. 자욱한 구름.
49) ᄶᅵ이고 : 끼고.
50) 힉 돗는 더 : 해가 솟아 오르는 곳이.
51) 겨유 : 겨우.
52) 운전 : 雲田. 함흥부의 동쪽 바닷가에 있는 지명(地名)이다. 그곳에는 태조 이성
    계의 구택(舊宅)인 운전사(雲田社)와 곡식을 저장하는 운전창(雲田倉)이 있어, 유
    명하였다.
53) 운전 니르니 : 운전에 이르니.
54) 애둘은 : 애달픈.
55) 조반 : 朝飯. 아침밥.
56) **쌍**교 : 쌍교(雙轎). 말 두 마리가 각각 앞뒤 채를 메고 가는 가마. 쌍가마.
57) 교부 : 轎夫. 가마를 메는 사람. 가마꾼. 교군(轎軍).
58) 머여 : 메이어. 메게 하여.
59) 셰우고 : 세우고.
60) 전모 : 전모(氈帽). 조선 시대에 주로 여자들이 나들이할 때 쓰던 모자의 하나.
    대나무로 삿갓 모양의 테두리를 만들고 여기에 종이를 발라 기름에 겨어 만든다.
61) 군복흔 : 군복(軍服)한. 군인 복장을 한. 검무(劍舞)를 출 때, 기생들이 전립(戰
    笠)에 군복(軍服)을 입는다.
62) 틔와 : 태워.
63) 좌우로 갈라 : 좌우로 나누어.

조69) 니어 너비 흔 간비만흔70) 그물을 노흐로71) 얼거72) 쟝목의 치고 그
물픗73)은 빅토74)로 구어75) 탕긔마곰76) 흔 거슬77) 흐로78) 도라79) 동화줄
로80) 씬81)을 흐야 희심82)의 후리83)룰 너허 희변의셔84) 샤공 수십 명이
셔서 아ᄋ셩85)을 치고 당긔여 내니86) 물소리 광풍87)이 이는 듯하고 옥
ᄀ흔 물구비88) 노흐와89) 쒸는 거시 하놀의 다하시니90) 그 소리 산악이

---

64) 샤공 : 사공(沙工). 뱃사공.
65) 식여 : 시켜.
66) 후리질 : 후릿그물로 물고기를 잡는 일. 강이나 바다에 그물을 넓게 둘러치고
  여러 사람이 두 끝을 끌어당겨 물고기를 잡는 것을 말한다.
67) 수십 쳑 : 수십 척(尺). 한 척(尺)은 약 30cm 정도이다.
68) 댱목 : 장목(長木). 물건을 받치거나 버티는 데 쓰는 굵고 긴 나무. 장(長)나무.
69) 마조 : 마주.
70) 흔 간비만흔 : 대략 간(間)의 두 배(倍)만한. 약 두 간쯤 되는. '흔'은 약(約), 대
  략의 뜻이고, '간비'는 간(間)의 두 배를 말한다. 간(間)은 넓이의 단위로, 한 간은
  사방(四方) 여섯 자 곧 여섯 자 제곱의 넓이이다.
71) 노흐로 : 노끈으로. '노ㅎ'는 노끈[繩].
72) 얼거 : 얽어.
73) 그물픗 : 미상. 그물에 다는 추를 말하는 듯하다. 그물추는 그물이 물속에 쉽게
  가라앉도록 그물 끝에 매다는 돌이나 쇠붙이를 말한다.
74) 빅토 : 백토(白土). 빛깔이 희고 부드러우며 고운 흙을 말한다.
75) 구어 : 구워.
76) 탕긔마곰 : 탕기(湯器)만큼. '탕기'는 국이나 찌개 따위를 떠 놓는 자그마한 그
  릇을 말한다.
77) 거슬 : 것을.
78) 흐로 : 미상. 문맥상 '두루' 정도의 부사인 듯하다.
79) 도라 : 달아.
80) 동화줄로 : 동아줄. 굵고 튼튼하게 꼰 줄.
81) 씬 : 끈[繩].
82) 희심 : 해심(海深). 바닷속.
83) 후리 : 후릿그물.
84) 희변의셔 : 해변(海邊)에서. 바닷가에서. 후리질은 배가 아닌 물가에서 그물을
  당긴다.
85) 아ᄋ셩 : 아우성.
86) 당긔여 내니 : 당기어 내니.
87) 광풍 : 狂風. 마구 불어오는 센 바람.
88) 물구비 : 물굽이.

움즉이는 듯ᄒᆞ더라. 일월츌을 변변이91) 못 보고 이런 장관92)을 혼 줄 위로ᄒᆞ더라. 후리롤 ᄡᅳ어 내이93) 년어94) 가자미 쇽95)이 그물의 돌리여 나왓더라.

　보기롤 다ᄒᆞ고 가마롤 두루혀96) 도라올시 교듕의서97) 싱각ᄒᆞ니 녀ᄌᆞ의 몸으로 만리창파98)을 보고 바다 고기 잡는 샹99)을 보니 셰샹이 헛되디 아니몰 ᄌᆞ긔ᄒᆞ야100) 십여 니롤 오다가 태조대왕101) 노오시던 격구뎡102)을 ᄇᆞ라보니 놉흔 봉 우희 노는 듯혼103) 뎡ᄌᆞ104) 이시니 가마롤 도로혀105) 오르니 단쳥이 약간 퇴락혼 뉵칠간 뎡ᄌᆞ 이시니106) 뎡ᄌᆞ 바닥은

---

89) 노ᄒᆞ와 : 노(怒)하여.

90) 다하시니 : 닿았으니.

91) 변변이 : 변변히. 제대로 갖추어 충분히.

92) 장관 : 壯觀. 좋은 구경. 좋은 구경거리.

93) ᄡᅳ어 내이 : 끌어 내니.

94) 년어 : 연어(鰱魚).

95) 쇽 : 속(屬). 등속(等屬). 등등(等等).

96) 두루혀 : 돌이켜.

97) 교듕의서 : 교중(轎中)에서. 가마 속에서.

98) 만리창파 : 萬里滄波. 끝없이 넓은 바다.

99) 샹 : 상(相). 모습. 모양.

100) ᄌᆞ긔ᄒᆞ야 : 자기(自期)하여. 마음속으로 스스로 기약하여. 스스로 깨달아.

101) 태조대왕 : 太祖大王. 태조 이성계.

102) 격구뎡 : 격구정(擊毬亭). 운전(雲田)에 있는 정자이다. 함흥의 동쪽으로부터 남쪽으로 이어지는 산자락의 끝부분에 있다. 이 산자락의 정상은 높고 평평한데, 이곳에서 태조 이성계가 어릴 때 격구(무예의 한 가지로, 말을 달리면서 긴 막대기로 공을 침. 오늘날의 필드 하키와 비슷함)를 하였다고 한다. 이곳에는 봉화만이 있고 건물은 없었는데, 현종 15년(1674) 당시 함흥 관찰사였던 남구만(南九萬)이 이곳에 정자를 짓고 '擊毬亭'이라 이름하였다. 서쪽으로는 드넓은 함흥평야가 보이고, 동쪽으로는 바다가 펼쳐져 있으며, 가까이 천택(川澤)이 구비 돌아 바다로 들어가 경관이 수려하였다. 격구정은 1718년에 당시 관찰사였던 이탄(李坦, ?~1729 : 영조 5)에 의해 중건(重建)되고, 1792년 이문원(李文源, 1740 : 영조 16~1794 : 정조 18)에 의해 새롭게 신축(新築)되었다. 따라서 의유당은 이탄에 의해 중건된 격구정을 50여 년이 지난 뒤에 유람한 것이다.

103) 노는 듯혼 : '느는 듯혼'의 오기(誤記).

104) 뎡ᄌᆞ : 정자(亭子).

박셕107)을 ᄭᅵ라더라.108)

덩즈는 그리 죠흔 줄109) 모르되 안계110) 긔이ᄒᆞ야 압흔 탄탄훤훤한 벌
이요111) 뒤흔 플흔 바다히112) 둘러시니 안목이 쾌탕ᄒᆞ고113) 심신이 샹연
흔디114) 바다 ᄒᆞ가온디 큰 병풍 ᄀᆞᆺ흔 바회115) 올연이116) 셔시니117) 거동
이118) 긔이ᄒᆞ더라. 니로기를 션바회라 ᄒᆞ더라.

봉하의119) 공인120)을 숨겨 안치고 풍뉴를 느러지게 치이고121) 기성을
군복흔 재122) 춤을 추이니123) 쏘흔 보암 죽ᄒᆞ더라.124) 원님은 몬저125) 내
혀서126) 원으로127) 가시고 종의 형데128)만 다리고 왓기129) ᄆᆞ음 노하130)

---

105) 도로혀 : 돌이켜. 기본형은 '도로혀다'로 '돌이키다'는 뜻이다.

106) 이시니 : 있으니.

107) 박셕 : 박석(薄石). 얇고 넓적한 돌.

108) ᄭᅵ라더라 : 깔았더라.

109) 죠흔 줄 : 좋은 줄.

110) 안계 : 眼界. 눈으로 바라볼 수 있는 범위. 시야(視野). 시계(視界).

111) 탄탄훤훤한 벌이요 : 평평하고 넓은 벌판이요. '탄탄(坦坦)'은 평평하고 넓은
    모양을 형용하는 말이며, '훤훤'은 시원한 상태를 의미하는 말이다.

112) 뒤흔 플흔 바다히 : 뒤에는 푸른 바다가.

113) 안목이 쾌탕ᄒᆞ고 : 안목(眼目)이 쾌창(快暢)하고. 눈이 시원하고. 바라보는 경
    치가 시원하다는 말이다.

114) 심신이 샹연흔디 : 심신(心身)이 상연(爽然)한데. 몸과 마음이 매우 시원하고
    상쾌한데. '상연(爽然)'은 매우 시원하고 상쾌하다는 뜻이다.

115) 바회 : 바위가.

116) 올연이 : 올연(兀然)히. 홀로 우뚝하게.

117) 셔시니 : 섰으니.

118) 거동 : 擧動. 모습.

119) 봉하의 : 봉하(峰下)에. 봉우리 아래에.

120) 공인 : 工人. 조선 시대에, 악기를 연주하는 일을 맡아 하던 사람. 악생(樂生)
    과 악공(樂工)이 있었다.

121) 느러지게 치이고 : 늘어지게 치게 하고. 음악을 흡족하도록 연주하게 하고. '치
    이고'는 '치게 하고'의 의미로, '-이-'는 사동접미사이다.

122) 재 : '채'의 오기(誤記).

123) 추이니 : 추게 하니. '-이-'는 사동접미사이다.

124) 보암 죽ᄒᆞ더라 : 봄 직하더라. 볼 만하더라.

125) 몬저 : 먼저.

노더니 촌녀131) 져문132) 녀자 둘과 늙은 노패133) 와서 굿 보려 ᄒ다가134)
종이라셔135) "네 어듸 잇는 녀인인다?"136) ᄒ니 샹풍 향족부녀란가 ᄒ
야137) 대로ᄒ여 ᄃᄅ니138) 일쟝139)을 웃다.140)

인ᄒ야141) 도라나올시142) 본궁을143) 디나니144) 보고 시브듸145) 별

---

126) 내혀서 : 내쳐서. 오던 길로 곧장.

127) 원 : 관아.

128) 종의 형뎨 : 종의 형제. 조카인 기종의 형제를 말한다.

129) 왓기 : 왔기에.

130) ᄆ옴 노하 : 마음 놓고.

131) 촌녀 : 村女. 이 지역의 아낙네를 말한다.

132) 져문 : 젊은.

133) 노패 : 노파(老婆)가.

134) 굿 보려 ᄒ다가 : 놀이를 구경하려 하다가. 여기서 '굿'은 풍류를 잡히고 노는 놀이를 말한다.

135) 종이라셔 : 종이가.

136) 녀인인다 : 여인인가?. '-ㄴ다'는 2인칭 의문형 어미이다.

137) 샹풍 향족부녀란가 ᄒ야 : 상풍(尙風) 향족부녀(鄕族婦女)인가 하여. 풍속을 숭상하는 향족의 부녀자인 듯하여. '향족부녀'는 지방 양반[鄕班]의 부녀자를 말한다.

138) 대로ᄒ여 ᄃᄅ니 : 대노(大怒)하여 달아나니. 크게 화를 내며 달아나니.

139) 일쟝 : 일장(一場). 한바탕.

140) 일쟝을 웃다 : 남녀간의 유별함을 중시하는 지방 양반가의 아낙네가 젊은 남자가 함부로 말을 하니 크게 당황하여 달아나는 것을 보고 웃은 것이다. 특히 의유당은 고을 원의 아내이고, 김기종은 왕실과 혼인을 맺을 정도의 벌열(閥閱)이니 그 지위의 낙차에서 웃음이 더욱 유발되는 것이다.

141) 인ᄒ야 : 인(因)하여.

142) 도라나올시 : 돌아나올 때.

143) 본궁 : 本宮. 함흥부 남쪽 운전사(雲田社)에 있는 것으로 태조 이성계가 왕이 되기 전에 살았던 곳이며, 또한 상왕(上王)이 된 후에 머물렀던 곳이다. 임진왜란 때 병화로 소실되었다가, 1610년 함경도 관찰사였던 한준겸(韓浚謙, 1557 : 명종 12~1627 : 인조 5)에 의해 중건(重建)되었다. 궁에는 정전(正殿)이 있어서 태조와 그 선조인 사왕(四王) 곧 목조(穆祖), 익조(翼祖), 도조(度祖), 환조(桓祖)의 신위(神位)를 보관하고, 아울러 태조의 여러 유물을 보관하였다. 정전(正殿) 앞에 있는 풍패루(豊沛樓)와 정전 뒤에 있는 태조가 직접 심었다는 육송(六松)이 유명하다.

144) 디나니 : 지나니.

치146) 허락디 아니ᄒ기 못 보고 도라오니 일것147) 별너148) 가셔 일월츌을 못 보고 무미막심149)이 ᄃᆞ녀와150) 그 ᄀᆞ이업기롤151) 엇디 다 니로리오.

그 후 미쳐152) 다시 보기롤 계교하디153) ᄉ군154)이 엄히 막ᄌᆞ르니155) 감히 생의티156) 못ᄒ더니 임진 샹쵝157)올 당ᄒᆞ야 종이롤 셔울 보내여158) 임의 둘이 넘고159) 고향을 써나 사 년이 되니 죽은 이는 이의어니와160) 싱면161)이 그립고 종이조차162) 보내여 심우롤163) 도으니164) 회푀165) ᄌ

---

145) 보고 시브더 : 보고 싶되.

146) 별치 : 별차(別差)가. 별차(別差)는 본궁을 관리하는 관원.

147) 일것 : 일껏. 모처럼 애써서.

148) 별너 : 별러. 마음속으로 단단히 준비하여. 기본형은 '벼르다'.

149) 무미막심 : 無味莫甚. 무미(無味)하기가 더 심할 수 없다. 매우 무미함[재미없음]을 이르는 말.

150) ᄃᆞ녀와 : 다녀와.

151) ᄀᆞ이업기롤 : 가엾기를.

152) 미쳐 : 맺혀. 가슴에 맺혀. 한이 되어.

153) 계교하디 : 계교(計巧)하되. 꾀를 내어 이리저리 생각하되.

154) ᄉ군 : 사군(使君).

155) 막ᄌᆞ르니 : 막아 끊으니. 기본형은 '막ᄌᆞ르다'로 '막아 끊다'[防, 禦]는 의미.

156) 생의티 : 생의(生意)치. 마음 먹지.

157) 임진 샹쵝 : 임진(壬辰) 상척(喪戚). 임진년에 친척의 상(喪)을 당한 것. 1772년[임진년(壬辰年)]에 의유당 남씨의 형부인 김시묵(金時默, 1722~1772)의 상(喪)이 있었다.

158) 종이롤 셔울 보내여 : 종이를 서울 보내어. 종이는 의유당 남씨의 조카 김기종(金基種)을 가리키는 것으로, 아버지인 김시묵의 초상으로 서울로 올라 간 것이다.

159) 둘이 넘고 : 달이 넘고. 한 달이 지났고.

160) 이의어니와 : 이의(已矣)거니와. 이미 끝난 일이거니와. '이의(已矣)'는 '끝나다', '어쩔 도리가 없다'는 뜻이다.

161) 싱면 : 생면(生面). 살아있는 모습. 살아있는 사람의 얼굴.

162) 종이조차 : 종이마저. '종이'는 조카 이름.

163) 심우롤 : 심우(心憂)를. 근심을.

164) 도으니 : 도우니. 더하니.

165) 회푀 : 회포(懷抱)가. 마음속에 품은 정(情).

못 괴로온다라. 원님긔 다시 동명 보기롤166) 청ᄒ니 허락디 아니ᄒ시거늘
내 ᄒ디, "인싱이 긔하오.167) 사롬이 ᄒ번 도라가민168) 다시 오는 일이 업
고, 심우와 디통을169) ᄡᅡ하170) ᄆ양171) 울울ᄒ니172) ᄒ번 노라173) 심
울174)을 푸는 것이 만금에 다혀175) ᄇᆞᆺ고디176) 못 ᄒ리니 덕분의 가디
라.177)" 하178) 비니 원님이 역시 일츌을 못 보신 고로179) 허락, 동ᄒᆡᆼᄒ쟈
ᄒ시니 구월 십칠 일노 가기롤 졍ᄒ니 속기싱180) 츠셤이·보비 쾌락 대
희ᄒ야181) 무ᄒᆞᆫ 치장182) 기구롤 셩비ᄒᆞᆯ시183) 츠셤이·보비 ᄒᆞᆫ 쌍, 이랑이
·일셤이 ᄒᆞᆫ 쌍 계월이 ᄒ고 가는디 십칠 일 식후184) ᄯᅥ나려 ᄒ니 십뉵
일 밤을 당하야 기싱과 비복185)이 다 잠을 아니 자고 ᄠᅳᆯ희186) ᄂᆞ려 ᄉᆞ면

---

166) 동명 보기롤 : 동명(東溟)에서 일출(日出) 보기를.

167) 긔하오 : 기하(幾何)오? 얼마나 되는가?

168) 도라가민 : 돌아가매. 죽으매.

169) 디통 : 지통(至痛). 지극한 아픔. 여기서는 마음이 아프다는 말.

170) ᄡᅡ하 : 쌓아.

171) ᄆ양 : 매양(每樣). 항상.

172) 울울ᄒ니 : 울울(鬱鬱)하니. 마음이 답답하니.

173) 노라 : 놀아.

174) 심울 : 心鬱. 마음의 울적함.

175) 만금에 다혀 : 만금(萬金)에 대어. 만금에 비겨.

176) ᄇᆞᆺ고디 : 바꾸지.

177) 가디라 : 가지라. 가고 싶도다.

178) 하 : 매우.

179) 고로 : 고(故)로. 까닭에.

180) 속기싱 : 속기생(屬妓生). 관청에 속해 있는 기생. 관기(官妓).

181) 쾌락 대희ᄒ야 : 쾌락(快諾) 대희(大喜)하여. 흔쾌히 승낙하신 일을 크게 기뻐
하여.

182) 무ᄒᆞᆫ 치장 : 무한(無限) 치장(治裝). 많은 길 떠날 채비. '치장(治裝)'은 '길 떠
날 채비를 챙기는 것'을 뜻한다.

183) 기구롤 셩비ᄒᆞᆯ시 : 기구(器具)를 성비(盛備)할 때. 여행에 필요한 물건들을 풍
성히 마련할 때.

184) 식후 : 식후(食後). 식사 후.

185) 비복 : 婢僕. 남녀 하인들.

186) ᄠᅳᆯ희 : 뜰에.

을 관망ᄒ야187) 혹 하눌이 흐릴가 애롤 쓰니 내 역시 민망ᄒ야188) ᄒᆞᆫ 가
지로 하눌을 울울 보니189) 망일의 월식 긋치라190) 혹 흑색 구름이 층층하
고191) 진애192) 긔운이 ᄉᆞ면의 둘러시니 모든 비복과 기싱이 발을 굴러 혀
차193) 거의 미칠 ᄃᆞᆺ 애롤 쓰니 내 ᄯᅩ한 쵸됴ᄒ야194) 겨유195) 새와196) 칠
일 미명의197) 밧비 니러나 하눌을 보니 오히려 텬식이198) 쾌티 아냐 동편
의 붉은 긔운이 일광을199) ᄀᆞ리오니 흉듕이200) 요요ᄒ야201) 하눌을 무수
이 보니 날이 느즈며 홍운이 것고202) 힛긔운203)이 나니 샹하204) 즐겨 밥
을 지촉ᄒ여 먹고 길흘 ᄭᅥ나니 압희 군복한 기싱 두 ᄡᅡᆼ과 아히 기싱205)
하나히206) 비룡 ᄀᆞᆺᄒᆞᆫ 말207)을 ᄐᆞ고 서시니 전닙208) 우희209) 샹ᄆᆞ210)와 공

---

187) 관망ᄒ야 : 관망(觀望)하여. 바라보아.
188) 민망ᄒ야 : 민망(憫惘)하여. 걱정이 되어.
189) 울울 보니 : 울얼 보니. 우러러 보니. '울얼'의 기본형은 '울얼다'로 '우러르다'
　　는 뜻이다.
190) 망일의 월식 긋치라 : 망일(望日)의 월식(月蝕) 끝이라. 보름에 있었던 월식 뒤
　　끝이기 때문에. 월식은 음력 보름에 있기 마련이고, 음력 보름에는 보름치라 하
　　여 비나 눈이 오는 일이 많다.
191) 층층하고 : 層層하고.
192) 진애 : 塵埃. 진애는 티끌과 먼지를 통틀어 이르는 말인데, 여기서는 사면이
　　맑지 못하고 침침함을 뜻한다.
193) 발을 굴러 혀 차 : 발을 구르며 혀를 차.
194) 쵸됴ᄒ야 : 초조(焦燥)하여. 애가 타서 마음이 조마조마하여.
195) 겨유 : 겨우.
196) 새와 : 새워. 밤을 새워.
197) 칠 일 미명의 : 십칠일(十七日) 미명(未明)을 말한다. '미명'은 '동 트기 전.'
198) 텬식이 : 천색(天色)이. 하늘빛이.
199) 일광을 : 일광(日光)을. 햇빛을.
200) 흉듕이 : 흉중(胸中)이. 마음이.
201) 요요ᄒ야 : 요요(搖搖)하여. 흔들려. 안정되지 못하여.
202) 홍운이 것고 : 홍운(紅雲)이 걷고. 붉은 구름이 걷히고.
203) 힛긔운 : 햇기운. 해의 기운.
204) 샹하 : 상하(上下). 위아래. 여기서는 신분이 높은 사람과 낮은 사람. 모두.
205) 아히 기싱 : 아이 기생. 동기(童妓).
206) 하나히 : 하나가.
207) 비룡 ᄀᆞᆺᄒᆞᆫ 말 : 비룡(飛龍) 같은 말. 날아가는 용과 같은 말. 썩 좋은 말을 말한

작모211) 힛빗치212) 조요하고213) 샹마훈214) 모양이 느는 둣훈디 군악을
교젼의셔215) 느러지게 주ᄒ니216) 미셰훈 규듕녀ᄌ로217) 거년의218) 비록
낭패ᄒ여시나219) 거년 호ᄉ를220) 금년 ᄎ일의221) 다시 ᄒ니 어느 거시
ᄉ군222)의 은혜 아니리오.

짐즛223) 셔문으로 나셔 남문 밧글 도라가며224) 쌍교마225)롤 쳔쳔이226)

다.

208) 젼닙 : 전립(戰笠). 조선 시대에, 무관이 쓰던 모자의 하나. 붉은 털로 둘레에
    끈을 꼬아 두르고 상모(象毛), 옥로(玉鷺) 따위를 달아 장식하였으며, 안쪽은 남
    색의 운문대단(雲紋大緞)으로 꾸몄다.

209) 우희 : 위에.

210) 샹모 : 상모(象毛). 벙거지의 꼭지에다 참대와 구슬로 장식하고 그 끝에 해오
    라기의 털이나 긴 백지 오리를 붙인 것. 털상모와 열두 발 상모가 있다.

211) 공작모 : 孔雀毛. 조선 시대에, 무관의 구군복에 갖추어 쓰던 전립(戰笠)을 장
    식하던 새의 깃. 공작의 꽁지깃과 남빛의 새털을 한데 묶어 펼쳐서 손바닥같이
    둥글넓적하고 아주 두툼하게 만들었으며, 방색(方色)을 따라 남색・누런색・붉
    은색・흰색・검은색의 새털을 쓰기도 했다. 공작우(孔雀羽), 공작미(孔雀尾)라고
    도 한다.

212) 힛빗치 : 햇빛에.

213) 조요하고 : 照耀하고. 밝게 비춰서 빛나고.

214) 샹마훈 : 상마(上馬)한. 말에 올라 탄.

215) 교젼의셔 : 교전(轎前)에서. 가마 앞에서.

216) 느러지게 주ᄒ니 : 늘어지게 연주(演奏)하니.

217) 미셰훈 규듕녀ᄌ로 : 미세(微細)한 규중여자(閨中女子)로서. 보잘 것 없는 부
    녀자로서.

218) 거년의 : 거년(去年)에. 지난해에.

219) 낭패ᄒ여시나 : 낭패(狼狽)하였으나. 일이 실패로 돌아갔으나.

220) 거년 호ᄉ를 : 거년(去年) 호사(豪奢)를. 지난해에 있었던 호강. 지난해에 동명
    의 일출 구경을 갔다가 날이 흐려 못 보고, 돌아오는 길에 본궁(本宮)을 구경하
    려다가 못 보고 온 일을 말한다.

221) ᄎ일의 : 차일(此日)에. 오늘에.

222) ᄉ군 : 사군(使君). 원님. 남편 신대손을 말한다.

223) 짐즛 : 짐짓. 일부러.

224) 짐즛 셔문으로 나셔 남문 밧글 도라가며 : 짐짓 서문(西門)으로 나와서 남문
    (南門) 밖으로 돌아서 가며. 동명(東溟)으로 가려면, 함흥부의 남문으로 나서야
    되나, 성문 밖을 구경하기 위해서 일부러 서문에서 나가, 성밖으로 돌아 남문으

노하227) 좌우 져자228)를 술피니 거리 여슷 져자229) 댱안낙듕230)으로 다
르미 업고 의젼231)·빅모젼232)·치마젼233) 각식 젼이234) 반감회흐여235)
고향 싱각과 친쳑 그리오미236) 비흐더라.237) 포젼238)·빅목젼이 더옥 쟝
흐야239) 필필이240) 건 것이 몃 쳔 동241)을 내여242) 건 줄 모롤러라. 각식

로 간 것을 말한다. 함흥부의 서문 앞에는 성천강이 흐르고, 남문 앞에는 호연천
(湖連川)이 흐르는데, 이 강을 따라 시장이 크게 형성되어 있었다.
225) 쌍교마 : 쌍교마(雙轎馬). 쌍가마를 메고 가는 말. 쌍가마는 말 두 마리가 각각
앞뒤 채를 메고 간다.
226) 천천이 : 천천히.
227) 노하 : 놓아. 여기서는 '말을 몬다'는 의미이다.
228) 져자 : 저자. 시장(市場).
229) 거리 여슷 져자 : 거리의 여섯 저자가. '여섯 저자'는 서울의 '육주비전[六注比
廛]'을 빗대어 한 말로, 시장의 가게가 성대함을 일컫는 것이다. '육주비전'은 전
매 특권과 국역(國役) 부담의 의무를 진 서울의 여섯 시전(市廛)으로 선전(縇廛),
면포전(綿布廛), 면주전(綿紬廛), 지전(紙廛), 저포전(紵布廛), 내외 어물전(內外
魚物廛)을 이른다.
230) 댱안낙듕 : 장안낙중(長安洛中). 서울을 말한다. 장안(長安)은 전한(前漢) 때부
터 당(唐)나라 때까지 중국의 서울이었고, 낙중(洛中)은 주(周)나라 이래 오랫동
안 서울이었던 낙양(落陽)을 말한다.
231) 의젼 : 의전(衣廛). 옷가게. 옷감이나 이불감을 파는 가게이다. '전(廛)'은 가게
를 말한다.
232) 빅모젼 : '빅목전'의 오기(誤記). '빅목전(白木廛)'은 무명을 파는 가게이다.
233) 치마젼 : 채마전(廛). 채소를 파는 가게. 채마는 채소를 말한다.
234) 각식 젼이 : 각색(各色) 전(廛)이. 의전, 백목전, 채마전 등 다양한 가게들이.
235) 반감회흐여 : 반감희(半減喜)하여. 즐거움을 반감시켜. 즐거움을 반쯤 사그라
들게 하여.
236) 그리오미 : 그리움이.
237) 비흐더라 : 배(倍)하더라. 배(倍)가 되더라.
238) 포젼 : 포전(布廛). 포목점. 베와 같은 옷감을 파는 가게.
239) 쟝흐야 : 장(壯)하여. 성대하여.
240) 필필이 : 필필(疋疋)이. 한 필 한 필마다. '필(疋)'은 일정한 길이로 말아 놓은
피륙을 세는 단위이다.
241) 동 : 물건을 묶어 세는 단위로 한 동은 피륙의 경우 50필을 말한다. 여기서는
'필(疋)'과 같은 의미로 쓰인 듯하다.
242) 내여 : 내어.

오시며243) 비단 금침244)을 다 내여 거러시니245) 일식의 ᄇ이더라.246)

처엄247) 갓던248) 한명우의 집249)으로 아니 가고 가치셤250)이란 디 숙소 ᄒ려251) 가니 읍ᄂᆡ셔252) 삼십 니는 가니 운전창브터253) 바다히254) 뵈더니 다시 가치셤이 표묘히255) 놉하시니 ᄒᆞᆫ 편은 ᄀᆞ이 업손 창희오256) ᄒᆞᆫ 편은 텹텹ᄒᆞᆫ 뫼힌디257) 바다 ᄀᆞ흐로258) 길이 겨유259) 무명 너비260)만은 ᄒᆞ고 고 녑히261) 산이니 썅교를 인부262)의 머여263) ᄀᆞ만ᄀᆞ만 가니 물결이 구븨뎌264) 홍치며265) 창식266)이 흉융ᄒᆞ니267) 처엄으로 보기 금즉ᄒᆞ더

---

243) 각식 오시며 : 각색(各色) 옷이며. 여러 종류의 옷이며.

244) 금침(衾枕) : 이부자리와 베개.

245) 거러시니 : 걸었으니.

246) 일식의 ᄇ이더라 : 햇빛에 빛나더라. 일색(日色)은 햇빛이며, 'ᄇ이다'는 '빛나다', '눈부시다'는 뜻이다.

247) 처엄 : 처음.

248) 갓던 : 갔던.

249) 한명우의 집 : 한 해 전[1771년] 동명 일월출 구경가서 머물렀던 한명우의 집을 말한다.

250) 가치셤 : 미상. 운전(雲田) 앞 바다에 있는 섬을 말하는 듯하다.

251) 숙소 ᄒ려 : 숙소(宿所)를 정(定)하러.

252) 읍ᄂᆡ셔 : 읍내(邑內)에서. 함흥부성 내에서.

253) 운전창브터 : 운전창(雲田倉)부터. 운전창은 운전에 있는 창고.

254) 바다히 : 바다가.

255) 표묘히 : 縹渺히. 아득하게 멀리.

256) ᄒᆞᆫ 편은 ᄀᆞ이 업손 창희오 : 한 쪽은 끝이 없는 푸른 바다이고. 창희(滄海)는 푸른 바다.

257) ᄒᆞᆫ 편은 텹텹ᄒᆞᆫ 뫼힌디 : 한 쪽은 첩첩(疊疊)이 이어진 산인데. 운전 앞 바다의 동쪽은 험준한 산세가 이어져 있다.

258) 바다 ᄀᆞ흐로 : 바닷가로. 바닷가를 따라.

259) 겨유 : 겨우.

260) 너비 : 너비. 넓이.

261) 고 녑히 : 그 옆이.

262) 인부 : 人夫. 일꾼.

263) 머여 : 메어. 메게 하여.

264) 구븨뎌 : 굽이쳐.

265) 홍치며 : 홍청거리며.

266) 창식 : 창색(滄色). 물결이.

라.268)

　길히269) 소삽ᄒ고270) 돌과 바희271) 싣녀시니 인부가 계유272) 조심ᄒ야 일 니는273) 가니 길이 평탄ᄒ야 너른 들힌디274) 가치섬이 우러러 뵈니 놉기는275) 셔울 븩악산276) 같고 모양 대쇼는277) 븩악만 못ᄒ고 산식이 붉고 탁ᄒ야 조키278) 븩악만 못ᄒ더라.

　바다 ᄀ흐로279) 도라280) 셤 밋힉281) 집 잡아 드니282) 춘믜·믜홰283) 추후ᄒ여284) 왓더라. 졈심을 ᄒ여 드리는디285) 싱복회286)를 노하시니287) 그 밋힉셔288) 건진 것이라 맛이 별ᄒ디289) 구치ᄒ여 가니290) 잘 먹디 못

---

　267) 흉융ᄒ니 : '흉용ᄒ니'의 誤記. '흉용(洶溶)하다'는 물결이 매우 세차게 흘러간 다는 뜻이다.

　268) 금즉ᄒ더라 : 끔찍하더라.

　269) 길히 : 길[道]이.

　270) 소삽ᄒ고 : 소삽(疏澁)하고. 길이 낯설고 막막하고.

　271) 바희 : 바위.

　272) 계유 : 겨우.

　273) 일 니는 : 일 리(一里)쯤.

　274) 들힌디 : 들인데.

　275) 놉기는 : 높이는.

　276) 븩악산 : 백악산(白岳山). 북악산(北岳山). 서울의 경복궁 북쪽에 있는 산. 서울 분지를 둘러싸는 자연 요새의 하나로 기반암이 화강암이어, 희고 큰 바위가 많아 백악산이라고도 한다. 이 산을 중심으로 서울 북쪽의 성벽이 축조되었다.

　277) 모양 대쇼는 : 모양과 크기는.

　278) 조키 : 족(足)히.

　279) 바다 ᄀ흐로 : 바닷가로.

　280) 도라 : 돌아.

　281) 밋힉 : 밑에.

　282) 집 잡아 드니 : 집을 잡아 들어가니. 집을 정하여 들어가니.

　283) 춘믜·믜홰 : 춘매와 매화가. 춘매와 매화는 기생 이름이다.

　284) 추후ᄒ여 : 추후(追後)하여. 뒤쫓아.

　285) 드리는디 : 들이는데. 점심을 해서 (방으로) 들이는데.

　286) 싱복회 : 생복회(生鰒膾). 익히지 않은 전복으로 만든 회.

　287) 노하시니 : 놓았으니.

　288) 밋힉셔 : 밑에서.

　289) 별ᄒ디 : 별(別)하되. 별미로되.

ᄒ니 낙듕291) 친척으로 더브러292) 마슬 눈호디 못하니293) 지ᄒᆫ이러라.294)

날이 오히려 이르고 텬긔화명ᄒ며295) 풍일296)이 고요ᄒ니 비롤 ᄭᅮ며297) 바다희298) ᄉ군이 오ᄅ시고299) 숙시와 셩이300)롤 드리고 니301) 오ᄅ니 풍뉴302)롤 ᄯᅡᆫ 비의 시러303) 우리 오ᄅᆫ 비 머리의304) 둘고 일시의305) 주ᄒ니306) ᄒᆡ슈는307) 프르고 프르러 ᄀᆞ이 업고 군복ᄒᆫ308) 기셩의 그림재ᄂᆞᆫ 하늘과 바다희 것구로 박힌 듯309) 풍뉴 소리는 하늘과 바다 속의 ᄉ뭇 차 들레ᄂᆞᆫ 듯310) 날이 셕양이니 쇠ᄒᆫ311) 힛그림재312) ᄒᆡ심의313) 비쵀니

---

290) 구치ᄒ여 가니 : 구치(驅馳)하여 가니. 급히 재촉하여 가니. '구치(驅馳)'는 몹시 바삐 돌아다닌다는 뜻으로, 여기서는 바삐 가도록 재촉한다는 뜻이다.

291) 낙듕 : 낙중(洛中). 서울.

292) 더브러 : 더불어.

293) 마술 눈호디 못하니 : 맛을 나누지 못 하니. 함께 맛 보지 못하니.

294) 지ᄒᆫ이러라 : 지한(至恨)이러라. 지극히 한(恨)이 되는 일이로다.

295) 텬긔화명ᄒ며 : 천기화명(天氣和明)하며. 바람이 잔잔하고 날씨가 맑으며.

296) 풍일 : 풍일(風日). 바람과 햇볕.

297) ᄭᅮ며 : 꾸며. 화려하게 장식하여.

298) 바다희 : 바다에.

299) 오ᄅ시고 : 오르시고.

300) 숙시와 셩이 : 숙시[叔氏]는 시숙을 말하는 듯하고, 셩이는 아들을 말하는 듯하다. 함흥 신씨 족보[신대손 가의 족보]에는 의유당의 아들로 신수(申綏, 1745~1780)와 신수(申緩, 1761~1802) 두 명이 기재되어 있는데, '셩이'는 이 둘 중 한 명의 아명(兒名)이 아닌가 한다. 당시 동명 일출을 구경간 이때에 신수(申綏)는 28세, 신수(申緩)는 12세가 된다.

301) 니 : 내가.

302) 풍뉴 : 풍류(風流). 음악을 말함. 곧 악기를 연주하는 사람들.

303) ᄯᅡᆫ 비의 시러 : 다른 배에 실어. 다른 배에 싣고.

304) 우리 오ᄅᆫ 비 머리의 : 우리가 올라된 뱃머리에.

305) 일시의 : 일시(一時)에. 동시에.

306) 주ᄒ니 : 연주하니.

307) ᄒᆡ슈는 : 해수(海水)는. 바닷물은.

308) 군복ᄒᆫ : 군인 복장을 한.

309) 기셩의 그림재는 하늘과 바다희 것구로 박힌 듯 : 기생의 그림자는 하늘과 바다에 거꾸로 박힌 듯. 배위에서 기생이 노니, 하늘 그림자와 기생의 그림자가 물에 거꾸로 비치게 되는 모습을 묘사한 것이다.

일만 필 빅깁314)을 물 우희315) 편 둣 도니 ᄆᆞᆷ이 빗기 흔득여316) 상쾌ᄒᆞ
니 만리창파의317) 일엽편주318)로 망망대희의 위티로오믈319) 다 니즐너
라.320)

기싱 보비는 가치셤 봉 우희 귀경321) 갓다가 ᄂᆞ려오니 볼셔322) 비룰
씌여 대희의 듕뉴ᄒᆞ니323) 오ᄅᆞ디324) 못ᄒᆞ고 희변의 셔셔325) 손을 쓰
니326) ᄯᅩᄒᆞᆫ 긔관이러라. 거년327) 격구뎡의셔 션바회룰 보고 긔이하여 도
라왓더니 금일 선유의328) 션바회 밋히 니르니 신긔ᄒᆞ더라.

히 거의 져가니329) 힝혀 월출 보기 느즐가 밧비 비룰 다혀330) 햐쳐331)
의 도라와 져녁을 밧비332) 먹고 일식이 채 딘티 아냐333) 귀경더 오르니

310) 스못차 들레ᄂᆞᆫ 둣 : 사무쳐 들레는 둣. 깊고 멀리까지 미치어 야단스럽게 떠드
    는 듯. '스못차'는 기본형이 '스못치다'로 '깊이 스며들거나 멀리까지 미치다'는 뜻
    이고, '들레다'는 '야단스럽게 떠들다'는 뜻이다.
311) 쇠ᄒᆞᆫ : 쇠(衰)한. 약해진. 희미해진.
312) 힛그림재 : 해그림자.
313) 희심의 : 해심(海心)에. 바다 가운데.
314) 빅깁 : 흰 비단. '깁'은 비단.
315) 우희 : 위에.
316) 빗기 흔득여 : 비스듬히 흔들려. 요요(搖搖)하여.
317) 만리창파의 : 만리창파(萬里滄波)에. 끝없이 넓은 바다에.
318) 일엽편주 : 一葉片舟. 한 척의 조그마한 배.
319) 망망대희의 위티로오믈 : 망망대해(茫茫大海)의 위태로움을. 한 척의 조그마한
    배로 드넓은 바다에 떠있는 위태로움을 말하는 것이다.
320) 니즐너라 : 잊을러라.
321) 귀경 : 구경.
322) 볼셔 : 벌써.
323) 대희의 듕뉴ᄒᆞ니 : 대해(大海)에 중류(中流)하니. 큰 바다 한복판에 떠 있으니.
324) 오ᄅᆞ디 : (배에) 오르지.
325) 셔셔 : 서서.
326) 손을 쓰니 : 손을 흔드니.
327) 거년 : 거년(去年). 작년.
328) 선유의 : 선유(船遊)에. 뱃놀이에서.
329) 져가니 : 저가니. 저물어 가니.
330) 다혀 : 닿게 하여. 대어.
331) 햐쳐 : 햐처(下處). 사처. 나그네가 길을 가다 묵는 집. 숙소(宿所).

오 리는 ᄒ더라.334)

귀경ᄃᆡ를 가마 속의셔335) 보니 놉희 아오라ᄒ야336) '엇디 오롤고337)' ᄒ더니 사ᄅᆞᆷ이 심이338) 단녀339) 길이 반반하여 어렵디 아니ᄒ니 雙교의 인부로 오ᄅᆞ니340) 올나간 후는 평안ᄒ341) 됴코342) 귀경ᄃᆡ 압희 바다 속의 바회 잇는ᄃᆡ 크기도 펵ᄒ고 형용 삼긴 것이343) 거복이 ᄭᅩ리룰 ᄭᅵ고 업ᄃᆡᆫ344) ᄃᆺ하기 텬셩으로 삼긴 것이345) 공교로이346) 조아 ᄆᆡᆫᄃᆞᆫ ᄃᆺ하니347) 연고로348) 귀경ᄃᆡ라 ᄒᄂᆞᆫ ᄃᆺ시브더라.349)

ᄃᆡ샹의350) 오ᄅᆞ니 믈351) 형계352) 더욱 장ᄒ야 바다 너비ᄂᆞᆫ353) 엇더ᄒ

---

332) 밧비 : 바삐.

333) 일식이 채 딘티 아냐 : 일색(日色)이 채 진(盡)치 아니어. 햇빛이 다 없어지지 아니하여. 해가 지기 전에.

334) 오 리ᄂᆞᆫ ᄒ더라 : (거리가) 오 리(五里)는 되더라.

335) 속의셔 : 속에서.

336) 놉희 아오라ᄒ야 : 높이가 아득하여. 아득히 높아. '아오라ᄒ다'는 '아스라하다', '아득하다'는 뜻이다.

337) 엇디 오롤고 : 엇지 오를까?.

338) 심이 : 심(甚)히. 심하게. 자주 많이.

339) 단녀 : 다녀.

340) 雙교의 인부로 오ᄅᆞ니 : 인부(人夫)가 쌍교(雙轎)를 메고 오르니.

341) 평안ᄒ : 평안하여.

342) 됴코 : 좋고.

343) 형용 삼긴 것이 : 형용(形容) 생긴 것이. 모양 생긴 것이.

344) 업ᄃᆡᆫ : 엎드린.

345) 텬셩으로 삼긴 것이 : 천생(天生)으로 생긴 것이. 저절로 생긴 것이. 자연적으로 만들어진 것이.

346) 공교로이 : 공교롭게. 뛰어난 솜씨로.

347) 조아 ᄆᆡᆫᄃᆞᆫ ᄃᆺ하니 : 쪼아 만든 듯하니. '조아'는 기본형이 '조으다'[혹은 '좃다]로 쪼다, 새기다는 뜻이다.

348) 연고로 : 연고(緣故)로. 그런 까닭에. 그렇기 때문에.

349) 귀경ᄃᆡ라 ᄒᄂᆞᆫ ᄃᆺ시브더라 : 귀경대(龜景臺)라 하는 듯싶더라. '귀경대(龜景臺)'의 '귀(龜)' 자(字)가 '거북 귀' 자(字)이기에 하는 말이다.

350) ᄃᆡ샹의 : 대상(臺上)에. 귀경대 위에.

351) 믈 : 물.

352) 형계 : 형계(形界). 매우 볼 만한 경치.

던고 フ이354) 측냥 업고355) 푸른 믈결티는356) 소리 광풍357) 이는358) 돗하고 산악이 울히는 돗ㅎ더니359) 텬하의360) 금즉훈361) 장관이러라.

구월 기력이362) 어즈러이363) 울고 한풍이 끼치는디364) 바다흐로365) 물366)도 ᄀᆺ고 사슴도 ᄀᆺ튼 거시 물 우흐로367) 둔니기를 물 돌니 돗ㅎ니 날긔운이 임이 침침ㅎ니368) ᄌ셔티369) 아니ㅎ디 쏘 긔졀이370) 보암 죽하니371) 일싱372) 보던 기싱들이 년셩ㅎ야373) 고이ㅎ믈 브를 제374) 내 ᄆᆞᆷ의 신긔키375) 엇더 ㅎ리오. 혹 힉구라 ㅎ고 고래라 ㅎ니 모를러라.376)

---

353) 너비는 : 넓이는.
354) フ이 : 가(可)히.
355) 측냥 업고 : 측량(測量) 없고. 헤아릴 수 없고.
356) 믈결티는 : 물결치는.
357) 광풍 : 광풍(狂風). 큰 바람.
358) 이는 : 일어나는.
359) 산악이 울히는 돗ㅎ더니 : 산악(山岳)이 울리는 듯하니.
360) 텬하의 : 천하(天下)의. 천하에서
361) 금즉훈 : 끔찍한. 매우 놀라운.
362) 구월 기력이 : 구월(九月) 기러기. 기러기는 겨울 철새로 가을이 되면 북쪽에서 우리나라로 날아온다.
363) 어즈러이 : 어지러이.
364) 한풍이 끼치는디 : 한풍(寒風)이 끼치는데. 찬 바람이 밀려오는데.
365) 바다흐로 : 바다로. 바다로부터.
366) 물 : 말[馬].
367) 우흐로 : 위로.
368) 날긔운이 임이 침침ㅎ니 : 햇빛이 이미 침침하니. 날이 저물어 침침하니. '날긔운'은 '해의 기운' 곧 햇빛을 말한다.
369) ᄌ셔티 : 자세하지.
370) 긔졀이 : 기절(奇絶)히. 아주 신기하고 기이하게.
371) 보암 죽하니 : 봄 직하니.
372) 일싱 : 일생(一生). 평소에.
373) 년셩ㅎ야 : 연성(連聲)하여. 연이어 소리 지르며.
374) 고이ㅎ믈 브를 제 : 괴이(怪異)함을 부를 때. 평소에 이곳 바다를 흔히 보던 기생들도 보지 못했던 것이기에 괴이하다고 소리친 것이다.
375) 신긔키 : 신기하기.
376) 혹 힉구라 ㅎ고 고래라 ㅎ니 모를러라 : 혹 해구(海狗)라고도 하고 고래라고도 하니 모르겠더라. 해구(海狗)는 물개.

히 쾌히377) 다 지고 어두은 비치 니러나니 둘 도둘 디롤378) 브라본족 진애379) 스면으로380) 씨이고 모운이381) 창창ㅎ여382) 아마도 둘 보기 황당ㅎ니383) 별너 별너384) 와셔 내 무옴 구이업기는385) 니르디 물고386) 츳섬이ㆍ이랑이ㆍ보비 다 "마누하님387) 월츌을 못 보시게 ㅎ엿다."ㅎ고 소리ㅎ여 흔ㅎ니388) 그 정이 쏘 고맙더라.

둘 도둘 째 못 밋고389) 어둡기 심ㅎ니 좌우로 초롱을 혀고 민홰 춘민ㅎ야390) 디샹의셔391) 관동별곡392)을 식이니393) 소리 놉고 묽아 집의 안자 듯ㄴ니여셔394) 신기롭더라.

물치는395) 소리 장ㅎ매 쳥풍이 슬슬이396) 니러나며 다행이 스면연운397)이 잠간 걷고398) 물 밋치 일시의399) 통낭ㅎ며400) 게 드린401) 도홍

---

377) 쾌히 : 쾌(快)히. 급히. 빨리.
378) 도둘 디롤 : 돋을 곳을.
379) 진애 : 진애(塵埃). 티끌과 먼지.
380) 스면으로 : 사면(四面)으로. 사방으로.
381) 모운이 : 모운(暮雲)이. 저녁 구름이.
382) 창창ㅎ여 : 창창(蒼蒼)하여. 어둑어둑하여.
383) 황당ㅎ니 : 황당(荒唐)하니. 거짓되니. 터무니없게 되니.
384) 별너 별너 : 별러 별러. 벼르고 별러.
385) 구이업기는 : 가엾기는. 안타까움은.
386) 니르디 물고 : 말하지 말고. 고사하고.
387) 마누하님 : 마님. 지체가 높은 집안의 부인을 높여서 이르는 말.
388) 흔ㅎ니 : 한(恨)하니. 안타까워 하니.
389) 둘 도둘 째 못 밋고 : 달 돋을 때 못 미쳐.
390) 민홰 춘민 ㅎ야 : 매화가 춘매로 하여금.
391) 디샹의셔 : 귀경대 위에서.
392) 관동별곡 : 관동별곡(關東別曲). 조선 선조 때에 송강(松江) 정철(鄭撤, 1536~1593)이 지은 기행 가사. 작자가 강원도 관찰사로 부임하여 관동 팔경을 돌아보면서 선정(善政)을 베풀고자 하는 심정을 읊었다.
393) 식이니 : 시키니.
394) 집의 안자 듯ㄴ니여셔 : 집에 앉아 듣는 것보다.
395) 물치는 : 물결치는.
396) 슬슬이 : 바람이 부드럽게 부는 모양.
397) 스면연운 : 사면연운(四面煙雲). 사방에 깔린 구름.

빗402) ᄀᆺᄒ 것이 어래빗 준등 ᄀᆺᄒ 것이403) 냑간404) 비최더니 ᄎᄎ 내미
는디 둥근 빗 붉은 폐빅반405)만ᄒ 것이 길게 홍텨406) 올라 브트며407) ᄎ
ᄎ408) 붉은 긔운이 업고 온 바다히409) 일시의 희여디니410) 바다 프른 비
치411) 희고 희여 은 ᄀᆺ고412) 묽고 조하413) 옥 ᄀᆺᄒ니 창파만니의414) 둘
비최는 장관을 엇디 능히 볼디리오마는415) ᄉ군이 세록지신416)으로 텬
은417)이 망극ᄒ여418) 년하여419) 외방의 작지ᄒ야420) 나라 거술421) 쁜히

---

398) 걷고 : 걷히고.
399) 일시의 : 일시(一時)에. 동시에.
400) 통낭ᄒ며 : 통랑(通朗)하며. 밝고 환하여. '통랑(通朗)'은 '속까지 비치어 환하
　　다'는 뜻이다.
401) 게 드린 : 거기에 드리운.
402) 도홍빗 : 도홍(桃紅)빛. 복숭아꽃의 빛깔과 같이 붉은 색.
403) 어래빗 준등 ᄀᆺᄒ 것이 : 얼레빗 잔등 같은 것이. 얼레빗은 빗살이 굵고 성긴
　　큰 빗으로 빗의 등이 둥글어 '월소(月梳)'라고도 한다. '잔등'은 등[背]과 같은 말
　　이다.
404) 냑간 : 약간.
405) 둥근 빗 붉은 폐빅반 : 둥근 빛 붉은 폐백반(幣帛盤). 둥글고, 빛깔이 붉은 폐
　　백반. 폐백반은 폐백을 담는 예반(禮盤)으로 조그마한 상이다.
406) 홍텨 : 홍치어. 기본형은 '홍치다'로 '홍청거리다'는 뜻이다. 곧 물건이 탄력 있
　　게 자꾸 흔들리는 모습을 형용한 말이다.
407) 브트며 : 붙으며.
408) ᄎᄎ : 차차. 점점.
409) 바다히 : 바다가.
410) 희여디니 : 희어지니. 희게 되니.
411) 프른 비치 : 푸른 빛이.
412) 은 ᄀᆺ고 : 은(銀) 같고.
413) 조하 : 깨끗하여.
414) 창파만니의 : 창파만리(滄波萬里)에. 만리창파에. 드넓은 바다에.
415) 볼디리오마는 : '볼디리오마는'의 오기(誤記). '볼디리오마는'은 '볼 수 있었겠
　　는가마는'의 뜻이다.
416) 세록지신 : 세록지신(世祿之臣). 대대로 나라에서 녹봉을 받는 신하.
417) 텬은 : 천은(天恩). 임금의 은덕.
418) 망극ᄒ여 : 망극(罔極)하여. '망극하다'는 임금이나 어버이의 은혜가 한이 없음
　　을 이르는 말이다.
419) 년하여 : 연(連)하여. 연이어.

먹고422) 나는 쏘한 ㅅ군의 덕으로 이런 장관을 ㅎ니423) 도모지424) 어
ㄴ425) 것이 성쥬의426) 은혜 아닌 것이 이시리오.

밤이 드러 오니 부람이 초고 믈 티는 소리 요란ᄒᆞᆫ듸 한냉ᄒᆞ니427) 셩으
로428) 더욱 민망ᄒᆞ야429) 햐쳐430)로 도라오니 기싱들이 월츌 관광이431)
쾌티432) 아닌 줄 애둘와 ᄒᆞ니433) 나는 그도 장관으로 아는듸 그리들 ᄒᆞ니
심히 서운ᄒᆞ더라.434)

힝혀435) 일츌을 못 볼가 노심쵸ᄉᆞᄒᆞ야436) 새도록437) 자디 못ᄒᆞ고 ㄷ

---

420) 외방의 작지ᄒᆞ야 : 외방(外方)에 작재(作宰)하여. 지방에서 원님이 되어. 외방
　　(外方)은 중앙이 아닌 지방을 의미하며, 작재(作宰)는 고을의 원님이 되는 것을
　　말한다. 『평산신씨족보(平山申氏族譜)』에 의하면, 의유당 남씨의 남편인 신대손
　　(申大孫)은 음직(蔭職)으로 성주목사(星州牧使)를 지냈다고 하였다. 아마도 성주
　　목사와 함흥판관의 벼슬을 연이어 한 것이 아닌가 한다.
421) 나라 거술 : 나라 것을. 나라에서 주는 녹봉(祿俸)을.
422) 쁜히 먹고 : 실컷 먹고. '쁜히'는 '쯘히'의 오기(誤記). 기본형은 '쯘하다'로 '간
　　절(懇切)하다'의 의미이나, 여기서는 '매우' 정도의 의미로 쓰였다.
423) 이런 장관을 ᄒᆞ니 : 이런 장한 구경을 하니. 이런 장관을 구경하니.
424) 도모지 : 도무지.
425) 어ᄂᆞ : 어느.
426) 셩쥬의 : 성주(聖主)의. 임금님의.
427) 한냉ᄒᆞ니 : 한랭(寒冷)하니. 날씨가 춥고 차.
428) 셩으로 : 성이 때문에. '셩이'는 아들의 아명(兒名)인 듯. 정확치는 않으나, 당
　　시 12세였던 아들 신수(申綏)가 아닌가 한다.
429) 민망ᄒᆞ야 : 민망(憫惘)하여. 딱하고 안타까워. 성이가 추워하는 것이 더욱 딱
　　하여.
430) 햐쳐 : 하처(下處). 사처. 나그네가 길을 가다 묵는 집. 숙소(宿所).
431) 월츌 관광이 : 월출 관광(月出觀光)이. 월출 구경이.
432) 쾌티 : 쾌(快)치.
433) 애둘와ᄒᆞ니 : 애달파 하니.
434) 기싱들이 ~ 서운ᄒᆞ더라 : 지금 본 것이 장관(壯觀)이라 생각했는데, 더한 장
　　관을 보지 못했다고 기생들이 애달파 하니 더한 장관을 보지 못하여 서운하였다
　　는 말이다.
435) 힝혀 : 행여. 혹시라도.
436) 노심쵸ᄉᆞᄒᆞ야 : 노심초사(勞心焦思)하여. 마음 졸여.
437) 새도록 : 밤새도록.

금438) 영지439)를 불러 "사공ᄃᆞ려440) 무르ᄅᆞ." ᄒᆞ니 "ᄂᆡ일은 일출을 쾌히 보시리라 ᄒᆞ다." ᄒᆞᄃᆡ ᄆᆞᄋᆞᆷ의 밋브디441) 아니ᄒᆞ야 쵸조ᄒᆞ더니 먼 ᄃᆡ ᄃᆞᆰ이 울며 년ᄒᆞ야442) ᄌᆞ초니443) 기ᄉᆡᆼ과 비복444)을 혼동445) ᄒᆞ446) ᄒᆞ여 "어서 니러나라." ᄒᆞ니 밧긔447) 급댱448)이 와 "관텽 감관449)이 다 아직 너모 일ᄌᆞᆨᄒᆞ니450) 못 ᄯᅥ나시리라 ᄒᆞᆫ다." ᄒᆞᄃᆡ 고디451) 아니 듯고 ᄇᆞᆯᄇᆞᆯ이452) ᄌᆡ촉ᄒᆞ야 ᄯᅥᆨ국을 뿌어시ᄃᆡ453) 아니 먹고 밧비 귀경ᄃᆡ에 오ᄅᆞ니 ᄃᆞᆯ빗치 ᄉᆞ면의 됴요ᄒᆞ니454) 바다히 어제밤도곤455) 희기 더ᄒᆞ고456) 광풍이457) 대작ᄒᆞ야458) 사ᄅᆞᆷ의 ᄲᅧ를 ᄉᆞᄆᆞᆺ고459) 믈결티ᄂᆞᆫ 소ᄅᆡ460) 산악이 움ᄌᆞᆨ이며461) 별

---

438) ᄀᆞᆺ금 : 가끔.
439) 영지 : 하인의 이름인 듯하다.
440) 사공ᄃᆞ려 : 사공에게.
441) 밋브디 : 미덥지.
442) 년ᄒᆞ야 : 연이어. 연달아.
443) ᄌᆞ초니 : 잦으니. 자주 계속하니.
444) 비복 : 비복(婢僕). 계집종과 사내종을 아울러 이르는 말.
445) 혼동 : 混動. 마구 흔들다.
446) ᄒᆞ : 하. 정도가 매우 심하거나 큼을 강조하여 이르는 말. '아주', '몹시'의 뜻을 나타낸다.
447) 밧긔 : 밖에.
448) 급댱 : '급턍'[及唱]의 誤記. 급창(及唱)은 조선 시대에, 군아에 속하여 원의 명령을 간접으로 받아 큰소리로 전달하는 일을 맡아보던 사내종을 말한다.
449) 관텽 감관 : 관청감관(官廳監官). 감관. 조선 시대에, 각 관아에서 금전・곡식의 출납을 맡아보거나 중앙 정부를 대신하여 특정 업무의 진행을 감독하고 관리하던 벼슬아치를 말한다.
450) 일ᄌᆞᆨᄒᆞ니 : 일찍이니. 이르니.
451) 고디 : 곧이.
452) ᄇᆞᆯᄇᆞᆯ이 : 발발이. 여기저기 부산하게 움직이는 모양.
453) 뿌어시ᄃᆡ : 쑤었으나.
454) 됴요ᄒᆞ니 : 조요(照耀)하니. 밝게 빛나니.
455) 어제밤도곤 : 어젯밤보다.
456) 희기 더ᄒᆞ고 : 더욱 희고.
457) 광풍이 : 광풍(狂風)이. 큰 바람이.
458) 대작ᄒᆞ야 : 대작(大作)하여. 크게 일어나.
459) ᄲᅧ를 ᄉᆞᄆᆞᆺ고 : 뼈에 사무치고. 'ᄉᆞᄆᆞᆺ고'의 기본형은 '사뭊다'로 '사무치다'는 뜻

빗치 물곳물곳ᄒᆞ야462) 동편의 ᄎᆞ례로463) 이셔 새기는 머럿고464) 자는 아
ᄒᆡ를 급히 ᄭᅵ와 왓기465) 치워 눌티며466) 기성과 비복이 다 니를467) 두드
려 ᄶᅥ니468) ᄉᆞ군이 소릭ᄒᆞ여 혼동 왈 "샹 업시469) 일즉이 와 아ᄒᆡ와 실
ᄂᆡ470) 다 큰 병이 나게 ᄒᆞ였다." 하고 소릭ᄒᆞ여 걱정ᄒᆞ니 내 ᄆᆞᄋᆞᆷ이 불안
ᄒᆞ야 ᄒᆞᆫ 소릭를 못ᄒᆞ고 감이471) 치워ᄒᆞᄂᆞᆫ472) 눈픽473)를 못ᄒᆞ고 죽은 ᄃᆞ
시 안자시더 날이 셸 가망이 업ᄉᆞ니 년ᄒᆞ여474) 영지를 불너 "동이 트ᄂᆞ
냐" 무르니 아직 멀기로475) 년ᄒᆞ여 디답ᄒᆞ고 믈 티는 소릭 텬디 딘동ᄒᆞ
야476) 한풍477) ᄭᅵ티기478) 더욱 심ᄒᆞ고 좌우 시인479)이 고개를 기우려 입
을 가슴의 박고 치워 ᄒᆞ더니 ᄆᆡ이480) 이윽ᄒᆞᆫ 후481) 동편의 셩쉬482) 드믈

이다.

460) 소릭 : 소리.

461) 움쥭이며 : 움직이며.

462) 믈곳믈곳ᄒᆞ야 : 말곳말곳하여. 말똥말똥하여.

463) ᄎᆞ례로 : 차례로.

464) 새기는 머럿고 : (날이) 새기는 멀었고.

465) ᄭᅵ와 왓기 : 깨워 왔기에.

466) 눌티며 : 날치며. 날뛰며. 추워서 발을 동동 구르는 모습을 형용한 것이다.

467) 니를 : 이[齒]를.

468) 두드려 ᄶᅥ니 : 두드리며 떠니. 부딪히며 떠니.

469) 샹 업시 : 상(常) 없이. 이치에 맞지 않게. 상식에서 벗어나게.

470) 실ᄂᆡ : 실내(室內). 안 사람. 곧 의유당 남씨를 말한다.

471) 감이 : 감히.

472) 치워ᄒᆞᄂᆞᆫ : 추워하는.

473) 눈픽 : 눈치.

474) 년ᄒᆞ여 : 계속해서.

475) 멀기로 : 멀었다고.

476) 딘동ᄒᆞ야 : 진동(振動)하여. 크게 울리어.

477) 한풍 : 寒風. 찬바람.

478) ᄭᅵ티기 : 끼치기.

479) 시인 : 侍人. 모시는 사람.

480) ᄆᆡ이 : 매우.

481) 이윽ᄒᆞᆫ 후 : 시간이 꽤 지난 후. 한참 후. '이윽ᄒᆞ다'는 '한참 지나다'는 뜻이다.

482) 셩쉬 : 성수(星宿)가. 성수는 모든 별자리의 별들을 말한다.

며 월식이 ᄎᄎ 여러디며483) 홍식484)이 분명ᄒ니 소리ᄒ야 싀원ᄒ믈 브
르고 가마 밧긔 나셔니 좌우 비복과 기싱들이 옹위ᄒ야485) 보기를 조이
더니486) 이윽고 날이 붉으며 블근 긔운이 동편 길게 벗텨시니487) 진홍 대
단488) 여러 필을 믈 우희 펼틴 듯 만경창패489) 일시의 붉어 하ᄂᆞᆯ의 ᄌᆞ옥
하고490) 노ᄒᆞᄂᆞᆫ491) 물결 소리 더욱 장ᄒᆞ며 홍전492) ᄀᆞᆺᄒᆞᆫ 믈 빗치 황홀ᄒᆞ
야 슈싴이493) 도요ᄒᆞ니494) ᄎᆞᆷ아495) 금즉ᄒᆞ더라.496)

붉은 비치 더욱 붉으니 마죠497) 션 사ᄅᆞᆷ의 ᄂᆞᆺ498)과 오시 다 붉더라. 믈
이 구비뎌499) 치치니500) 밤의 믈 티ᄂᆞᆫ 구비ᄂᆞᆫ 옥갓티501) 희더니 즉금502)
물구비ᄂᆞᆫ 붉기 홍옥503) ᄀᆞᆺᄒᆞ야 하ᄂᆞᆯ의 다하시니504) 장관을 니ᄅᆞᆯ 것이 업

---

483) 여러디며 : 엷어지며.
484) 홍식 : 홍색(紅色). 붉은 빛.
485) 옹위ᄒᆞ야 : 옹위(擁衛)하여. 옹위(擁衛)는 좌우에서 부축하며 지키고 보호한다
　　　는 뜻이다.
486) 조이더니 : 졸이더니. 마음 졸이더니. 초조해 하더니.
487) 벗텨시니 : 뻗쳤으니.
488) 진홍 대단 : 진홍대단(眞紅大緞). 중국에서 나는 비단의 하나로 다홍빛을 띰.
　　　대단(大緞)은 한단(漢緞)이라고도 하는데, 중국 비단을 말한다.
489) 만경창패 : 만경창파(萬頃蒼波)가.
490) ᄌᆞ옥하고 : 자욱하고.
491) 노ᄒᆞᄂᆞᆫ : 노(怒)하는. 크게 파도치는 모습을 형용한 말이다.
492) 홍전 : 홍전(紅氈). 붉은 빛깔의 모직물.
493) 슈싴이 : 수색(水色)이. 물빛이.
494) 도요ᄒᆞ니 : 조요(照耀)하니. 밝게 빛나니. '도요'는 '됴요'의 오기.
495) ᄎᆞᆷ아 : 차마. 매우.
496) 금즉ᄒᆞ더라 : 끔찍하더라. 매우 놀랍더라.
497) 마죠 : 마주.
498) ᄂᆞᆺ : 낯. 얼굴.
499) 구비뎌 : 굽이져. 굽이가 이루어져.
500) 치치니 : 위로 올려 치니. '치치다'는 본래 '아래에서 위로 향하여 던져 올리다'
　　　는 뜻이다.
501) 갓티 : 같이. 처럼.
502) 즉금 : 卽今. 지금.
503) 홍옥 : 紅玉. 붉은 옥.
504) 하ᄂᆞᆯ의 다하시니 : 하늘에 닿았으니.

더라.

붉은 기운이 펴뎌505) 하눌과 믈이 다 됴요ᄒ디506) 히 아니 나니507) 기
싱들이 손을 두ᄃ려 소리 ᄒ야 애ᄃ라508) 굴오ᄃ "이제ᄂᆞᆫ 히 다 도다 뎌
속의 드러시니 뎌 붉은 기운이 다 프러러 구롬이 되리라." 혼공ᄒ니509)
낙막ᄒ여510) 그저511) 도라가려 ᄒ니 ᄉ군과 슉시셔512) "그러티 아냐,513)
이제 보리라." ᄒ시되 이랑이 · 차셤이514) 닝쇼ᄒ야515) 이르디 "쇼인 등
이516) 이번 분 아냐517) 즈로518) 보아ᄉ오니 엇디 모르리잇가. 마누하님
큰 병환 나실 거시니 어서 가ᄋᆞᆸᄉ이다." ᄒ거늘 가마 속의 드러 안즈
니519) 봉이 어미 악뻐520) 굴오대 "ᄒ인들이 다 ᄒ디521) 이제 히 니라
라522) ᄒᄂᆞᆫ디 엇디 가시리오. 기싱 아히들은 쳘 모르고 즈레523) 이렁524)
구ᄂᆞᆫ다."525) 이랑이 박당526) 왈 "그것들은 바히527) 모르고 혼 말이니 고

<hr>

505) 펴뎌 : 퍼져. 펼처져.
506) 됴요ᄒ디 : 조요(照耀)하되. 밝게 빛나되.
507) 나니 : 나오니.
508) 애ᄃ라 : 애달파 하여.
509) 혼공ᄒ니 : 혼공(渾恐)하니. 모두 안타까워 하니.
510) 낙막ᄒ여 : 낙막(落寞)하여. 마음이 쓸쓸하여.
511) 그저 : 그냥.
512) ᄉ군과 슉시셔 : 사군(使君)과 숙씨(叔氏)께서.
513) 그러티 아냐 : 그렇지 않아.
514) 이랑이 · 차셤이 : 이랑이와 차셤이가. '이랑'과 '차셤'은 기생의 이름이다.
515) 닝쇼ᄒ야 : 냉소(冷笑)하여.
516) 쇼인 등이 : 소인(小人)들이. 저희들이.
517) 분 아냐 : 뿐 아니라.
518) 즈로 : 자주. 종종.
519) 가마 속의 드러 안즈니 : 가마 속으로 들어가 앉으니. 기생의 말을 듣고, 돌아
    가려고 가마에 올라탔는데.
520) 악뻐 : 악써. 큰소리로 자기의 주장을 펴며.
521) 다 ᄒ디 : 다 말하되. 다 이르기를.
522) 니라라 : 이르리라. 나오리라.
523) 즈레 : 지레. 지레 짐작으로.
524) 이렁 : 이렇게.
525) 구ᄂᆞᆫ다 : 구느냐?

디[528] 듯디[529] 말라." ᄒᆞ거놀 도라[530] "샤공ᄃᆞ려[531] 무르라" ᄒᆞ니 "샤공셔 오놀 일츌이 유명ᄒᆞ리란다." ᄒᆞ거놀[532] 내 도로 나셔니[533] 차셤이·보비는 내 가마의 드는 상[534] 보고 몬져[535] 가고 계집죵 세히[536] 몬저 갓더라.

홍식이 거록ᄒᆞ야[537] 븕은 긔운이 하놀을 뛰노더니[538] 이랑이[539] 소릐롤 놉히 ᄒᆞ야 나를 불러 "져긔[540] 믈 밋출[541] 보라." 웨거놀[542] 급히 눈을 드러 보니 믈 밋 홍운을 헤앗고[543] 큰 실오리[544] ᄀᆞᆺᄒᆞᆫ 줄이 븕기 더옥 긔이ᄒᆞ며 긔운이 진홍[545] ᄀᆞᆺᄒᆞᆫ 것이 ᄎᆞᄎᆞ 나[546] 손바닥 너비[547] ᄀᆞᆺᄒᆞᆫ 것이 그믐밤의 보는 숫불 빗 ᄀᆞᆺ더라. ᄎᆞᄎᆞ 나오더니 그 우흐로[548] 젹은[549] 회오리밤[550] ᄀᆞᆺᄒᆞᆫ 것이 븕기[551] 호박 구술[552] ᄀᆞᆺ고 몱고 통낭ᄒᆞ기는[553] 호

526) 박댱 : 박장(拍掌). 손바닥을 치며.
527) 바히 : 전혀. 아주.
528) 고디 : 곧이. 곧이 곧대로.
529) 듯디 : 듣지.
530) 도라 : 돌아가, 돌아가서.
531) 샤공ᄃᆞ려 : 사공(沙工)에게.
532) 일츌이 유명ᄒᆞ리란다 ᄒᆞ거놀 : 일출(日出)이 유명(有名)하리라고 한다 하거늘. 해돋이가 좋을 것이라 한다 하거늘.
533) 나셔니 : 나서니. 가마 안에서 밖으로 나오니.
534) 내 가마의 드는 샹 : 내가 가마에 들어가는 모양. '샹'은 모양. 모습.
535) 몬져 : 먼저.
536) 세히 : 셋이. 세 명이.
537) 거록ᄒᆞ야 : 거룩하여.
538) 뛰노더니 : 뛰놀더니.
539) 이랑이 : 이랑이가. '이랑'은 기생 이름.
540) 져긔 : 저기.
541) 밋출 : 밑을.
542) 웨거놀 : 외치거늘.
543) 믈 밋 홍운을 헤앗고 : 물 밑의 붉은 구름을 헤치고.
544) 실오리 : 실오라기. 한 가닥의 실을 말한다.
545) 진홍 : 진홍(眞紅). 다홍빛.
546) 나 : 나와.
547) 너비 : 넓이. 크기.
548) 우흐로 : 위로.
549) 젹은 : 작은.

박도곤 더 곱더라.

　그 붉은 우흐로554) 흘흘555) 움죽여 도는디 처엄 낫던556) 붉은 긔운이
빅지557) 반 쟝 너비만치558) 반드시 비최며559) 밤 ᄀᆞᆺ던560) 긔운이 히 되야
ᄎᆞᆺ ᄎᆞᆺ 커가며 큰 징반만 ᄒᆞ여 붉읏붉읏561) 번듯번듯562) 뛰놀며 젹식563)이
왼564) 바다희 씨치며 몬져 붉은 기운이 ᄎᆞᆺ 가시며565) 히 흔들며 뛰놀기
더욱 ᄌᆞ로566) ᄒᆞ며 항567) ᄀᆞᆺ고 독568) ᄀᆞᆺ흔 것이 좌우로 뛰놀며 황홀이 번
득여 냥목이569) 어즐ᄒᆞ며570) 붉은 긔운이 명낭ᄒᆞ야571) 첫 홍식을 헤앗

---

550) 회오리밤 : 밤송이 속에 외톨로 들어앉아 있는, 동그랗게 생긴 밤. 보통 밤송
　　이 속에는 밤이 두서너 개 들어 있어 밤 모양이 둥글지 않다.

551) 붉기 : 붉기가.

552) 호박 구술 : 호박(琥珀) 구슬. 호박(琥珀)은 나무의 진 따위가 땅속에 묻혀서
　　만들어진 누런색 광물로, 투명하거나 반투명하고, 광택이 있어 장식용으로 많이
　　쓰인다.

553) 묽고 통낭ᄒᆞ기는 : 맑고 통랑(通朗)하기는. 맑고 깨끗하기는.

554) 그 붉은 우흐로 : 그 붉은 위로. 그 붉은 회오리밤 같은 것 위로.

555) 흘흘 : 이글거리는 모양. '흘흘'은 숨이 차서 숨을 거칠게 쉬는 모양을 형용한
　　말이다.

556) 낫던 : 났던. 나왔던.

557) 빅지 : 백지(白紙). 흰 종이.

558) 너비만치 : 너비만큼.

559) 비최며 : 비추며.

560) 밤 ᄀᆞᆺ던 : 회오리밤 같았던.

561) 붉읏붉읏 : 불긋불긋.

562) 번듯번듯 : 번쩍번쩍.

563) 젹식 : 적색(赤色). 붉은 빛.

564) 왼 : 온.

565) 가시며 : 가시며. 없어지며.

566) ᄌᆞ로 : 자주.

567) 항 : 항아리. 아래위가 좁고 배가 부른 질그릇.

568) 독 : 간장, 술, 김치 따위를 담가 두는 데에 쓰는 큰 오지그릇이나 질그릇. 운
　　두가 높고 중배가 조금 부르다.

569) 냥목이 : 양목(兩目)이. 두 눈이.

570) 어즐ᄒᆞ며 : 어지러우며. 어질어질하며.

571) 명낭ᄒᆞ야 : 명랑(明朗)하여. 밝고 환하여.

고572) 텬듕의573) 징반 ᄀᆞ흔 것이 수레박희574) ᄀᆞᄒᆞ야 믈 속으로셔 치미
러575) 밧치ᄃᆞ시576) 올나 붓ᄒᆞ며577) 항, 독578) ᄀᆞ흔 긔운이 스러디고579)
처엄580) 븕어 것츨581) 비최던 거슨582) 모혀583) 소혀텨로 드리워584) 믈 속
의 풍덩 ᄲᅡ디ᄂᆞᆫ585) 듯시브더라.586)

일식이 됴요ᄒᆞ며 믈결의 븕은 긔운이 ᄎᆞᄎᆞ 가시며587) 일광588)이 쳥낭
ᄒᆞ니589) 만고텬하590)의 그런 장관은 ᄃᆡ두할 ᄃᆡ591) 업슬 ᄃᆞᆺ하더라.

짐쟉의592) 처엄593) 빗지 반 쟝만티594) 븕은 긔운은 그 속의셔 희 쟝
ᄎᆞᆺ595) 나려ᄒᆞ고596) 우리여597) 그리 븕고 그 회호리밤598) ᄀᆞ흔 거슨 진

---

572) 헤앗고 : 헤치고.
573) 텬듕의 : 천중(天中)에. 하늘 가운데에.
574) 수레박희 : 수레바퀴.
575) 치미러 : 치밀어. 힘차게 솟아올라.
576) 밧치ᄃᆞ시 : 받치듯이.
577) 붓ᄒᆞ며 : 붙으며.
578) 항, 독 : 항아리와 독.
579) 스러디고 : 스러지고. 없어지고.
580) 처엄 : 처음.
581) 것츨 : 겉을.
582) 비최던 거슨 : 비추던 것은.
583) 모혀 : 모여[集].
584) 소혀텨로 드리워 : 소혀처럼 드리워. 소혀처럼 늘어져.
585) ᄲᅡ디ᄂᆞᆫ : 빠지는.
586) 소혀텨로 ~ 듯시브더라 : 일출 때에 해가 바다로부터 빠져나올 때, 바다와 해
    가 연결되어 있는 듯한 붉은 기운이 떨어지는 과정을 묘사한 것이다.
587) 가시며 : 가시며. 없어지며.
588) 일광 : 日光. 햇볕.
589) 쳥낭ᄒᆞ니 : 청랑(淸朗)하니. 맑고 밝으니.
590) 만고텬하 : 만고천하(萬古天下).
591) ᄃᆡ두할 ᄃᆡ : 대두(對頭)할 데. 대적(對敵)할 데. 견줄 데.
592) 짐쟉의 : 짐작(斟酌)에. 짐작하기에.
593) 처엄 : 처음.
594) 반 쟝만티 : 반 장만큼.
595) 쟝ᄎᆞᆺ : 장차.
596) 나려ᄒᆞ고 : 나오려고.

짓599) 일식을 빠혀 내니600) 우리온601) 긔운이 츳츳 가시며 독 ⊃고 항 ⊃
혼 거슨 일식이 모디리602) 고온 고로603) 보는 사람의 안력이 황홀ᄒ야 도
모디604) 헷긔운605)인 둧시브더라.606)

차셤이·보비 내 교듕의607) 드니608) 몬져609) 가는 둧시브더니610) 도
로611) 왓던 양ᄒ야612) 묘시613) 보시믈 하례ᄒ고614) 이랑이 손을 두드려
"보시도다"615) ᄒ여 즐겨ᄒ더라.

장관616)을 쁜더이617) ᄒ고 오려 홀시 촌녀들이 작별 운집ᄒ여618) 와셔
보며 손을 비븨여619) 므엇 달라 ᄒ니 돈냥인디 주어620) 눈화621) 먹으라

---

597) 우리여 : 어리어. 기본형은 '우리다'로 '어리다'는 뜻, 곧 어떤 현상, 기운, 추억
    따위가 배어 있거나 은근히 드러난다는 의미이다.
598) 회호리밤 : 회오리밤.
599) 진짓 : 정말로. 진짜로.
600) 빠혀 내니 : 뽑아 내니. '빠히다'는 뽑다, 빼다는 뜻이다.
601) 우리온 : 우린. 어린.
602) 모디리 : 모질게. 몹시. 매우.
603) 고온 고로 : 고운 고(故)로. 고운 까닭에.
604) 도모디 : 도무지.
605) 헷긔운 : 헛기운. 환상(幻想).
606) 둧시브더라 : 듯싶더라.
607) 교듕의 : 교중(轎中)에. 가마에.
608) 드니 : 들어가니.
609) 몬져 : 먼저.
610) 둧시브더니 : 듯싶더니.
611) 도로 : 되돌아. 향하던 쪽에서 되돌아서.
612) 양ᄒ야 : 모양이어서. '양하다'는 동사나 형용사, 또는 '이다' 뒤에서 '-ㄴ 양하
    다' 구성으로 쓰여 앞말이 뜻하는 모양을 하고 있음을 나타내는 말이다.
613) 묘시 : 묘시(卯時). 십이시(十二時)의 넷째 시. 오전 다섯 시에서 일곱 시까지
    이다. 여기서는 이 시간에 있었던 해돋이를 말한다.
614) 하례ᄒ고 : 하례(賀禮)하고. 예를 차려 축하하고.
615) 보시도다 : 보셨도다.
616) 장관 : 장관(壯觀). 장(壯)한 구경. 멋진 경관 구경.
617) 쁜더이 : 기쁘게. 즐겁게.
618) 작별 운집ᄒ여 : 작별 운집(作別雲集)하여. 작별하려고 구름처럼 모여들어.
619) 비븨여 : 비비어.

하다. 햐쳐622)로 도라오니 뜬덥기623) 듕보롤624) 어든 둣ㅎ더라.

조반625)을 급히 먹고 도라올시 본궁626) 보기룰 ㅎ야627) 허락을 받고 본궁의 드러가니 궁뎐이628) 광활ㅎ디629) 분장을630) 두루 ᄡᅩ고 븩토631)로 디와 몰눌632) 칠ㅎ고633) 팔작634) 우희 디와로 사룸터로635) 민들어 화살 멘 것, 공속ㅎ고 션 것,636) 양마지쇽637)을 다하여 안텨시니 ᄶᅩ흔 보암 죽 ㅎ더라.638)

---

620) 돈냥인디 주어 : 돈냥이나 주어. 몇 푼 안되는 돈을 주어.

621) 논화 : 나누어.

622) 햐쳐 : 하처(下處). 사처. 숙소.

623) 뜬덥기 : 기쁘기가. 즐겁기가.

624) 듕보롤 : 중보(重寶)를. 귀중한 보물을.

625) 조반 : 朝飯. 아침밥.

626) 본궁 : 本宮. 함흥부 남쪽 운전사(雲田社)에 있는 것으로 태조 이성계가 왕이 되기 전에 살았던 곳이며, 또한 상왕(上王)이 된 후에 머물렀던 곳이다. 임진왜란 때 병화로 소실되었다가, 1610년 함경도 관찰사였던 한준겸(韓浚謙, 1557 : 명종 12~1627 : 인조 5)에 의해 중건(重建)되었다. 궁에는 정전(正殿)이 있어서 태조와 그 선조인 사왕(四王) 곧 목조(穆祖), 익조(翼祖), 도조(度祖), 환조(桓祖)의 신위(神位)를 보관하고, 아울러 태조의 여러 유물을 보관하였다. 정전(正殿) 앞에 있는 풍패루(豊沛樓)와 정전 뒤에는 있는 태조가 직접 심었다는 육송(六松)이 유명하다.

627) ㅎ야 : 하여. 청하여.

628) 궁뎐 : 궁전(宮殿).

629) 광활ㅎ디 : 광활(廣闊)한데. 드넓은데. '광활'은 막힌 데가 없이 트이고 넓다는 뜻이다.

630) 분장을 : 분장(粉牆)으로. '분장'은 갖가지 색깔로 화려하게 꾸민 담을 말한다.

631) 븩토 : 백토(白土). 빛깔이 희고 부드러우며 고운 흙.

632) 디와 몰눌 : 기와 용마루를. '디와'는 기와, '몰눌'은 용마루의 고어인 'ᄆᆞᄅ'에 목적격 조사 '올'이 결합된 것이다.

633) 븩토로 디와 몰눌 칠ㅎ고 : 양성(兩城)을 묘사한 것이다. 양성은 용마루의 양쪽에 회반죽을 바른 벽을 말한다.

634) 팔작 : 팔작(八作)지붕. 절반은 박공지붕으로 되어 있고 아래 절반은 네모꼴로 된 지붕으로 합각(合閣)지붕이라고도 한다.

635) 사룸터로 : 사람처럼.

636) 공속ㅎ고 션 것 : 공속(拱束)하고 선 것. 두 손을 마주 잡고 공손히 서 있는 것.

637) 양마지쇽 : 양마지속(羊馬之屬). 양이나 말과 같은 동물들.

궁뎐의639) 드러가니 집이 그리 놉디 아니ᄒᆞᄃᆡ 너르고 단청치식640) 녕
농ᄒᆞ야641) 히빗치642) 됴요ᄒᆞ더라.643) 뎐644) 퇴마루645) 앏ᄒᆡ646) 태조대
왕647) 빗갓648)은 다 삭아 계유649) 보흘 의지ᄒᆞ고650) 은으로 일월옥노651)
닙식652)이 다 빗치 새로아 잇고653) 화살은 빗치 절어도654) 다른 ᄃᆡ 샹
티655) 아니하고 동개656)도 새로운 재657) 이시ᄃᆡ658) 요ᄃᆡ659) 호슈660) 활

---

638) 보암 죽ᄒᆞ더라 : 봄 직하더라. 궁전의 추녀나 용마루 끝에 덧엱는 잡상(雜像)
    본 것을 말한다. 잡상은 손오공, 삼장법사 및 여러 동물들을 도기(陶器)로 만들어
    추녀나 용마루 끝에 엱어 놓은 것이다. 잡상은 궁궐에만 사용되는 것으로, 건물
    을 보호하는 기능을 한다고 한다.

639) 궁뎐의 : 궁전(宮殿)에. 본궁(本宮)에.

640) 단청치식 : 단청채색(丹靑彩色). 채색한 단청이.

641) 녕농ᄒᆞ야 : 영롱(玲瓏)하여. 광채가 찬란하여.

642) 히빗치 : 햇빛에 (비쳐).

643) 됴요ᄒᆞ더라 : 조요(照耀)하더라. 밝게 빛나더라.

644) 뎐 : 전(殿). 본궁(本宮)의 정전(正殿).

645) 퇴마루 : 툇마루. 원칸살 밖에 달아낸 마루.

646) 앏ᄒᆡ : 앞에.

647) 태조대왕 : 태조대왕(太祖大王). 조선의 제1대 왕(1335~1408). 성은 이(李). 이
    름은 성계(成桂). 자는 중결(仲潔). 호는 송헌(松軒). 고려 말기의 무신으로서 왜
    구를 물리쳐 공을 세웠고, 위화도 회군을 계기로 정권을 장악하여 조선 왕조를
    세웠다. 재위 기간은 1392~1398년이다.

648) 빗갓 : 빛갓. 여러 가지 물감으로 물들여 만든 갓. 의유당 남씨보다 5년 뒤인
    1777년에 본궁 구경하고 지은 이계(耳溪) 홍양호(洪良浩, 1724~1802)의 「함흥본
    궁어물기(咸興本宮御物記)」에는 이 갓을 '흑사립'(黑絲笠 : 명주실로 싸개를 해서
    만든 검은 갓)이라고 하였다.

649) 계유 : 겨우.

650) 보흘 의지ᄒᆞ고 : 보만 남아있고. '보'는 갓의 테두리.

651) 일월옥노 : 일월옥로(日月玉鷺). 일월과 옥로는 모두 갓 위에 달던 장신구. 높
    은 벼슬아치나 외국에 가는 사신이 달았다. 일월은 홍양호(洪良浩)의 「함흥본궁
    어물기(咸興本宮御物記)」에 의하면 은(銀)으로 만든 일월 모양의 장신구이고, 옥
    로(玉鷺)는 옥으로 만든 장신구로, 해오라기 모양이다.

652) 닙식 : 입식(笠飾). 갓에 다는 장식.

653) 빗치 새로아 잇고 : 빛이 새로워 있고. 빛이 그대로 있고.

654) 절어도 : 빛이 바래고 때가 묻었어도. '절다'는 땀이나 기름 따위의 더러운 물
    질이 묻거나 끼어 찌들다는 뜻이다.

시위661) ᄒ던 실이 다 삭아시니 손 다히기662) 무더날 듯 무셥더라.

던문663)을 여니 감실664) 네 위예665) 도홍수화듀666)의 초록 허리를 드라 댱을 ᄒ야667) 위마다 텨시니668) ᄆᆞᆷ의 우리우리ᄒ고669) 무셥더라.670)

다 보고 나오니 뜰 앏히 반숑671)이 이시ᄃᆡ 킈 적어 손으로 ᄆᆞᆫ지이고672) 펴디기673) 양산 ᄀᆞᆺ고 냑간674) 누론675) 닙히 잇고 노숑676)이 이시ᄃᆡ 새로

---

655) 샹티 : 상(傷)치. 상하지.

656) 동개 : 활과 화살을 꽂아 넣어 등에 지도록 만든 물건. 흔히 가죽으로 만드는데, 활은 반만 들어가고 화살은 아랫부분만 들어가도록 만든다.

657) 재 : 자(姿)가. 모습이.

658) 동개도 ~ 이시ᄃᆡ : 동개도 옛 모습 그대로 있되.

659) 요ᄃᆡ : 요대(腰帶). 허리띠.

660) 호슈 : 호수(虎鬚). 갓의 네 귀에 꾸밈새로 꽂던 흰 새털. 홍양호(洪良浩)의 「함흥본궁어물기(咸興本宮御物記)」에는 공작우(孔雀羽) 네 개가 달려 있다고 했다. 공작우(孔雀羽)는 조선 시대에, 무관의 구군복(具軍服)에 갖추어 쓰던 전립(戰笠)을 장식하던 새의 깃을 말한다. 공작의 꽁지깃과 남빛의 새털을 한데 묶어 펼쳐서 손바닥같이 둥글넓적하고 아주 두툼하게 만들었으며, 방색(方色)을 따라 남색·누런색·붉은색·흰색·검은색의 새털을 쓰기도 했다.

661) 활시위 : 활대에 걸어서 켕기는 줄. 화살을 여기에 걸어서 잡아당기었다가 놓으면 화살이 날아간다.

662) 다히기 : 닿으면.

663) 던문 : 전문(殿門). 정전(正殿)의 문.

664) 감실 : 감실(龕室). 사당 안에 신주를 모셔 두는 장(欌).

665) 네 위예 : 네 위(位)에. 태조의 선조인 사왕(四王)의 신주를 말한다. 사왕은 목조(穆祖), 익조(翼祖), 도조(度祖), 환조(桓祖)이다.

666) 도홍수화듀 : 도홍수화주(桃紅水禾紬). 분홍빛의 좋은 비단. 수화주(水禾紬)는 '수아주'로 품질이 좋은 비단의 하나이다.

667) 댱을 ᄒ야 : 장(帳)을 하여. 휘장을 하여.

668) 텨시니 : 쳤으니.

669) 우리우리ᄒ고 : 으리으리하고.

670) 무셥더라 : 무섭더라. 엄숙하고, 위엄이 있음을 말한 것이다.

671) 반숑 : 반송(盤松). 키가 작고 가지가 옆으로 퍼진 소나무.

672) ᄆᆞᆫ지이고 : 만져지고.

673) 펴디기 : 퍼지기. 퍼진 것이. 넓적하게 펼쳐진 것이.

674) 냑간 : 약간.

675) 누론 : 누른. 기본형은 '누르다'로 황금이나 놋쇠의 빛깔과 같이 다소 밝고 탁

아시니677) 다 친히 심그신 거시678) 여러 빅 년이 디나시디679) 이리 신신
ᄒ니680) 엇디 긔이티 아니리오. 뒤ᄒ혀681) 도라 드러가니 큰 소나모682) 마
조 셧ᄂᆞᆫ디683) 몸은 남자의 아롬684)으로 두 아롬은 되고 가지마다 뇽이 트
러딘 듯685) 틀려 언텻ᄂᆞᆫ디686) 놉ᄒ는 다엿 길은 ᄒ고687) 가지 쇠ᄒ고688)
닙히 누르러 퍽 ᄯᅥ러디더라689). 녯날은690) 나모691) 몸의 구피692)로 다 ᄢᅩᆺ
더라693) ᄒ디 녹고 봇출694) ᄣᅩ고 구리 ᄯᅴ롤 ᄒ여 ᄯᅴ엿더라.695) 곳고696)
큰 남그로697) ᄉ면으로 드러 밧텻더라.698)699)

    한 것을 의미한다.
676) 노송 : 노송(老松). 늙은 소나무.
677) 새로아시니 : 새로웠으니.
678) 친히 심그신 거시 : 친히 심으신 것이. 태조 이성계가 직접 심었다는 말이다.
679) 디나시디 : 지났으되.
680) 신신ᄒ니 : 신신(新新)하니. 싱싱하니.
681) 뒤ᄒ혀 : 뒤로.
682) 소나모 : 소나무.
683) 마조 셧ᄂᆞᆫ디 : 마주 섰는데. 마주 보고 서 있는데.
684) 아롬 : 아름. 팔을 둥글게 모아서 만든 둘레.
685) 뇽이 트러딘 듯 : 용이 틀어진 듯. 용트림한 듯. 나무가 오래되어 굽은 모양을
    이르는 말이다.
686) 언텻ᄂᆞᆫ디 : 얹혔는데.
687) 다엿 길은 ᄒ고 : 대여섯 길은 되고. 길은 길이의 단위로 한 길은 사람의 키
    정도의 길이이다.
688) 쇠ᄒ고 : 쇠(衰)하고. 쇠퇴하고.
689) ᄯᅥ러디더라 : 떨어지더라.
690) 녯날은 : 옛날에는.
691) 나모 : 나무.
692) 구피 : 구피(狗皮). 개의 가죽.
693) ᄢᅩᆺ더라 : 쌌더라. 쌌었다고.
694) 봇출 : 보(褓)로. 보자기로.
695) 구리 ᄯᅴ롤 ᄒ여 ᄯᅴ엿더라 : 홍양호(洪良浩)의 「함흥본궁어물기(咸興本宮御物
    記)」에 의하면, 임진왜란 때에 왜병이 이 소나무에 도끼질을 하니 피가 솟고 바람
    과 번개가 크게 일어나, 모두 달아났다고 한다. 이에 태조의 유물이 남아있을 수
    있게 되었으며, 구리 띠는 그때 왜병 소나무에 낸 도끼자국을 싼 것이라고 한다.
696) 곳고 : 곧고.
697) 남그로 : 나무로.

다 보고 도라 나오다가 동편으로 보니 우믈700)이 이시디 그리 크디 아
니ᄒ고 돌노 무으고701) 널로702) ᄧᄃᆞ라.703) 보고 수 보ᄂᆞ704) 나오니 장히
큰 밤남기705) 셔시니 언제적 남긴 줄706) 모롤러라.707) 제긔708) 노힌 디로
오니 다 은긔709)라 ᄒ디 줌갓기710) 못 보다. 방ᄒ집711)의 오니 방ᄒ712)를
졍히713) 결고714) 집을 지어시니 졍ᄒ기 이샹ᄒ더라.715) 제믈716) ᄒ옵
ᄂ717) 것만 ᄧᄂᆞᆫ다718) ᄒ더라. 셰셰히719) 다 보고 환아ᄒ니720) 슨군은 몬
져 와 겨시더라.721)

인싱이 ᄀ초722) 괴로아 우흐로723) 두 녁 뫼 다 아니 겨시고724) 알들

---

698) 드러 밧텻더라 : 들어 받쳤더라.
699) 이 본궁에 있는 소나무로 인하여 태조 이성계가 자신의 호를 송헌(松軒)이라
     하였다 한다.
700) 우믈 : 우물.
701) 무으고 : 쌓고. 기본형은 '무으다'로 '쌓다'는 뜻이다.
702) 널로 : 널빤지로.
703) ᄧᄃᆞ라 : 쌌더라.
704) 수 보ᄂᆞ : 수(數) 보(步)는. 여러 걸음은.
705) 밤남기 : 밤나무가.
706) 남긴 줄 : 나무인 줄을.
707) 모롤러라 : 모르겠더라.
708) 제긔 : 제기(祭器). 제사 때 쓰는 그릇.
709) 은긔 : 은기(銀器). 은그릇.
710) 줌갓기 : 잠갔기에.
711) 방ᄒ집 : 방앗간. 제사 음식 장만을 위해 본궁 안에 만들어 둔 방앗간을 말한다.
712) 방ᄒ : 방아.
713) 졍히 : 정(淨)히. 깨끗하게.
714) 결고 : '걸고'의 오기(誤記)인 듯. 걸어 놓고.
715) 졍ᄒ기 이샹ᄒ더라 : 깨끗하기가 보통이 아니더라. 제사 시에만 사용하기 때
     문에 일반적인 방앗간과 달리 깨끗하고 조용함을 이르는 말이다.
716) 제믈 : 제물(祭物). 제사음식.
717) ᄒ옵ᄂ : 하는. (제물에) 쓰는.
718) ᄧᄂᆞᆫ다 : 찧는다.
719) 셰셰히 : 세세(細細)히. 자세하게.
720) 환아ᄒ니 : 환아(還衙)하니. 관아로 돌아오니.
721) 겨시더라 : 계시더라.

혼725) 참경726)을 マ초 보고727) 동성728)이 녕낙ᄒ여729) 회푀730) マ초 괴롭
고 지통731)이 몸을 누르니 세상의 호홍이732) 업더니 셩쥬733)의 은덕이 망
극ᄒ와 이런 디디734)의 와 호의이호식735)을 ᄒ고 동명 귀경디와 운젼 바다
와 격구덩을 マ초 보고 필경의736) 본궁을 보옵고 창업 태평 셩군737)의 옥
퇴738)을 ᄉ빅 년 후의 이 무지혼 녀ᄌ로셔 귀경ᄒ니 엇디 ᄌ연ᄒ리오.739)
구월 십칠 일 가셔 십팔 일 도라와740) 이십일 일 긔록ᄒ노라.741)

---

722) マ초 : 갖추어. 두루.

723) 우흐로 : 위로.

724) 두 녁 뫼 다 아니 겨시고 : 두 녁 부모님이 모두 아니 계시고. '뫼'는 '부뫼(父母
┃)'의 오기인 듯하다. 당시 의유당의 시집과 친정 부모님 모두가 돌아가셨다.

725) 알들혼 : 알뜰한.

726) 참경 : 慘景. 끔찍하고 비참한 광경.

727) マ초 보고 : 갖추어 보고. 의유당 남씨의 또다른 작품집인 『의유당유고』에 의
하면, 그녀는 모두 12남매를 낳았으나 모두 자기보다 먼저 죽었다고 한다. 게다
가 족보에는 3남 2녀(그 중 남자 1명이 庶子이니 의유당의 자식은 아니다. 따라서
그녀 소생은 2남 2녀이다)만 기록되어 있으니, 최소한 8명이 요절하였던 것으로
보인다. 따라서 여기서 말한 '알뜰한 참경'은 어린 자식의 요절을 말하는 듯하다.

728) 동성 : 동생(同生). 형제·자매를 말한다.

729) 녕낙ᄒ여 : 영락(零落)하여. 세력이나 살림이 망하여.

730) 회푀 : 회포(懷抱)가. 회포는 마음속에 품은 생각이나 정(情)을 말한다.

731) 지통 : 至痛. 지극한 아픔.

732) 호홍 : 好興. 좋은 일이나 흥이 나는 일.

733) 셩쥬 : 성주(聖主). 임금.

734) 디디 : 대지(大地). 훌륭한 땅.

735) 호의이호식 : 호의이호식(好衣而好食). 좋은 옷을 입고 좋은 음식을 먹음.

736) 필경의 : 필경(畢竟)에. 끝내.

737) 창업 태평 셩군 : 創業太平聖君. 태조 이성계를 말한다.

738) 옥퇴 : 옥택(玉宅). 집을 높여 부른 말. 본궁(本宮)은 태조 이성계가 왕위에 등
극하기 전에 머물던 집이다.

739) ᄌ연ᄒ리오 : 자연(自然)하리오. 절로 그렇게 된 것이겠는가? 모두 다 임금님
의 은혜라는 말이다.

740) 도라와 : 돌아와.

741) 긔록ᄒ노라 : 기록(記錄)하노라. 따라서 동명일기는 1772년 음력 9월 21일에
쓴 것이다.

춘일소흥1)

一. 김득신

김득신2)은 감스3) 치4)의 지라.5) 위인6)이 소탕호고7) 오활호야8) 세간스

---

1) 춘일소흥 : 春日消興. 봄날의 소일(消日)거리.

2) 김득신 : 金得臣(1604 : 선조 37~1684 : 숙종 10). 조선 후기의 시인. 본관은 안동(安東). 자는 자공(子公), 호는 백곡(柏谷). 아버지는 경상도 관찰사를 지낸 치(緻)이다. 어릴 때 천연두를 앓아 노둔한 편이었으나, 아버지의 가르침과 훈도를 받아 서서히 문명(文名)을 떨친 인물이다. 당시 한문사대가인 이식(李植)으로부터 "그대의 시문이 당금의 제일"이라는 평을 들음으로써 이름이 세상에 알려지게 되었다. 공부할 때에 옛 선현과 문인들이 남겨놓은 글들을 많이 읽는 데 치력하였는데, 그 중「백이전(伯夷傳)」은 억 번이나 읽었다고 하여 자기의 서재를 '억만재(億萬齋)'라 이름 하였다. 무엇보다 시작(詩作)으로 이름을 떨쳤는데, 특히 오언·칠언절구를 잘 지었다. 또한 시를 보는 안목도 높아『종남총지(終南叢志)』같은 시화도 남겼다. 문집으로『백곡집(柏谷集)』이 전한다.

3) 감스 : 감사(監司). 관찰사. 김득신의 아버지 김치는 경상도 관찰사를 지냈다.

4) 치 : 김치(金緻). 김득신의 아버지이다. 김치(1577 : 선조 10~1625 : 인조 3)는 조선 중기의 문신으로 자는 사정(士精), 호는 남봉(南峰)·심곡(深谷)이다. 아버지는 부사 시회(時晦)인데, 시민(時敏)에게 입양되었다. 1597년(선조 30) 알성문과에 병과로 급제하였고, 1608년 사가독서(賜暇讀書 : 문예부흥을 위하여 유능한 젊은 관료들에게 휴가를 주어 독서에 전념하게 하던 제도)하였다. 광해군 때 동부승지·대사간·부제학(副提學) 등을 역임하였다. 한때 이이첨(李爾瞻)의 심복으로 이조에 있으면서 흉한 일을 벌였으며, 대사간이 되어서는 영창대군(永昌大君) 살해음모를 반대하는 정온(鄭蘊)을 공격하기도 하였다. 그러나 광해군의 학정이 날로 심해짐을 깨닫고 병을 핑계로 관직에서 물러나 두문불출하였다. 인조반정이 있을 무렵 심기원(沈器遠)과 사전에 내통하여 벼슬길에 다시 올랐으나, 대북파(大北派)로 몰려 유배당하였다. 그 뒤 풀려나 동래부사를 거쳐 1625년(인조 3) 경상도관찰사가 되었다. 어릴 적부터 학문에 정진하여 경서(經書)에 통달하였고, 특히 점술을 연구하여 천문(天文)에 밝았으나 재물을 탐내어 비난을 받기도 하였다. 저서로는『심곡비결(深谷秘訣)』이 있다.

5) 지라 : 자(子)이라. 아들이다.

6) 위인 : 爲人. 사람됨.

7) 소탕호고 : 소탕(疎蕩)하고. 소탕은 성질이 까다롭지 아니하고 호탕(浩蕩)함을

정9)을 일절10) 모르고 글닑기만 됴화ᄒᆞ디11) 천만 번 닑어도 외오디12) 못
ᄒ고 스긔13)를 더옥 됴하ᄒᆞ야14) 백이뎐15)을 닑어 일억 이만 팔천 번16)을
닑으디 성품이 심히17) 노둔ᄒᆞ야18) 비록 만히19) 닑기를 이러트시 ᄒᆞ디 책
을 덥흐면 믄득20) 닛ᄂᆞᆫ디라, 만년의21) 사룸이 시험ᄒᆞ야 백이뎐 문ᄌᆞ롤22)
무른디23) 망연이24) 아디25) 못ᄒ고 갈오디26) "그 문지27) 어느 글의 잇ᄂ

말한다.
8) 오활ᄒᆞ야 : 오활(迂闊)하여. 오활은 사리에 어둡고 세상 물정을 잘 모른다는 말
이다.
9) 세간ᄉ정 : 세간사정(世間事情). 세상 물정.
10) 일절 : 一切. 아주. 전혀.
11) 됴화ᄒᆞ디 : 좋아하되.
12) 외오디 : 외우지.
13) 스긔 : 사기(史記). 중국 한나라의 사마천이 상고(上古)의 황제로부터 전한(前
漢) 무제까지의 역대 왕조의 사적을 엮은 역사책이다. 중국 이십오사(二十五史)
의 하나로, 중국 정사(正史)와 기전체(紀傳體)의 효시이며, 사서(史書)로서 높이
평가된다. 특히 문학적으로 높이 평가되어, 한문산문의 전범으로 받아들여졌다.
14) 됴하ᄒᆞ야 : 좋아하여.
15) 백이뎐 : 백이전(伯夷傳). 은(殷)나라 사람이었던 백이(伯夷)의 전기(傳記). 백
이는 그의 아우 숙제(叔齊)와 함께 절개를 지키기 위하여 수양산에 들어가 고사
리를 캐먹고 살다 죽었다. 특히『사기』의「백이전」은 열전의 첫머리에 실린 작
품으로, 여타의 열전과 달리 의론적 성격이 두드러져, 사기의 서문격으로 이해된
다.
16) 일억 이만 팔천 번 : 일십이만 팔천 번. 전통시대의 셈에서 일 억(億)은 현재의
셈으로는 십만(十萬)을 말한다.
17) 심히 : 매우.
18) 노둔ᄒᆞ야 : 노둔(魯鈍)하여. 어리석어. 노둔은 둔하고 어리석어 미련하다는 뜻
이다.
19) 만히 : 많이.
20) 믄득 : 문득.
21) 만년의 : 만년(晩年)에. 늘그막에.
22) 문ᄌᆞ롤 : 문자(文字)를. 문구(文句)를. 구절(句節)을.
23) 무른디 : 묻는데.
24) 망연이 : 망연(茫然)히. 까마득히. 아무 생각이 없이 멍하게.
25) 아디 : 알지.
26) 갈오디 : 가로되. 말하되.

뇨." 그 사롬이 갈오디 "이28) 빅이던 문지라.29)" 혼디 오히려 끼닫디30)
못ᄒ고 이에 그 책을 펴보고 크게 놀라 갈오디 "올타.31) 이라, 이라.32)"
ᄒ니 그 둔ᄒ미33) 이러틋 ᄒ더라.

녹천 니상국34) 계모35)는 김득신 녀라36). 그 ᄯᆞᆯ이 죽어 상힝ᄒ야37) 성
문38)의 니르러 관을 머믈우고39) 문 열기를 기다리더니40) 그 부친41)이 쓰

---

27) 문지 : 문자가. 구절이.
28) 이 : 이는. 이것은.
29) 빅이던 문지라 :「백이전」문자라.「백이전」에 있는 구절이다.
30) 끼닫디 : 깨닫지.
31) 올타 : 옳다. 옳구나.
32) 이라, 이라 : 이것이다, 이것이다.
33) 둔ᄒ미 : 둔(鈍)함이. 노둔함이. 어리석음이.
34) 녹천 니상국 : 녹천 이상국(鹿川 李相國). 이유(李濡, 1645~1721). 녹천은 이유
    의 호이며, 상국(相國)은 정승을 일컫는 말이다. 이유는 조선 후기의 문신으로 본
    관은 전주(全州)이며 자는 자우(子雨), 호는 녹천(鹿川)이다. 1668년(현종 9) 별시
    문과에 병과로 급제하고, 1680년(숙종 6) 경신대출척으로 서인이 재집권하자 승
    지로 발탁되고, 경상도관찰사·대사헌을 역임했고, 1694년 갑술환국 후 평안도관
    찰사를 거쳐 호조판서가 되었다. 1704년 우의정에 오르고, 뒤이어 좌의정·영의
    정에까지 올랐다. 상신(相臣 : 삼정승의 총칭)으로 있으면서 특히 도성 방어의 강
    화를 힘써 주장하여 일부 관료의 반대를 무릅쓰고 북한산성의 수축을 완료하였
    다. 1718년 영중추부사가 되고 기로소(耆老所)에 들어갔다. 당대의 경세가로서
    양역 문제에 큰 관심을 가졌다. 특히 호포론(戶布論)을 비현실적이라고 비판하
    고, 군문·군액의 조정과 감축, 군포 부담의 균일화와 같은 점진적인 개선책과
    교생·원생(院生) 등의 명목으로 피역하는 자[閑游者]에게 군포를 거두는 유포론
    (游布論 : 校生贖布論)을 주장하였다. 송시열(宋時烈)의 문인으로 이단하(李端夏)
    ·민정중(閔鼎重)의 아낌을 받고 김창집(金昌集)·이이명(李頤命)·민진후(閔鎭
    厚) 등과 친하였다. 1726년(영조 2) 민진후와 함께 경종 묘정에 배향되었다. 시호
    는 혜정(惠定)이다.
35) 계모 : 계모(繼母).
36) 김득신 녀라 : 김득신의 딸이라.
37) 상힝ᄒ야 : 상행(喪行)하여. 상여(喪興)의 뒤를 따라. 상행(喪行)은 상여의 뒤를
    따르는 행렬 또는 상여의 뒤를 따라가는 것을 말한다.
38) 성문 : 성문(城門). 도성문(都城門).
39) 머믈우고 : 머물게 하고. 기본형은 '머믈우다'이고, '-우-'는 사동(使動) 접미사
    이다.

혼 수구ᄒ야42) 니르러 홰불43) 분답혼44) 가온디 혼 책권45)을 노코46) 대독
ᄒ니47) 모든 사롬이 본즉 백이뎐이라.

　그 오활ᄒ미 이 갓고 그후 상처ᄒ미48) 그 조캐49) 가서 됴상ᄒ미50) 더
브러 혼가지로 우더니51) 그 조캐 우룸52)을 긋티고53) 들으니 아ᄌ비54) 바
야흐로 백이뎐을 긋티디55) 아닛ᄂᆞᆫ디라56) 듯ᄂᆞᆫ 지 다 웃더라.57)

---

40) 문열기롤 기다리더니 : 도성(都城) 문은 저녁 이경(二更), 즉 열 시 전후에 닫고,
　　새벽에 여는데, 문 열기를 기다린다는 것은 장례 행렬이 일찍 출발하여 새벽에
　　문 열리기를 기다린다는 말이다.
41) 그 부친 : 망자(亡者)의 부친, 곧 김득신을 말한다.
42) 수구ᄒ야 : 수구(隨柩)하여. 상여의 뒤를 따라.
43) 홰불 : 횃불.
44) 분답혼 : 분답(紛沓)한. 분답(紛沓)은 어지럽고 복잡한 모양을 말한다.
45) 책권 : 冊卷. 책. 서적.
46) 노코 : 놓고.
47) 대독ᄒ니 : 대독(大讀)하니. 크게 읽으니.
48) 상처ᄒ미 : 상처(喪妻)함에. 아내를 잃으매. 아내가 죽으매.
49) 조캐 : 조카가.
50) 됴상ᄒ미 : 조상(弔喪)함에. 문상(問喪)함에.
51) 우더니 : 울더니.
52) 우룸 : 울음.
53) 긋티고 : 그치고.
54) 아ᄌ비 : 아자비. 아재비. 아저씨. 여기서 문맥상 고모부(혹은 이모부)를 말한다.
55) 긋티디 : 그치지.
56) 백이뎐을 긋티디 아닛ᄂᆞᆫ디라 : 「백이전」 외우기를 그치지 아니하는지라. 곡소
　　리를 이어 「백이전」을 암송하고 있었음을 가리키는 말이다.
57) 듯ᄂᆞᆫ 지 다 웃더라 : 듣는 자가 모두 웃더라. 「백이전」 암송하는 소리를 듣는
　　자가 웃었다는 것이 아니라, 이 이야기를 전해 들은 사람이 모두 웃었다는 말이
　　다.

二. 남호곡

남호곡58)은 아시로브터59) 시지60) 므리의 쮀여나61) 일일은 혼 어룬
이62) 운을 불러63) "누에롤 두고 글을 지으라.64)" 혼디 응구텹대호니65)
시왈66)

치인흑순영녹엽이요,67)

어려서 거믄68) 입시욹69)을 인호야70) 프른71) 닙흘72) 맛고,73)74)

---

58) 남호곡 : 南壺谷. 남용익(南龍翼, 1628 : 인조 6~1692 : 숙종 18)을 말한다. 호곡
은 남용익의 호이다. 남용익은 조선 후기의 문신·학자이다. 본관은 의령(宜寧)
이고, 자는 운경(雲卿)이다. 1648년 정시문과에 급제하고, 1655년(효종 6) 통신사
의 종사관으로 일본에 파견되었는데, 관백(關白)의 원당(願堂)에 절하기를 거절
하여 음식 공급이 중지되고, 여러가지 협박을 받았으나 굴하지 않았다. 이듬해
돌아와 호당(湖堂 : 독서당)에 뽑혀 들어갔고, 이후 대사간, 대사성, 경상·경기감
사, 형조판서, 예문관제학 등을 역임하였다. 1689년 소의 장씨(昭儀張氏)가 왕자
를 낳아 숙종이 그를 원자로 삼으려 하자, 여기에 극언으로 반대하다가 명천으로
유배되어 3년 뒤 그곳에서 죽었다. 문장에 능하고 글씨에도 뛰어났으며, 효종·
현종·숙종 3대에 걸쳐 청화요직을 두루 역임하고 문명을 날렸으나 즐거워하는
기색이 없었고, 늘 근신하고 근면하였다. 저서로는 신라 시대부터 조선 인조대까
지의 명인 497인의 시를 모은 『기아(箕雅)』, 시화집인 『호곡시화(壺谷詩話)』, 그
리고 자신의 시문집인 『호곡집(壺谷集)』 등이 있다. 시호는 문헌(文憲)이다.

59) 아시로브터 : 아시(兒時)로부터. 어릴 때부터.

60) 시지 : 시재(詩才). 시를 짓는 재주.

61) 므리의 쮀여나 : 무리에서 뛰어나. 여러 사람들보다 뛰어나서.

62) 혼 어룬이 : 한 어른이. 어떤 어른이.

63) 운을 불러 : 운(韻)을 불러. 시의 운자(韻字)를 정하여 주고는.

64) 누에롤 두고 글을 지으라 : 누에에 관한 시를 지으라.

65) 응구텹대호니 : 응구첩대(應口輒對)하니. 즉시 대답하니. 응구첩대는 묻는 대로
거침없이 대답한다는 뜻이다.

66) 시왈 : 詩曰.

67) 치인흑순영녹엽이요 : 치인흑순영녹엽(稚引黑脣迎綠葉)이오.

68) 거믄 : 검은.

69) 입시욹 : 입시울. 입술.

70) 인호야 : 인(引)하여. 당겨서.

71) 프른 : 푸른.

노타황복상청데라.75)

늙어서는 누른 배롤 쯔을고76) 프른77) 다리로 오르는도다.78)

실각진형인화접ᄒ니,79)

진짓80) 형상을81) 일코82) 인ᄒ야83) 나븨 화ᄒ니84)85)

갱의장수몽혼미라.86)

다시 장수의 몽혼이 희미ᄒ가87) 의심ᄒ노라.

---

72) 닙흘 : 잎을.

73) 맛고 : 맞고. 맞이하고.

74) 어려서 거믄 입시욹을 인ᄒ야 프른 닙흘 맛고 : 어려서 검은 입술을 당겨서 푸른 잎을 맞이하고.

75) 노타황복상청데라 : 노타황복상청제(老拖黃腹上靑梯)라.

76) 쯔을고 : 끌고.

77) 프른 : 푸른.

78) 늙어서는 누른 배롤 쯔을고 프른 다리로 오르는도다 : 늙어서는 누런 배를 끌고 푸른 다리를 오르는도다. 알에서 깬 누에가 약 25일이 지나면 고치를 짓게 되는데, 뽕나무가지나 그 밖에 사람이 만들어 준 섶 따위에 고치를 만든다. 여기서 '푸른 다리'는 '푸른 사닥다리'로 뽕나무가지와 같은 섶을 말하는 것이다.

79) 실각진형인화접ᄒ니 : 실각진형잉화접(失却眞形仍化蝶)하니.

80) 진짓 : 진실한. 참된.

81) 형상을 : 모습을.

82) 일코 : 잃고.

83) 인ᄒ야 : 인하여. 곧바로. 이어서.

84) 나븨 화ᄒ니 : 나비 화(化)하니. 나비로 변하니.

85) 진짓 형상을 일코 인ᄒ야 나븨 화ᄒ니 : 참된 모습을 잃고 곧 나비로 변하니. 고치 속에 들어가 있던 누에가 본 모습을 바꾸어 나비가 되어서 밖으로 나오는 과정을 묘사한 것이다.

86) 갱의장수몽혼미라 : 갱의장수몽혼미(更疑莊叟夢魂迷)라.

87) 장수의 몽혼이 희미ᄒ가 : 장수(莊叟)의 몽혼(夢魂)이 희미한가. 여기서 장수(莊叟)는 장자(莊子)를 말하는 것으로, 위의 내용은 장자의 호접몽(胡蝶夢) 고사를 빗대어 읊은 것이다. 장자의 호접몽 고사는 『장자(莊子)』 「제물론(齊物論)」편에 나오는 것으로, 장자가 어느 날 꿈을 꾸었는데, 꿈에서 나비가 되어 꽃들 사이를 즐겁게 날아다녔다. 그러다가 문득 깨어 보니, 자기는 분명 장자가 되어 있었다. 이는 대체 장자인 자기가 꿈속에서 나비가 된 것인지, 아니면 나비가 꿈에 장자가 된 것인지를 구분할 수 없었다는 내용이다.

그 어른이 아름다이[88] 너겨[89] 상을 주고 갈오디 "첫귀로서 보면[90] 이 아히[91] 반드시[92] 일즉이[93] 청요ᄒ고[94] 벼슬의 벌고[95] 늙어서 큰 벼슬을 홀 것이오,[96] 말지[97] 귀로[98] 보면 마ᄎᆷ내[99] 부귀룰 보전티[100] 못홀 상이니[101] 가히 흠이로다." ᄒ더니 공이 이십일의[102] 등뎨ᄒ야[103] 현도의[104]

---

88) 아름다이 : 아름답게.

89) 너겨 : 여겨. 기본형은 '너기다'로 '여기다'는 뜻이다.

90) 첫귀로서 보면 : 첫 구로 보면. 여기서 첫 구는 "치인흑순영녹엽(稚引黑唇迎綠葉)이오, 노타황복상청제(老拖黃腹上靑梯)라."를 말한다. 위의 시는 『호곡집』 권1에 「관양잠(觀養蠶)」(누에치는 것을 보며)이라는 제목으로 실려 있는데, 제목 옆에 "兒時作"(어릴 때 지은 것이다)이라는 협주가 붙어 있다. 그런데 『호곡집』에 실린 시에 의하면 이는 첫 구가 아니다. 「관양잠」은 7언율시이고, 위의 구절은 함련에 해당된다. 시의 전문은 다음과 같다.

> 天蟲生後懿筐提。始未盈盤漸滿閨。
> 稚引黑唇迎綠葉。老拖黃腹上靑梯。
> 相侵稍稍如攻魏。三宿遲遲若去齊。
> 失却眞形仍化蝶。更疑莊叟夢魂迷。

91) 아히 : 아이.

92) 반드시 : 반드시.

93) 일즉이 : 일찍이. 일찍.

94) 청요ᄒ고 : 청요(淸要)하고. 청환(淸宦)과 요직(要職)을 하고. 청환은 학식과 문벌이 높은 사람에게 시키던 규장각(奎章閣), 홍문관(弘文館) 따위의 벼슬을 말한다. 지위와 봉록(俸祿)은 높지 않으나 명예로운 자리로, 뒷날에 높이 되는 경우가 많았다.

95) 벼슬의 벌고 : 벼슬에 벌고. 여러 벼슬을 역임하고. '벌다'는 '열(列)'의 의미이다. 위의 '일즉이 청요ᄒ고 벼슬의 벌고'는 '早列淸要'을 직역한 것으로, 원문은 '젊어서 청환요직을 역임한다'는 의미이다.

96) 첫귀로서 ~ 홀 것이오 : 누에를 읊은 시의 첫 구절에서 어려서는 뽕잎을 먹고, 늙어서는 푸른 사다리에 오른다는 내용을 통해, 호곡이 젊어서는 청요직을, 늙어서는 고관대작을 역임할 것임을 예언한 것을 말한다.

97) 말지 : 말째. 마지막.

98) 귀로 : 귀(句)로. 구절(句節)로.

99) 마ᄎᆷ내 : 마침내.

100) 보전티 : 보전(保全)하지.

101) 상이니 : 상(象)이니. 모습이니.

102) 이십일의 : 이십일(二十一)에. 스물한 살에.

출입ㅎ고105) 임의106) 늙으민 극품의107) 올라 종백108)과 태지109)와 판금
오110)와 전문형111)의 디나니112) '노타황복상청제' 글귀 딩험이113) 되엿더
니 후의 간당의114) 얽힌 비115) 되여 다 관함을 삭ㅎ고116) 븍시의117) 귀향

---

103) 등데ㅎ야 : 등제(登第)하여. 등과(登科)하여. 과거에 급제하여.

104) 현도의 : 현도(顯道)에. 顯達한 길에.

105) 공이 이십일의 ~ 출입ㅎ고 : 실제로 호곡 남용익은 19세에 진사가 되고 21세
에 대과에 급제한 뒤, 27세까지 시강원설서·성균관전적과 삼사를 거쳐, 병조좌
랑·홍문관부수찬 등의 요직을 역임하였고, 28세에 호당(湖堂 : 독서당)에 뽑혀
들어갔으며, 29세에 문신중시에 장원, 당상관으로 진급하여 30세까지 형조·예조
참의, 승지 등을 역임하였다.

106) 임의 : 이미.

107) 극품의 : 극품(極品)에. 극에 달한 품계에. 가장 높은 품계에.

108) 종백 : 宗伯. 예조판서(禮曹判書). 원래 중국 주나라 때에, 육관(六官) 가운데
예악(禮樂)과 제사를 맡아보던 곳을 가리키는 말이었다. 호곡 남용익은 55세에
예조판서가 되었다.

109) 태지 : 태재(太宰). 이조판서(吏曹判書). 원래 중국 은나라·주나라 때에, 천자
를 보좌하던 벼슬을 가리키는 말이었다. 호곡 남용익은 61세에 이조판서가 되었
다.

110) 판금오 : 判金吾. 판의금부사(判義禁府事)를 말한다. 의금부(義禁府)의 최고 벼
슬로서 종1품이다. 금오(金吾)는 의금부를 말한다. 호곡 남용익은 56세에 판의금
부사가 되었다.

111) 전문형 : 典文衡. '대제학(大提學)'을 달리 이르는 말이다. '전문형(典文衡)'은
글을 심사하는 일을 맡는다는 뜻이다. 호곡 남용익은 60세에 양관 대제학이 되었
다.

112) 디나니 : 지나니. 역임하니.

113) 딩험이 : 징험(徵驗)이. 징조(徵兆)의 경험함이.

114) 간당의 : 간당(奸黨)에. 간당은 간사한 무리라는 뜻이다. 호곡 남용익은 소의
장씨(昭儀張氏)가 왕자를 낳아 숙종이 그를 원자(元子)로 삼으려 하자, 여기에 극
언으로 반대하다가 명천(明川)으로 유배되어 그곳에서 죽게 된다. 곧 서인인 남용
익이 희빈 장씨를 비호하는 남인에 의해 밀려나 죽음을 맞이하게 된 것이다. 따라
서 여기서의 '간당'은 남인을 일컫는 말이다. 본래 이 글은 도곡 이의현의 「운양
만록(雲陽漫錄)」의 일부를 번역한 것인데, 이의현의 당색(黨色)은 서인[노론]이
다. 따라서 남인에 대해 '간당(奸黨)'이라 표현한 것이다.

115) 얽힌 비 : 얽힌 바가.

116) 다 관함을 삭ㅎ고 : 다 관함(官銜)을 삭(削)하고. 모든 관직을 박탈당하고. '관
함'은 벼슬, 관직의 뜻이며, '삭하다'는 '박탈당하다'는 뜻이다.

가118) 뎍소의서119) 죽으니120) '실각진형인화접'의 글귀 딩험이 되엿더
라.121)

---

117) 븍시의 : 북새(北塞)에. 북쪽 변방에. 남용익은 북쪽 변방인 함경도 명천(明川)
    에 유배되었다.
118) 귀향가 : '귀양가'의 오기(誤記)이다.
119) 뎍소의서 : 적소(適所)에서. '적소(適所)'는 유배지를 말한다.
120) 다 관함을 ~ 죽으니 : 호곡 남용익은 대제학으로 있던 1689년(62세)에 삭탈관
    직(削奪官職), 문외출송(門外出送)되었다가, 1691년(64세)에 함경도 명천으로 유
    배가게 되고, 그 이듬해인 1692년(65세)에 유배지에서 사망하였다.
121) 실각진형인화접의 글귀 딩험이 되엿더라 : '실각진형인화접'은 누에가 나비가
    된 것을 형상화한 것인데, 일반적으로 누에가 나비로 변화하는 것은 잘된 것으로
    형상화하는 데 비해, 이 구에서는 '실각진형(失却眞形)'이라 하여 본 모습을 잃어
    버린 것으로 표현하고 있다. 따라서 누에로서 영화를 누리다가 나비가 되어 그
    영화를 잃어버린 것으로 파악하여, 호곡 남용익이 말년에 영화를 잃고 죽음을 당
    하는 생애와 일치함을 말한 것이다.

三. 뎡유악

뎡유악122)이란 사롬은 서인123)으로서 갑인124) 후의 남인125)의 브텨126)

---

122) 뎡유악 : 정유악(鄭維嶽, 1632 : 인조 10~?). 정유악은 조선 후기의 문신으로, 본관은 온양(溫陽)이며, 자(字)는 길보(吉甫), 호(號)는 구계(崑溪)·동촌(東村)이다. 1652년(효종 3) 진사가 되고, 1666년(현종 7) 별시문과에 병과로 급제하였다. 1675년(숙종 1) 승지로 있을 때, 환관(宦官)이 인사(人事)와 상벌(賞罰) 등에 간여하는 것을 금지하도록 왕에게 간언하다가 파직되었으나, 영의정 허적(許積)의 상소로 다시 기용되어 북한산성을 축조할 때 도청(都廳)을 지냈다. 그 뒤 좌승지·공조참판·도승지를 역임하다가, 1680년 남인 일파가 대거 실각하게 된 경신대출척으로 가장 먼 변경에 안치되었다. 1685년 죄가 풀려 귀향하게 되었으며, 1689년 기사환국으로 경기도관찰사에 등용, 이듬해 도승지가 되었다. 1694년 갑술옥사로 다시 진도(珍島)에 안치되었다가 1697년 귀향하게 되었고, 1699년 사면되었다.

123) 서인 : 西人. 사색(四色) 당파(黨派)의 하나이다. 선조 때에 심의겸을 중심으로 하여 동인(東人)과 대립하여 일어났다. 뒤에 노론(老論)·소론(少論), 시파(時派)·벽파(辟派) 따위로 시기에 따라 여러 갈래로 갈라졌다.

124) 갑인 : 갑인년(甲寅年). 1674년(현종 15)이다. 이 해에 갑인예송(甲寅禮訟 : 2차 예송)이 일어나 서인이 내몰리고, 남인이 정권을 잡았다. 갑인예송은 1673년(현종 14) 인선왕후(仁宣王后 : 효종비)가 죽자 그의 계모인 조대비의 복상기간을 두고 서인과 남인이 대립한 것이다. 『가례(家禮)』에 따르면 효종비를 장자부(長子婦)로 보면 기년(朞年 : 1년)이요, 차자부(次子婦)로 보면 대공(大功 : 9개월)이고 『경국대전(經國大典)』에 따르면 큰며느리든 둘째며느리든 모두 기년(朞年)이었다. 서인 쪽에서는 1차 예송 때처럼 차자부로 다루어 대공설을 주장하고 남인은 장자부로 다루어 기년설을 주장해 논쟁이 일어나는 것이다. 갑인예송에서는 서인인 현종비의 장인 김우명(金佑明)과 김우명의 조카 석주(錫冑)가 송시열을 제거하고 서인정권의 주도권을 장악하기 위해 남인과 연결해 남인의 장자부 기년설을 찬성하였다. 그리하여 효종비에 대한 조대비의 복제는 기년상으로 정해지고 정권은 허적(許積)을 비롯한 남인에게 기울었다. 이 때 현종이 갑자기 죽고 숙종이 즉위해 송시열과 그를 옹호하는 서인세력을 제거하고 허목·윤휴 등의 남인에게 정권을 맡겼다.

125) 남인 : 南人. 사색(四色) 당파(黨派)의 하나이다. 선조 때에 동인(東人)에서 갈라진 당파로 이산해를 중심으로 한 북인(北人)에 대하여 유성룡, 우성전을 중심으로 한 파를 이른다. 이후 숙종, 경종 때 정권을 잡기도 하나, 경종 이후로 조선 말기까지 남인이 집권하지는 못하였다.

아첨하는 틱도롤127) 사롬이 참아128) 바로 보디 못홀러니 그때 남인이 새
로 득지ᄒ야129) 허목130)을 튜존ᄒ야131) 와주롤132) 삼아 일일은 모든 남
인이 유악으로 더부러133) 궐듕의134) 모혀135) [미수야는136) 허목의 별호

---

126) 브뎌 : 붙어.

127) 틱도롤 : 태도를.

128) 참아 : 차마.

129) 득지ᄒ야 : 득지(得志)하여. 뜻을 얻어. 권세를 잡어. 갑인예송 후에 남인이 정
권을 잡은 것을 말한다.

130) 허목 : 許穆(1595 : 선조 28~1682 : 숙종 8). 조선 후기의 문신으로 본관은 양
천(陽川)이고, 자(字)는 문보(文甫)·화보(和甫)이며, 호(號)는 미수(眉叟)이다. 영
남 남인의 거두 정구(鄭逑)에게 학문을 배웠다. 1660년에 효종에 대한 인조 계비
조대비(趙大妃)의 복상 기간을 서인 송시열 등이 주도하여 1년으로 한 것은 잘못
이므로 3년으로 바로잡아야 한다고 주장함으로써 예송(禮訟)논쟁을 일으켰으나,
이 의견은 받아들여지지 않았다. 1674년 효종비가 죽었을 때 조대비의 복제를 송
시열 등이 주장한 9개월복 대신 기년복으로 늘려잡아야 한다는 주장이 승리하고
남인이 집권함에 따라 대사헌에 임명되었으나 나아가지 않았다. 이후 성균관좨
주(成均館祭酒)를 비롯하여 이조참판·우참찬·이조판서·우의정 등을 역임하
였다. 1680년 경신환국(庚申換局)으로 남인이 실각할 때 관작을 삭탈당하고 학문
과 후진양성에 몰두하였다. 사상적으로 기호 남인의 선구이며 남인 실학파의 기
반이 되었다. 특히 사서(四書)나 주희(朱熹)의 저술보다는 시·서·역·춘추·예
의 오경(五經) 속에 담겨 있는 원시 유학의 세계에 깊은 관심을 보였으며, 전서
(篆書)에도 독보적 경지를 이루었다. 저서로 문집인『기언(記言)』, 역사서인『동
사(東史)』를 비롯하여 예서(禮書)인『경례유찬(經禮類纂)』,『방국왕조례(邦國王
朝禮)』등이 있다. 시호는 문정(文正)이다.

131) 튜존ᄒ야 : 추존(推尊)하여. 높이 받들어.

132) 와주롤 : 와주(窩主)를. 우두머리를. 와주(窩主)는 본래 도둑이나 노름꾼 소굴
의 우두머리를 가리키는 말이다. 정유악에 관한 이 글은 이의현의「운양만록」에
실린 것으로, 의유당이 한글로 번역한 것이다. 노론인 이의현의 당파성으로 인해
남인을 비하하는 맥락에서 허목(許穆)을 '와주(窩主)'라 지칭한 것이다.

133) 유악으로 더부러 : 유악과 더불어. 정유악과 함께.

134) 궐듕의 : 궐중(闕中)에. 대궐에. 궐내(闕內)에.

135) 모혀 : 모여.

136) 미수야는 : 미수야(眉叟爺)는. 미수는 허목의 호이고, '야(爺)'는 나이든 어른에
붙이는 존칭이다. 문맥상 '미수야'가 아니라 '미수'가 되어야 하며, 이의현의「운양
만록」에는 "眉叟者, 穆之號也."('眉叟'는 허목의 호이다)라고 되어 있다.

라]137) 유악이 쓰한 조초138) 미수야롤 찬칭ᄒ니139) 쳥셩140)이 마춤141) 좌
상긱으로142) 참예ᄒ여 겨시더니143) 희롱ᄒ여 우으며 갈오디 "길보[유악
의 자144)]는 가히 환야를145) 님죵닌아위라146) 니로리로다."[아비 브르기
롤 임의대로 이웃집 아히ᄃᆞ려147) 혼단 말이라.]148) 유악이 대참ᄒ야149)

---

137) [미수야는 허목의 별호라] : 문맥상 이 부분 앞에 몇 글자가 빠졌다. 이 내용이
    실려 있는 이의현의 「운곡만록」을 보건대, "모든 남인이 미수야라고 부르는데"
    (衆南齊稱眉曳爺) 정도가 빠진 듯하다.

138) 조초 : 좇아. 따라서. [從].

139) 찬칭ᄒ니 : 찬칭(讚稱)하니. 높여 부르니.

140) 쳥셩 : 청성(淸城). 청성부원군(淸城府院君) 김석주(金錫胄, 1634 : 인조 12~
    1684 : 숙종 10)를 말한다. 김석주는 조선 후기의 문신으로 본관은 청풍(淸風)이
    고, 자는 사백(斯百), 호는 식암(息庵)이다. 1662년 문과에 급제하였다, 당시 서인
    중의 한당(漢黨)에 가담해 집권당이던 산당(山黨)에게 중용(重用)되지 못하였다.
    그 뒤, 1674년 자의대비(慈懿大妃)의 복상 문제로 제2차 예송이 일어나자, 남인
    허적(許積) 등과 결탁해 송시열(宋時烈)·김수항(金壽恒) 등 산당을 숙청하였다.
    그러나 남인의 정권이 강화되자 이를 제거하기 위해 다시 서인들과 제휴해 송시
    열을 제거하려는 남인들의 책동을 꺾어, 이때부터 송시열과 밀접한 관련을 맺었
    다. 1680년 허적 등이 유악남용사건(油幄濫用事件 : 왕실에서 쓰는 장막을 사사
    로이 사용해 일어난 사건)으로 실각한 뒤 이조판서가 되어, 남인의 잔여 세력을
    박멸하고자 허견(許堅)이 모역한다고 고변하게 하여 이들을 추방하였다. 그리고
    그 공으로 보사공신(保社功臣) 1등으로 청성부원군(淸城府院君)에 봉해졌다.
    1682년 김익훈(金益勳)과 함께 남인의 완전 박멸을 위해 전익대(全翊戴)를 사주
    해, 허새(許璽) 등 남인들이 모역한다고 고변하게 하는 등 음모를 꾀하였다. 1683
    년에 사은사로 청나라에 다녀온 뒤 음험한 수법으로 남인의 타도를 획책했다 하
    여, 같은 서인의 소장파로부터 반감을 사서 서인이 노론·소론으로 분열하는 원
    인의 하나를 제공하였다. 사후인 1689년 기사환국으로 공신호를 박탈당했다가
    뒤에 복구되었다. 저서로는 『식암집(息庵集)』·『해동사부(海東辭賦)』가 있다. 시
    호는 문충(文忠)이다.

141) 마춤 : 마침. 때마침.

142) 좌상긱으로 : 좌상객(座上客)으로. 여러 사람이 모인 자리의 손님으로.

143) 겨시더니 : 계시더니.

144) 유악의 자 : 정유악의 자(字). 정유악의 자(字)가 길보(吉甫)이다.

145) 환야를 : 喚爺를. '爺'라고 부르는 것을.

146) 님죵닌아위라 : 임종린아위(任從隣兒爲)라고. "임종린아위(任從隣兒爲)"는 "마
    음대로 이웃 아이들을 따라서 한다"는 뜻이다.

나츨150) 숙이고 모든 남인이 다 실색대경ᄒ고151) 듯는 지 다 앙앙이152) 너기더라.

---

147) 아히다려 : 아이에게.

148) [아비 브르기롤 임의대로 이웃집 아히다려 혼단 말이라] : "가히 환야를 님종 닌아위라 니로리로다"를 설명한 말로서, '아버지라 부르기를 마음대로 이웃집 아 이에게 한다'는 뜻이다. 곧 미수(眉叟) 허목(許穆)을 미수야(眉叟爺)라고 부르니, '爺'는 아버지라는 뜻이고, 이에 따라 '미수(眉叟) 아버지'라 부르는 것이 되어, 이 웃집 아이 같은 미수(眉叟)를 보고 아버지라 부른다고 희롱한 것이다. 그런데 이 는 "可謂喚爺任從隣兒爲"의 의미를 잘못 파악한 것이다. 이때 '야(爺)'는 아버지 란 뜻이 아니라, 어른에 대한 존칭으로 사용된 것이다. 이를 번역하면 "'爺'라고 높여 부르는 것은 자기 임의대로 이웃집 아이를 좇아서 한 것이라고 이를 만하 다."가 된다. 이는 미수(眉叟)를 보고 '미수야(眉叟爺)'라고 높여 부르는 남인들을 좇아서 정유악이 '미수야(眉叟爺)'라고 부르는 것을 희롱한 것으로, 이때 이웃집 아이[隣兒]는 여러 남인들을 빗대어 말한 것이다.

149) 대참ᄒ야 : 대참(大慙)하여. 크게 부끄러워하여.

150) 나츨 : 낯을. 얼굴을.

151) 실색대경ᄒ고 : 실색대경(失色大驚)하고. 실색대경(失色大驚)은 대경실색(大驚失色)과 같은 뜻으로, 몹시 놀라 얼굴빛이 하얗게 질린다는 의미이다.

152) 앙앙이 : 앙앙(怏怏)하게. 불쾌하게. 앙앙(怏怏)은 매우 마음에 차지 아니하거 나 야속하다는 의미이다.

四. 뎡탁

뎡탁153)은 녜쳔인154)이니 가셰155) 한미ᄒᆞ야156) 조남명157)[아국 명

---

153) 뎡탁 : 정탁(鄭琢, 1526 : 중종 21~1605 : 선조 38). 조선 중기의 문신으로 본
관은 청주(淸州)이고, 자(字)는 자정(子精)이며, 호(號)는 약포(藥圃) 혹은 백곡
(栢谷)이다. 예천 출신으로, 이황(李滉)의 문인이다. 1552년(명종 7) 성균생원시를
거쳐 1558년 식년문과에 병과로 급제하였다. 1565년 정언을 거쳐 예조정랑·헌
납 등을 지냈다. 1568년 춘추관기주관을 겸직하고, 『명종실록』 편찬에 참여하였
다. 1572년(선조 5) 이조좌랑이 되고, 이어 도승지·대사성·강원도관찰사 등을
역임하였다. 1581년 대사헌에 올랐으나, 장령 정인홍(鄭仁弘), 지평 박광옥(朴光
玉)과 의견이 맞지 않아 사간원의 계청(啓請)으로 이조참판에 전임되었다. 1582
년 진하사(進賀使)로 명나라에 갔다가 이듬해 돌아와서 다시 대사헌에 재임되었
다. 그 뒤 예조·형조·이조의 판서를 역임하고, 1589년 사은사(謝恩使)로 명나
라에 다시 다녀왔다. 1592년 임진왜란이 일어나자 좌찬성으로 왕을 의주까지 호
종하였다. 경사(經史)는 물론 천문·지리·상수(象數)·병가(兵家) 등에 이르기
까지 정통하였다. 1594년에는 곽재우(郭再祐)·김덕령(金德齡) 등의 명장을 천거
하여 전란 중에 공을 세우게 했으며, 이듬해 우의정이 되었다. 1597년 정유재란
이 일어나자 72세의 노령으로 스스로 전장에 나가서 군사들의 사기를 앙양시키려
고 했으나, 왕이 연로함을 들어 만류하였다. 특히, 이 해 3월에는 옥중의 이순신
(李舜臣)을 극력 신구(伸救)하여 죽음을 면하게 하였으며, 수륙병진협공책(水陸倂
進挾攻策)을 건의하였다. 1599년 병으로 잠시 귀향했다가 이듬해 좌의정에 승진
되고 판중추부사를 거쳐, 1603년 영중추부사에 올랐다. 이듬해 호종공신(扈從功
臣) 3등에 녹훈되었으며, 서원부원군(西原府院君)에 봉해졌다. 예천의 도정서원
(道正書院)에 제향되었으며, 저서로 『약포집』·『용만문견록(龍灣聞見錄)』 등이
있다. 시호는 정간(貞簡)이다.
154) 녜쳔인 : 예천인(醴泉人). 예천 출신. 정탁은 경상도 예천 출신이다.
155) 가셰 : 家勢.
156) 한미ᄒᆞ야 : 한미(寒微)하여. 한미(寒微)는 가난하고 지체가 변변하지 못하다는
말이다.
157) 조남명 : 조식(曺植, 1501 : 연산군 7~1572 : 선조 5). 남명(南冥)은 그의 호이
다. 조식은 조선 중기의 학자로, 본관은 창녕(昌寧)이고, 자(字) 건중(楗仲)이다.
철저한 절제로 일관하여 불의와 타협하지 않았으며, 당시의 사회현실과 정치적 모
순에 대해서는 적극적인 비판의 자세를 견지하였다. 단계적이고 실천적인 학문방
법을 주장하였으며 제자들에게도 그대로 이어져 경상우도의 특징적인 학풍을 이
루었다. 저서로 『남명집(南冥集)』이 있으며, 시호는 문정(文貞)이다.

인158)] 문하의 노라159) 스우간160) 자못 지명ᄒ더니161) 명묘됴의162) 등데
ᄒ야163) 교서분관을 ᄒ엿더니164) 이쌔논165) 사롬 쓰기롤 다만 지조와166)
명망을167) 보고 문벌168)을 보디 아니ᄒᄂ 고로169) 뎡탁이 옥당170)과 니
조좌랑171)을 디나 볼아172) 마춤내 지위173) 좌의정의 오르고174) 서원부원
군을 봉ᄒ고175) 향년176) 팔십의 티사ᄒ고 죽으니177) 자손이 쏘흔178) 번

---

158) 아국 명인 : 我國 名人. 우리나라의 유명한 사람.
159) 문하의 노라 : 문하(門下)에 놀아. 문하(門下)에서 가르침을 받아. 문하(門下)
   는 가르침을 받는 스승의 아래라는 의미이다. 그런데 정탁은 조식의 문인이 아니
   라 이황(李滉)의 문인이다.
160) 스우간 : 사우간(士友間). 친구들 사이에.
161) 지명ᄒ더니 : 지명(知名)하더니. 지명(知名)은 이름이 널리 알려져 있다는 뜻
   이다.
162) 명묘됴의 : 명묘조(明廟朝)에. 명종 때에. 명종은 조선 제13대 왕(1534~1567)
   으로, 재위 기간은 1545~1567년이다.
163) 등데ᄒ야 : 등제(登第)하여. 과거에 급제하여. 정탁은 1558년(명종 13)에 문과
   에 급제하였다.
164) 교서분관을 ᄒ엿더니 : 교서분관(校書分館)을 하였더니. 교서관에서 일을 익히
   게 되었더니. 교서(校書)는 교서관(校書館)을 말하며, 분관(分館)은 새로 문과에
   급제한 사람을 승문원, 성균관, 교서관의 삼관(三館)에 나누어 배치하여 권지(權
   知)라는 이름으로 실무를 익히게 하던 일을 말한다. 급제자로서는 가장 영광스런
   일이다.
165) 이쌔논 : 이때는. 이 당시에는.
166) 지조와 : 재주와.
167) 명망을 : 명망(名望)을. 명망(名望)은 명성(名聲)과 세상 사람이 우러르고 따르
   는 덕망(德望)을 아울러 이르는 말이다.
168) 문벌 : 門閥. 대대로 내려오는 그 집안의 사회적 신분이나 지위.
169) 보디 아니ᄒᄂ 고로 : 보지 아니하는 고(故)로. 보지 아니하는 까닭에.
170) 옥당 : 玉堂. 홍문관의 부제학, 교리(校理), 부교리, 수찬(修撰), 부수찬 따위를
   통틀어 이르는 말.
171) 니조좌랑 : 이조좌랑(吏曹佐郞). 이조의 좌랑. 좌랑(佐郞)은 조선 시대 육조(六
   曹)에 소속된 행정실무직이다. 특히 이조와 병조의 좌랑은 특히 중시되어 문과
   급제자만이 발탁되었다. 정탁은 1572년(47세)에 이조좌랑이 되었다.
172) 디나 볼아 : 지나 밟아. 역임(歷任)하여.
173) 지위 : 지위(地位)가.
174) 좌의정의 오르고 : 정탁은 1600년(75세)에 좌의정이 되었다.

성호니 진짓179) 희세혼180) 팔지러라.181)

　일즉182) 교서분관의 이실 제183) 고제봉 경명184)이[아국 명인] 바야흐
로 됴당의185) 번드러186) 제붕으로 더브러187) 논명188)[사듀189) 무으단190)
말이니 고제봉이 사듀 무으기를 묘히 호니191)]호거놀 뎡공이192) 지필
을193) 취호야 사듀를 뼈고194) 제봉을 호여금 보아 달라 혼디 제봉이 대로

---

175) 서원부원군을 봉호고 : 서원부원군(西原府院君)에 봉(封)해지고. 서원은 정탁
　　의 본관인 청주이고, 부원군은 왕비의 친아버지나 정1품 공신(功臣)에게 주는 칭
　　호이다. 정탁은 1604년(79세)에 호종공신(扈從功臣)으로 서원부원군에 봉해졌다.

176) 향년 : 享年. 한평생 살아 누린 나이. 죽을 때의 나이를 말할 때 쓴다.

177) 팔십의 티사호고 죽으니 : 팔십(八十)에 치사(致仕)하고 죽으니. 치사(致仕)는
　　나이가 많아 벼슬을 사양하고 물러나는 뜻이다. 정탁은 1603년(78세)에 치사하
　　고, 1605년 80세의 나이로 생을 마쳤다.

178) 쏘혼 : 또한.

179) 진짓 : 진실로.

180) 희세혼 : 희세(稀世)한. 세상에 드문.

181) 팔지러라 : 팔자(八字)이더라.

182) 일즉 : 일찍.

183) 이실 제 : 있을 때.

184) 고제봉 경명 : 고경명(高敬命, 1533 : 중종 28~1592 : 선조 25). 제봉(霽峰)은
　　고경명의 호이다. 본관은 장흥(長興)이고, 자(字)는 이순(而順)이다. 1558년 식년
　　문과에 장원급제하여, 호조좌랑으로 기용되었다가 전적(典籍)·정언(正言)을 거
　　쳐 사가독서(賜暇讀書)하였다. 1591년 동래부사로 있다가 서인(西人)이 제거될
　　때 사직하고 낙향하였으며, 이듬해 임진왜란이 일어나자 광주(光州)에서 모집한
　　의병 6,000여 명을 이끌고 금산(錦山)싸움에서 왜군과 싸우다가 전사하였다. 좌
　　찬성에 추증되었다. 문집에『제봉집(霽峰集)』, 저서에『유서석록(遊瑞石錄)』등
　　이 있다. 시호는 충렬(忠烈)이다.

185) 됴당의 : 조당(朝堂)에. 조당(朝堂)은 조정(朝廷)을 말한다.

186) 번드러 : 번(番)들어. 차례로 숙직이나 당직을 하기 위해 들어가.

187) 제붕으로 더브러 : 제붕(諸朋)으로 더불어. 여러 벗들과 함께.

188) 논명 : 論命.

189) 사듀 : 사주(四柱). 사주는 사람이 태어난 연월일시의 네 간지(干支)를 말하는
　　데, 이에 근거하여 사람의 길흉화복을 점친다.

190) 무으단 : 미루어 본다는[推]. 사주(四柱)를 본다는. 사주를 헤아린다는.

191) 묘히 호니 : 묘(妙)히 하니. 뛰어나니.

192) 뎡공이 : 정공(鄭公)이. 정공은 정탁을 말한다.

호여195) 갈오대 "군이196) 엇디 감히 쳥흐느뇨."197) 뎡공이 비러198) 공순
홈을199) 마디 아니흐는디라.200) 고제봉이 겻눈으로 그 사듀롤 가마니201)
보니 극귀홀 명이라202) 크게 놀라 갈오대 "그디 명이203) 지위는204) 인신
의 극진흐고205) 수눈206) 긔이207)[댱수하단208) 말이라]의 니르리니 우리
모든 벗이 다 쌀오기209) 어렵다." 흐고 쏘 갈오디 "이 진진라.210) 녕남211)
풍속이 향족으로뻐212) 뎨일 냥반을 삼거늘213) 이제 뎡공이 한미흔 사롬

---

193) 지필을 : 지필(紙筆)을. 지필은 종이와 붓.

194) 뻐고 : 쓰고.

195) 대로흐여 : 대노(大怒)하여. 크게 노하여.

196) 군이 : 군(君)이. 그대가. 자네가.

197) 군이 엇디 감히 쳥흐느뇨 : 비록 벼슬은 같은 처지에 있으나 정탁의 집안이 한
미하기에 이른 말이다. 고경명의 할아버지는 형조좌랑, 아버지는 대사간의 벼슬
을 역임하였으나, 정탁의 할아버지, 아버지 모두 벼슬을 하지 못하였다.

198) 비러 : 빌어. 잘못을 빌어. 사죄(謝罪)하여.

199) 공순홈을 : 공순(恭順)함을. 공손하기를.

200) 마디 아니흐는디라 : 마지 아니하는지라. 마다하지 아니하는지라. 그치지 아니
하는지라.

201) 가마니 : 가만히. 몰래.

202) 극귀홀 명이라 : 극귀(極貴)할 명(命)이라. 매우 귀하게 될 운명이라.

203) 명이 : 명(命)이. 운명이.

204) 지위는 : 지위(地位)는.

205) 인신의 극진흐고 : 인신(人臣)에 극진(極盡)하고. 임금의 신하로서 극히 높이
되고. 인신(人臣)은 임금의 신하란 말이고, 극진(極盡)은 고귀하기를 끝까지 한다
는 말이다.

206) 수눈 : 수(壽)는. 수명(壽命)은.

207) 긔이 : 기이(期頤). 백 살의 나이.

208) 댱수하단 : 장수(長壽)한다는. 오래 산다는.

209) 쌀오기 : 따르기.

210) 이 진진라 : 이 재자(才子)라. 이 사람은 재주 있는 사람이라.

211) 녕남 : 영남(嶺南). 경상도.

212) 향족으로뻐 : 향족(鄕族)으로써. 향족은 좌수나 별감 따위의 향원(鄕員)이 될
자격이 있는 집안을 말한다.

213) 뎨일 냥반을 삼거늘 : 제일(第一) 양반(兩班)을 삼거늘. 으뜸가는 양반으로 여
기거늘.

으로서 귀히 되리로다." ᄒ더라.214)

후의 과연 정공이 상국215)이 된 후 그 형이 본군216) 좌수217) 되엿더니 왜난의218) 감시219) 군낭220) 니우디221) 못ᄒᄆ로 좌수룰 중형홀ᄉᆡ222) 그 나흘223) ᄆᆞᄅᆞ니224) 칠십여라.225) 감시 ᄭᅮ지저226) 갈오디 "나히227) 뎌

---

214) 이 지지라 ~ 되리로다 ᄒ더라 : 이 부분은 번역의 대본인 「운양만록」의 해당 부분과 내용이 조금 다르다. 「운양만록」의 원내용은 다음과 같다.

　이상하고 이상하도다. 영남의 풍속은 향족을 중요하게 여기니, 반드시 내외처가에 드러난 사람이 있어야만 향안(鄕案)에 이름을 올렸다. 정공은 한미한 집안이었기 때문에, 관직이 높았으나 오히려 향안에 이름을 올리지 못하였다. (정공이) 이조판서가 되었을 때, 말미를 얻어 고향으로 내려가 음식을 크게 갖추고서는 고을 어른들을 청하여 사흘 동안 잔치를 베풀었다. 대개 향안에 이름을 올리고자 한 것이다. 고을 어른들이 음식을 얻어 먹고는 마을에서 의논하기를 "정탁의 관직이 판서에 이르렀으니 나라의 중신이 된 것이다. 비록 가문이 대대로 한미하였으나, 향안에 들이지 않는 것은 불가할 듯하다."고 하였다. 이에 고을 사람들이 모두 허락하였다. 한 사람이 말하기를 "이는 그러하나, 다만 향안에 들인 후에 만약 우리들과 혼인을 하고자 한다면 어찌할 것인가."고 하니 일시에 웃었다. (異哉異哉. 嶺南之俗, 以鄕族爲重, 必以內外妻家表著之人, 入於鄕案. 鄭公以寒門之故, 官高而猶不得入. 爲吏判時, 受暇下鄕, 大供具, 請鄕老爲三日宴, 盖諷使入鄕也. 鄕老旣受餽, 乃議于一鄕曰: "鄭琢秩登正卿, 爲國重臣. 家世雖微, 似不可不入鄕." 鄕人皆許之. 一人曰: "是則然矣, 但旣入之後, 如欲與吾輩爲婚姻則奈何." 一時傳笑.)

215) 상국 : 상국(相國). 정승(政丞). 영의정, 좌의정, 우의정을 통틀어 이르는 말.

216) 본군 : 본군(本郡). 자기 고향. 곧 경상도 예천을 말한다.

217) 좌수 : 좌수(座首). 조선 시대에, 지방의 자치 기구인 향청(鄕廳)의 우두머리를 말한다. 수령권을 견제하는 기능을 담당하였다가 향임(鄕任) 인사권과 행정 실무의 일부를 맡아보게 되었다.

218) 왜난의 : 왜란(倭亂)에.

219) 감시 : 감사(監司)가. 감사는 경상도 관찰사를 말한다.

220) 군냥 : 군량(軍糧). 군량은 군대의 양식을 말한다.

221) 니우디 : 잇지[繼]. 기본형은 니우다.

222) 중형홀ᄉᆡ : 중형(重刑)할새. 크게 벌하려 하는데.

223) 나흘 : 나이를.

224) ᄆᆞᄅᆞ니 : 물으니[問].

225) 칠십여라 : 칠십여 세라.

226) ᄭᅮ지저 : 꾸짖어.

리228) 만코 대스를229) 엇디 뎌리 소활이 ᄒᆞ야230) 죄예 범ᄒᆞ뇨.231)” 좌
쉬232) 디ᄒᆞ여 갈오디 “시임233) 졍승 뎡탁의 형이니 나히 엇디 만티 아니
리잇가.” 감시 뎡필의234) 대경ᄒᆞ야235) 즉시 노ᄒᆞ니라.236)

---

227) 나히 : 나이가.
228) 뎌리 : 저리. 저처럼.
229) 대스를 : 대사(大事)를. 큰 일을. 중요한 일을.
230) 소활이 ᄒᆞ야 : 소활(疏闊)이 하여. 소홀히 하여. 소활은 꼼꼼하지 못하고 어설
프다는 뜻이다.
231) 죄예 범ᄒᆞ뇨 : 죄(罪)에 범(犯)하뇨. 죄를 범하였느냐.
232) 좌쉬 : 좌수(座首)가.
233) 시임 : 시임(時任). 현임(現任). 지금 재임하고 있는.
234) 뎡필의 : 청필(聽畢)에. 듣기를 다한 후에. 다 듣고 나서.
235) 대경ᄒᆞ야 : 대경(大驚)하여. 크게 놀라서.
236) 노ᄒᆞ니라 : 놓으니라. 방면(放免)하니라.

五. 뎡인홍

뎡인홍237)은 딕로238) 합천서239) 사더니 그 아비240) 본군241) 좌수242)

---

237) 뎡인홍 : 정인홍(鄭仁弘, 1535 : 중종 30~1623 : 인조 1). 조선 중기의 학자, 의
   병장, 정치가이다. 본관은 서산(瑞山)이고, 자는 덕원(德遠), 호는 내암(來庵)이다.
   경상도 합천(陜川) 출신이다. 조식(曺植)의 수제자로서 최영경(崔永慶)·오건(吳
   健)·김우옹(金宇顒)·곽재우(郭再祐) 등과 함께 경상우도의 남명학파(南冥學派)
   를 대표하였다. 1573년(선조 6) 학행으로 천거되어 6품직에 오르고, 1575년 황간
   현감, 1576년 지평, 1581년 장령 등을 역임하였다. 당파가 동서로 양분되자 다른
   남명학파와 함께 동인편에 서서 서인 정철(鄭澈)·윤두수(尹斗壽) 등을 탄핵하려
   다가 도리어 해직당하고 낙향하였다. 1589년 정여립옥사(鄭汝立獄事)를 계기로
   동인이 남북으로 분립될 때 북인에 가담하여 영수(領首)가 되었다. 1592년 임진
   왜란이 일어나자 의병활동으로 큰 공을 세웠다. 이를 통해 한편으로 강력한 재지
   적 기반(在地的基盤)을 구축하였다. 1602년 대사헌, 동지중추부사·공조참판 등
   을 역임하였다. 북인이 선조 말년에 소북·대북으로 분열되자, 이산해(李山海)·
   이이첨(李爾瞻)과 대북을 영도하였다. 선조의 계비 인목대비(仁穆大妃)에게서 영
   창대군(永昌大君)이 출생하자 적통(嫡統)을 주장하여 영창대군을 옹립하려는 소
   북에 대항하여 광해군을 적극 지지하였다. 1608년 소북 이효원(李效元)의 탄핵으
   로 영변에 유배되었다. 이어 광해군이 즉위하자 유배도중 풀려나와 대사헌에 기
   용되어 소북일당을 추방하고 대북정권을 수립하였다. 대북정권의 고문 내지 산
   림(山林)의 위치에 있던 그는 유성룡계의 남인과 서인세력을 추방하고 스승 조
   식의 추존 사업을 적극 추진하는 한편, 문묘종사 문제를 둘러싸고 이언적(李彦
   迪)과 이황(李滉)을 비방하는 소를 올려 두 학자의 문묘종사를 저지시키려 하다
   가 8도유생들로부터 탄핵을 받았다. 그리고 성균관 유생들에 의하여 청금록(靑襟
   錄 : 儒籍)에서 삭제되는 등 집권을 위한 싸움으로 정계에 큰 파문을 일으켰다.
   1612년(광해군 4) 우의정이 되고, 1613년 서령부원군(瑞寧府院君)에 봉해졌다. 같
   은 해 좌의정에 올라 궤장(几杖)을 하사받고 1615년 낙향하였다. 1618년 영의정
   에 제수되었으나, 사양하고 나아가지 않았다. 1623년 인조반정으로 참형되고 가
   산이 적몰(籍沒)당했으며, 끝내 신원되지 못하였다가 1907년(고종 44)에서야 신
   원되었다. 강경한 지조, 강려(剛戾)한 성품, 그리고 지나치게 경의(敬義)를 내세
   우는 행동으로 좌충우돌하는 대인관계를 맺어 많은 물의를 일으키기도 하였다.
   저서로 『내암집(來庵集)』이 있다.
238) 딕로 : 대(代)로. 대대로.
239) 합천서 : 합천(陜川)에서. 합천은 경상도에 있는 지명이다.
240) 아비 : 아버지.

되엿더니 일일은 희인스243) 중이 꿈쑤니244) 뎡좌수245) 집의 블빗치246)
하눌의 다코247) 가야산 호표·쇠랑·웅시248)의 므리249) 그 집의 무수히
드러가니 고이히250) 너겨251) 즉시 가 보니 그날 밤의 뎡좌수 아둘을 나흐
니 곳 인홍이라.

인홍이 산림발천으로252) 광희됴의253) 니르러 녕의정이 되여254) 흉
당255) 듕의 드러 성품이 가장 경한ᄒ여256) 마춤내 대역으로ㅽ257) 도시에

---

241) 본군 : 本郡. 합천을 말한다.
242) 좌수 : 座首. 조선 시대 지방의 자치 기구인 향청(鄕廳 : 留鄕所 또는 鄕所)의
　　　가장 높은 직임(職任).
243) 희인스 : 해인사(海印寺). 경상남도 합천군 가야면 치인리 가야산에 있는 절로
　　　화엄십찰(華嚴十刹)의 하나이다. 신라 애장왕 3년(802)에 순응, 이정 두 대사가
　　　세운 절로, 선교 양종의 본산이며, 8만 대장경 경판을 소장하고 있는 것으로 유
　　　명하다.
244) 꿈쑤니 : 꿈꾸니. 꿈을 꾸었는데.
245) 뎡좌수 : 정좌수(鄭座首). 정인홍의 아버지를 말한다.
246) 블빗치 : 불빛이.
247) 하눌의 다코 : 하늘에 닿고.
248) 호표·쇠랑·웅시 : 호표(虎豹)·시랑(豺狼)·웅시(熊豕). 호표(虎豹)는 호랑
　　　이와 표범, 시랑(豺狼)은 승냥이와 이리, 웅시(熊豕)는 곰과 멧돼지를 일컫는 말
　　　이다.
249) 므리 : 무리. 짐승이 모여서 뭉친 한 동아리.
250) 고이히 : 이상하게.
251) 너겨 : 여겨. 기본형은 너기다.
252) 산림발천으로 : 산림발천(山林發薦)으로. 산림발천은 시골에 숨어 있는 인재를
　　　등용하는 일을 말한다. 정인홍은 1573년 탁행지사(卓行之士)로 천거되어 이지함
　　　(李之菡), 최영경(崔永慶) 등과 함께 6품직에 제수되었다.
253) 광희됴의 : 광해조(光海朝)에. 광해군(光海君) 때에. 광해군(1575~1641)은 조
　　　선 제15대 왕으로 재위 기간은 1608~1623년이다.
254) 녕의정이 되여 : 영의정(領議政)이 되어. 정인홍은 치사(致仕)하고 낙향(落鄕)
　　　하여 있을 때인 1618년(광해군 10)에 영의정에 제수되었으나, 끝내 사양하고 벼
　　　슬길에 나아가지는 않았다.
255) 흉당 : 흉당(凶黨). 흉악한 무리들. 여기서는 대북 계열의 인물들을 가리킨다.
　　　원래 이 글은 도곡 이의현의 「운양만록」에 실린 글을, 의유당 남씨가 한글로 번
　　　역한 것이다. 따라서 서인[노론]계열인 이의현의 당파성으로 인해 이렇게 표현된

서258) 복형하니259) 중의 꿈을 보건디 악수의260) 사오나온261) 긔운을 품
득ᄒ여262) 난 연괴러라.263)

것이다.

256) 경한ᄒ여 : 경한(勁悍)하여. 경한(勁悍)은 사납고 거칠다는 말이다. 율곡(栗谷)
　　이이(李珥)가 일찍이 정인홍을 평하여 "강직하나 식견이 밝지 못하니, 용병에 비
　　유한다면 돌격장이 적격이다."라고 하였을 정도로 정인홍은 강직하고, 타협하지
　　않으며, 외골수적인 면모를 지닌 인물이었다.

257) 대역으로뻐 : 대역(大逆)으로써. 대역죄로써. 1623년 서인이 정권을 잡은 인조
　　반정으로 인해 합천에 낙향해 있던 정인홍은 대역죄로 참형을 당하였다.

258) 도시에서 : 도시(都市)에서. 도성의 저자거리에서.

259) 복형하니 : 복형(伏刑)하니. 복형(伏刑)은 복주(伏誅), 복법(伏法)과 같은 말로
　　써, 법에 따라 사형에 처해지는 것을 말한다.

260) 악수의 : 악수(惡獸)의. 흉악한 짐승의.

261) 사오나온 : 사나운. 기본형는 사오납다.

262) 품득ᄒ여 : 품득(稟得)하여. 받고 태어난. 품득은 품부(稟賦)와 같은 말로써,
　　선천적으로 타고 나는 것을 말한다.

263) 연괴러라 : 연고(緣故)더라. 까닭이다. 때문이다.

六. 김승평[264]

선묘[265] 말년의 제궁왕손을[266] 모도아[267] 그림도 그리이시고[268] 글시
도 쓰이시더니[269] 인묘[270] 오시의[271] 말을 그리오시니 선묘[272] 그림을

---

264) 김승평 : 金昇平. 김류(金瑬, 1571 : 선조 4~1648 : 인조 26)를 가리킨다. 승평
부원군(昇平府院君)에 봉해졌기에 김승평이라고 한 것이다. 본관은 순천이고, 자
는 관옥(冠玉), 호 북저(北渚)이다. 1596년(선조 29) 문과에 급제하였다. 광해군
때는 정인홍(鄭仁弘)·이이첨(李爾瞻) 등의 북인들과 관계가 좋지 않아, 이렇다
할 중앙관직을 맡지 못한 채 주로 지방관으로 전전하였다. 광해군 말년 폐모론
(廢母論)이 일어난 이후로는 조정에서의 출세보다 시사에 통분을 느껴, 1620년
(광해군 12)경부터 이귀(李貴) 등과 반정을 도모하였다. 1623년 인조반정 때 대
장으로 추대되었고 거사의 성공으로 병조판서 겸 대제학에 제수되고, 승평부원
군에 봉해지는 등 정치적 전성기를 맞았다. 이후 인조의 절대적 신임 속에 이조
판서·좌의정·도체찰사(都體察使)·영의정 등을 역임하면서 인조 초·중반의
정국을 주도하였다. 그러나 병자호란 전후에 주화(主和)와 척화(斥和) 사이에서
일관되지 못한 입장을 가졌다는 비판을 받았다. 또 전란당시 아들 김경징(金慶
徵)이 당시 소현세자를 비롯한 왕족과 비빈들이 피난한 강화도의 방어를 책임진
검찰사의 임무를 맡았음에도 안일하게 처신하다가 강화도가 함락되자 비난이 가
중되었다. 난 이후 경징은 처형되었고, 그 자신도 간관들의 탄핵을 받아 사임하
였다. 이후 정국이 불안하자 다시 기용되었고, 1644년 다시 영의정이 되었다. 심
기원(沈器遠)의 역모사건을 처리한 공로로 공신에 책봉되었고, 봉림대군을 왕세
자로 책봉할 것을 주장하였다. 1646년 소현세자빈 강씨(姜氏)의 옥사가 일어나자
이에 반대하다가 사직한 뒤 다시는 벼슬을 하지 않았다. 정치적 훈업 외에 문학
에 있어서도 유명하였는데, 기력(氣力)을 숭상하고 법도가 엄격했으며 시·율도
역시 정련청건(精鍊淸健 : 세련되고 맑으면서 건실함)하였다. 글 또한 기묘해 공
경(公卿)의 비문을 많이 썼다. 문집으로『북저집(北渚集)』이 있다.

265) 선묘 : 宣廟. 선조(宣祖)를 말한다. 조선의 제14대 왕(1552~1608)으로 재위 기
간은 1567~1608년이다.

266) 제궁왕손을 : 제궁왕손(諸宮王孫)을. 여러 궁에 살고 있는 왕손들을.

267) 모도아 : 모아[聚]. 기본형은 모도다.

268) 그림도 그리이시고 : 그림도 그리게 하시고.

269) 글시도 쓰이시더니 : 글씨도 쓰게 하시더니.

270) 인묘 : 仁廟. 인조(仁祖)를 말한다. 조선의 제16대 왕(1595~1649)으로 인조반
정에 성공하여, 광해군을 몰아내고 왕위에 올랐다. 선조(宣祖)에게는 손자가 된
다.

빅亽 니공273)을 주시니라.

　빅亽 븍쳔홀 쌔274) 문싱·부곡이275) 쌀와276) 도방의277) 보내는278) 지279) 심히 만터니 홀로 김승평 뉴롤280) 잇그려281) 역녀의282) 와 주고 그림을 맛뎌283) 왈 "이눈 선왕의284) 주신 배로디 그 쯧을 아옵디285) 못ᄒᆞ느니 군이286) 다만 이 그림 그린 자를 살펴보라."

---

271) ᄋ시의 : 아시(兒時)에. 어릴 때에.

272) 선묘 : 선묘(宣廟)가. 선조가.

273) 빅亽 니공 : 백사 이공(白沙 李公). 이항복(李恒福, 1556～1618)을 말한다. 백사(白沙)는 그의 호이다. 조선 선조 때의 문신으로 자(字)는 자상(子常). 호는 백사(白沙) 외에 동강(東岡)·필운(弼雲) 등이 있다. 임진왜란 때 병조 판서로 활약했으며, 뒤에 벼슬이 영의정에 이르렀다. 광해군 때에 인목대비 폐모론에 반대하다 북청(北靑)으로 유배되어 죽었다. 특히 선조의 신임이 두터워 임진왜란 시에 5번이나 병조판서에 올랐다. 또한 당색에 구애되지 않고 공정하게 처세하여 명망이 높았다. 저서에 『백사집(白沙集)』, 『북천일기(北遷日記)』, 『사례훈몽(四禮訓蒙)』 등이 있다.

274) 븍쳔홀 쌔 : 북천(北遷)할 때에. 북쪽으로 귀양갈 때에. 백사 이항복은 인목대비 폐모론에 반대하다 1618년(광해군 10)에 함경도 북청(北靑)으로 유배가게 된다.

275) 문싱·부곡이 : 문생(門生)과 부곡(部曲)이. 문생(門生)은 문하생(門下生)을 말하고 부곡(部曲)은 일반 백성을 말한다. 부곡은 본래 중국 후한 말기에, 지방의 치안이 문란해질 것에 대비하여 장군이나 지방의 호족이 거느리도록 인정받은 군부대를 의미하는 것이나, 이후 노예를 사병으로 한 결과 부곡은 신분이 낮아져 천민을 뜻하게 되었다. 그러나 여기서는 일반 백성이란 뜻으로 쓰였다.

276) 쌀와 : 따라서. 기본형은 '쌀오다.'

277) 도방의 : 도방(道傍)에. 길가에.

278) 보내는 : 배웅하는.

279) 지 : 자(者)가. 사람이.

280) 김승평 뉴롤 : 김승평 류(金昇平瑬)를. 승평부원군 김류를. 실제 이 당시에는 김류가 아직 승평부원군에 봉해지지 않았다.

281) 잇그려 : 이끌어[携]. 데리고.

282) 역녀의 : 역려(逆旅)에. 여관(旅館)에.

283) 맛뎌 : 맡겨.

284) 선왕의 : 선왕(先王)의. 선왕(先王)은 돌아가신 이전 임금으로 곧 선조(宣祖)를 말한다.

285) 아옵디 : 알지.

승평이 쏘흔 망연흐야287) 그 소유롤288) 아디289) 못흐고 도라와 벽상
의290) 브텻더니291) 인묘292) 잠뎌293) 쎄 나가 겨시다가294) 급흔 비롤 만나
샤 길가 집 문의 드르샤295) 피흐시더니 이윽흐야296) 차환이297) 안흐로
셔298) 나와 고흐디299) "엇더흔 손님을 아디 못흐나300) 비 심흐니 오리301)
섯디302) 못홀디라. 원컨디 잠간 외스의303) 안즈소셔."

주인이 업스믈304) 인피305) 사양하신디 추환이 여러 번 청흐거눌 인피
마디 못흐야 말게306) 나려 외스의307) 드르신디308) 벽상의 그린 말이 잇

---

286) 군이 : 군(君)이. 그대가. 자네가.
287) 망연흐야 : 망연(茫然)하여. 아무 생각 없이 멍하여.
288) 소유롤 : 소유(所由)를. 까닭을.
289) 아디 : 알지.
290) 벽상의 : 벽상(壁上)에. 벽 위에.
291) 브텻더니 : 붙였더니.
292) 인묘 : 仁廟. 인조(仁祖).
293) 잠뎌 : 잠저(潛邸). 잠저는 나라를 세우거나 임금의 친족으로 임금이 된 사람
   이 임금이 되기 전의 시기를 가리키는 말이다.
294) 겨시다가 : 계시다가.
295) 드르샤 : 들어가셔서.
296) 이윽흐야 : 이슥하여. 시간이 얼마간 지난 후에.
297) 차환이 : 차환(叉鬟)이. 계집 종이. 차환은 주인 가까이서 잔심부름을 하는, 머
   리를 얹은 여자 종을 말한다.
298) 안흐로셔 : 안으로부터.
299) 고흐디 : 고(告)하되.
300) 엇더흔 손님을 아디 못흐나 : 어떤 손님인지 알지 못하지만.
301) 오리 : 오래. 오랫동안.
302) 섯디 : 서 있지.
303) 외스의 : 외사(外舍)에. 외사(外舍)는 사랑채로, 집의 안채와 떨어져 있는, 바
   깥주인이 거처하며 손님을 접대하는 곳을 말한다. 외당(外堂), 객당(客堂)이라고
   도 한다.
304) 주인이 업스믈 : 주인이 없음으로. 바깥주인이 집에 없기 때문에.
305) 인피 : 인묘(仁廟)가. 인조(仁祖)가.
306) 말게 : 말[馬]에서.
307) 외스의 : 외사(外舍)에.
308) 드르신디 : 들어오셨는데.

거늘309) 살펴보시니 곳310) ᄋ시 째예311) 그리신 배라.312) 마ᄋᆷ의 고이히 너기시더니 주인이 니르니 곳 승평이라. 서로 아디 못ᄒ더니 인ᄑᆡ 피우한 연고롤313) 갓초314) 니르시고 인ᄒ여315) 무러 왈 "그림을 어이316) 벽에 부칫나뇨.317)" 승평 왈 "빅ᄉᆞ318) 일즉이 그림을 주시되 뉘319) 그림인 줄 아디 못ᄒ는 고로 벽의 부텨 구ᄒ리를320) 기다리나이다." ᄒ더 인ᄑᆡ 왈 "이ᄂᆞᆫ 내 ᄋ시 째 그린 배로다."

이윽ᄒ야321) 안흐로셔322) 크게 음식을 ᄒ야 나오거늘 승평이 고이히 너기되323) 인묘 도라가신324) 후의 드러가 부인긔 무러 왈 "디나가는 종실이325) 위연이326) 비롤 피ᄒ거늘 셩찬을327) 대접ᄒᆞᆫ 엇디오.328)" 부인왈 "밤꿈의 대개329) 우리집 문의 드르샤330) 위의331) 심히332) 셩ᄒ거늘333)

309) 그린 말이 잇거늘 : 말 그림이 있거늘.

310) 곳 : 곧.

311) ᄋ시 째예 : 아시(兒時) 때에. 어릴 때에.

312) 배라 : 바이라. 것이라.

313) 피우한 연고롤 : 피우(避雨)한 연고(緣故)를. 비를 피하여 들어오게 된 까닭을. 피우(避雨)는 비를 피한다는 말이다.

314) 갓초 : 갖추어.

315) 인ᄒ여 : 인(因)하여. 이어서.

316) 어이 : 어이해. 어찌.

317) 부칫나뇨 : 붙였나뇨. 붙였는가.

318) 빅ᄉᆞ : 백사(白沙)가. 백사 이항복이.

319) 뉘 : 누구의.

320) 구ᄒ리를 : 구하는 사람을. 김류는 백사의 부탁으로 그림 그린 사람을 찾고 있었다.

321) 이윽ᄒ야 : 이슥하여. 얼마간 시간이 지난 후에.

322) 안흐로셔 : 안으로부터.

323) 너기되 : 여기되.

324) 도라가신 : 돌아가신.

325) 종실이 : 종실(宗室)이. 종실(宗室)은 임금의 친족, 곧 왕족을 말한다.

326) 위연이 : 우연히.

327) 셩찬을 : 성찬(盛饌)을. 훌륭한 음식을.

328) 엇디오 : 어찌오. 무슨 까닭이오.

329) 대개 : 대가(大駕)가. 대가(大駕)는 임금이 타는 수레, 곧 어가(御駕)를 말한다.

쌔야334) 고이ᄒ여 ᄒ더니335) 나재336) 죵이 던ᄒ디 '흔 관인이337) 비록 피
ᄒ야 문의 드러338) 말을 세웟다.' ᄒ거놀 내 문틈으로 여어보니339) 얼골
이340) 심히 준수ᄒ여 완연이341) 몽듕의342) 본 바와 ᄀᆺᄒ디라.343) 고로 놀
라 셩히344) 대접ᄒ미로소이다."

  승평이 일로브터345) 인묘긔346) 왕내 친밀ᄒ야347) 홍왕지ᄉ롤348) ᄒ니
라.

---

330) 드르샤 : 들어오시어.
331) 위의 : 위의(威儀). 위엄이 있고 엄숙한 모습.
332) 심히 : 매우.
333) 셩ᄒ거늘 : 셩(盛)하거늘. 성대하거늘.
334) 쌔야 : 깨어. (꿈에서) 깨어.
335) 고이ᄒ여 ᄒ더니 : 이상하게 여겼더니.
336) 나재 : 낮에.
337) 관인이 : 관인(官人)이. 관리(官吏)가. 관직에 있는 사람이.
338) 문의 드러 : 문에 들어와.
339) 여어보니 : 엿보니. 기본형은 여어보다.
340) 얼골이 : 얼굴이.
341) 완연이 : 완연(宛然)히. 뚜렷하게.
342) 몽듕의 : 몽중(夢中)에. 꿈 속에서.
343) ᄀᆺᄒ디라 : 같은지라.
344) 셩히 : 셩(盛)히. 성대하게.
345) 일로브터 : 이로부터.
346) 인묘긔 : 인묘(仁廟)께. 인조(仁祖)께.
347) 왕내 친밀ᄒ야 : 왕래(往來) 친밀(親密)하여. 왕래 친밀(往來親密)은 오고가는
     사이가 친하고 가까운 것을 말한다.
348) 홍왕지ᄉ롤 : 홍왕지사(興王之事)를. 홍왕지사는 왕업을 일으키는 일을 말한
     다. 여기서는 1623년에 있었던 인조반정(仁祖反正)을 가리킨다. 인조반정에서 김
     류는 모의 단계에서부터 핵심적인 역할을 하여, 반정에서 거의대장(擧義大將)을
     맡기까지 한다. 이러한 공로로 병조판서에 제수되고, 대제학을 겸하는 동시에 승
     평부원군(昇平府院君)에 봉해졌다.

七. 됴안념

됴안념349)은 개국원훈350) 문튱공 쥰351)의 ㅇ이라.352) 미양353) 그 형을

---

349) 됴안념 : 조안렴(趙按廉). 고려 때 안렴사(按廉使)를 역임하였던 조견(趙狷,
1351 : 충정왕 3~1425 : 세종 7). 고려 말 조선 초의 문신으로, 본관은 평양(平壤)
이다. 초명은 윤(胤)이고. 자(字)는 종견(從犬), 호는 송산(松山)이며, 시호는 평간
(平簡)이다. 아버지는 판도판서(版圖判書) 덕유(德裕)이다. 영의정부사 준(浚)의
동생이다. 유년에 출가하여 여러 절의 주지를 역임하다가 30세가 넘어 환속하였
다. 승직(僧職) 경력으로 인하여 좌윤(左尹)에 서용되었으며, 고려 말에는 안렴사
(按廉使)를 지냈다. 1392년(태조 1) 상장군으로 이성계(李成桂) 추대에 참여하고
개국공신 2등에 책록되었다. 1394년 경상도도절제사, 1397년 지중추원사, 1400년
(정종 2) 삼사우복야(三司右僕射)를 거쳐 1402년(태종 2) 도총제(都摠制), 1403년
좌군도총제 등을 역임하고, 평성군(平城君)에 봉해졌다. 1410년 봉안사(奉安使)
가 되어 태조 진영(眞影)을 완산부(完山府)에 봉안하였다. 1419년(세종 1) 판우군
도총제부사(判右軍都摠制府事)에 보임되고, 1421년 3월 71세로 퇴관해야 했지만,
궤장(几杖)을 받고 계속 벼슬길에 있다가 같은 해 12월 평성부원군에 진봉하였
다. 그의 생애와 관련하여 "조선이 개국되고 형 준으로 인하여 개국공신에 책록
되었다."는 설과 "준의 간곡한 출사 권유가 있었지만 고려에 절의를 지켜 은거했
으며, 자손에게도 고려에의 절의를 당부하였다."고 한 이설이 있기도 하나 후자
의 경우는 신빙하기 어렵다.

350) 개국원훈 : 開國元勳. 나라를 세우는 데 으뜸가는 공을 세운 사람을 가리키는
말이다.

351) 문튱공 쥰 : 문충공 준(文忠公 浚). 조준(趙浚, 1346 : 충목왕 2~1405 : 태종 5)
을 말한다. 문충(文忠)은 그의 시호이다. 여말선초 때 문신으로 본관은 평양(平
壤), 자는 명중 (明仲), 호는 우재(吁齋) 또는 송당(松堂)이다. 아버지는 판도판서
덕유(德裕)이고, 아들 대림(大臨)이 태종의 둘째딸 경정공주(慶貞公主)와 혼인하
여 태종과는 사돈이 된다. 1374년(우왕 즉위) 문과에 급제한 뒤 좌우위호군 겸
통례문부사(左右衛護軍兼通禮門副使)가 되고, 강릉도안렴사(江陵道按廉使)·지
제교(知製敎) 등을 거쳐 전법판서(典法判書)에 올랐다. 1382년 최영(崔瑩) 휘하
에서 체찰사(體察使)로 왜구를 토벌하고, 그 뒤 도검찰사(都檢察使)로 있을 때
왜구를 토평해 선위좌명공신(宣威佐命功臣)에 책록되고 은퇴하였다. 1388년 허
금(許錦) 등과 우왕의 폐위를 모의하고 이성계(李成桂)의 일파로 밀직사지사사
겸 대사헌(密直司知司事兼大司憲)에 올랐다. 이성계와 전제개혁(田制改革)의 필
요성을 협의, 상소하였고, 문하평리(門下評理)로서 조선군충의군(朝鮮郡忠義君)
에 봉해진 뒤 전제개혁을 반대하는 조민수(曺敏修)를 탄핵, 유배케 한 뒤 1390년

절간ᄒ야354) 고자티 아니ᄒ더니355) 혁명ᄒ 후356) 문튱공이 그 화의 면티
못홀가 ᄒ야357) 태조긔 알외고 공의 일홈을358) 국적의359) 올리고 호조젼
서롤360) ᄒ이니361) 나디 아니커눌362) 태죄363) 그 집의 친님ᄒ샤364) 개유

(공양왕 2) 문하부지사 겸 대사헌(門下府知事兼大司憲)이 되었다. 그 해 전제개
혁을 단행하여 조선 개국의 경제적인 기반을 닦고, 1392년 이성계를 추대하여 개
국공신 1등으로 평양백(平壤伯)에 봉해진 뒤, 오도도통사(五道都統使)로 병권을
장악하고, 이방원(李芳遠 : 太宗)을 세자로 책봉해야 한다고 주장했으나 묵살당
하자 사직하였다. 왕의 만류로 재차 문하좌시중을 지내다가 신덕왕후(神德王后)
강씨(康氏)의 무고로 한때 투옥된 뒤 좌정승에 올랐다. 1398년 제1차 왕자의 난
과, 그 후에도 이방원의 책봉을 주장했으며, 그해 정사공신(定社功臣) 1등에 책록
되고, 1400년 문하부판사(門下府判事) 때 태종을 옹립하여 영의정 부사에 오르고
부원군(府院君)에 진봉되었다. 그는 사학(史學)을 잘하고 경학(經學)과 시문에도
능했으며, 문집으로『송당집』을 남겼다. 또한『경제육전(經濟六典)』을 간행하였
는데, 이는 뒤에『속육전』·『육전등록』등으로 보완되어『경국대전』편찬의 토
대가 되었다.
352) ᄋ이라 : 아우라. 'ᄋ이'는 아우[弟]를 말한다.
353) 미양 : 번번이. 항상.
354) 절간ᄒ야 : 절간(切諫)하여. 간절하게 간하여.
355) 고자티 아니ᄒ더니 : 고자(顧藉)치 아니하더니. 아까워하지 아니하더니. '籍'은
'자'나 '적'으로 읽을 수 있는데, 여기서는 '적'으로 읽어야 하나 음을 '고자'라 하
였다. '고적(顧籍)'은 '아까워하다'는 뜻이다. 곧 자기 몸을 돌보는데 마음을 두지
않았다는 의미이다.
356) 혁명ᄒ 후 : 혁명(革命)한 후. 여기서 혁명은 고려가 망하고, 조선이 건국된 것
을 말한다.
357) 화의 면티 못홀가 ᄒ야 : 화(禍)에서 면(免)치 못할까 하여. 화(禍)를 면(免)하
지 못할까 하여.
358) 일홈을 : 이름을.
359) 국적의 : 국적(國籍)에. 국적은 나라의 전적(典籍), 사적(史籍)을 말한다.
360) 호조젼서롤 : 호조전서(戶曹典書)를. 호조판서(戶曹判書)를. 전서(典書)는 조선
전기에, 육조(六曹)에 둔 으뜸 벼슬이다. 정3품 벼슬로, 태종 5년(1405)에 판서(判
書)로 고쳤다.
361) ᄒ이니 : 시키니. 제수(除授)하니. 'ᄒ이니'는 'ᄒ이니'의 오기로 '하게 하다'의
뜻이다.
362) 나디 아니커눌 : 나지 아니커늘. 출사하지 아니하거늘.
363) 태죄 : 태조(太祖)가. 태조는 조선의 제1대 왕(1335~1408) 이성계(李成桂)를
말한다. 자는 중결(仲潔), 호는 송헌(松軒)이다. 고려 말기의 무신으로서 왜구를

ㅎ고져365) ㅎ신대 공이 니블로366) 낫츨367) ㅼ고368) 누어369) 대답 왈 "오히려 려됴370) 섬기던 일을 싱각ㅎ는다."371) ㅎ거눌 상이372) 굴ㅎ디373) 아니홀 줄 아르시고374) 턍연ㅎ야375) 도라가시더라.376) 빅운산의377) 숨어 종신ㅎ니378) ᄌ손을379) 유언ㅎ야 '삼대룰 과환을 다 폐ㅎ고380) 아됴381) 관직을 명졍382)의 ᄡ디383) 말라.' ㅎ엿더니 졸ㅎ매384) 태종385)이 시호386)룰

물리쳐 공을 세웠고, 위화도 회군을 계기로 정권을 장악하여 조선 왕조를 세웠다. 재위 기간은 1392∼1398년이다.

364) 친님ㅎ샤 : 친림(親臨)하시어. 몸소 찾아오시어.

365) 개유ㅎ고져 : 개유(開諭)하고자. 개유(開諭)는 마음을 고치도록 달래는 것을 말한다.

366) 니블로 : 이불로.

367) 낫츨 : 낯을. 얼굴을.

368) ᄡ고 : 싸고. 감추고.

369) 누어 : 누워.

370) 려됴 : 여조(麗朝). 고려 왕조.

371) 싱각ㅎ는다 : 생각하는가. '-는다' 의문형어미이다. 여기서는 "생각하지 않느냐?"는 의미, 곧 "함께 고려 왕조를 섬기던 일을 생각하지 않느냐?"는 의미이다.

372) 상이 : 상(上)이. 임금이. 태조 이성계가.

373) 굴ㅎ디 : 굴(屈)하지. 굽히지.

374) 아르시고 : 아시고.

375) 턍연ㅎ야 : 창연(悵然)하여. 몹시 서운하고 섭섭해 하며.

376) 도라가시더라 : 돌아가시더라.

377) 빅운산의 : 백운산(白雲山)에.

378) 종신ㅎ니 : 종신(終身)하니. 일생을 마치니.

379) ᄌ손을 : 자손(子孫)을. 자손에게.

380) 삼대룰 과환을 다 폐ㅎ고 : 삼대(三代)를 과환(科宦)을 다 폐(廢)하고. 삼대(三代) 동안 과거 보는 일과 벼슬하는 일을 모두 하지 말고.

381) 아됴 : 아조(我朝). 조선을 말한다.

382) 명졍 : 銘旌. 죽은 사람의 관직과 성씨 따위를 적은 기(旗)이다. 일정한 크기의 긴 천에 보통 다홍 바탕에 흰 글씨로 쓰며, 장사 지낼 때 상여 앞에서 들고 간 뒤에 널 위에 펴 묻는다.

383) ᄡ디 : 쓰지[書].

384) 졸ㅎ매 : 졸(卒)함에. 죽음에.

385) 태종 : 태종(太宗). 조선의 제3대 왕(1367∼1422). 성은 이(李), 이름은 방원(芳遠)이다. 태조의 다섯째아들로 많은 치적을 거두어 왕조의 기틀을 세웠다. 재위

평간공387)이라 ᄒᆞ시니388) 제ᄌᆞ389) 유언을 쫏디390) 아니ᄒᆞ고 표석의391)
아됴392) 관함393)을 사겻더니394) 임의395) 세오매396) 비397) 홀연 절로 넘
어져 브러디고398) 됴공지묘399) 네 자만 남아시니400) 보는 지401) '뎡튱의
감동ᄒᆞ미라402)' ᄒᆞ더라.

기간은 1400~1418년이다.

386) 시호 : 諡號. 재상, 유현(儒賢) 들이 죽은 뒤에, 그들의 공덕을 칭송하여 붙인
    이름.

387) 평간공 : 平簡公. 『조선왕조실록』에 실린 그의 졸기(卒記)에서 시호(諡號)의
    의미를 "다스려서 잘못이 없는 것이 평(平)이요, 화평하고 온순하여 시비가 없는
    것이 간(簡)이다(治而無眚平, 平易不訾簡)."고 하였다.

388) 태종이 ~ ᄒᆞ시니 : 조견은 세종 7년(1425)에 죽었기에 사실과 어긋난다.

389) 제ᄌᆞ : 제자(諸子)가. 여러 아들들이.

390) 쫏디 : 좇지. 따르지.

391) 표석의 : 표석(表石)에. 표석은 무덤 앞에 세우는 푯돌을 말한다. 죽은 사람의
    이름, 생년월일, 행적, 묘주(墓主) 따위를 새긴다.

392) 아됴 : 아조(我朝). 조선을 말한다.

393) 관함 : 관함(官銜). 관원의 직함. 관직명.

394) 사겻더니 : 새겼더니[刻].

395) 임의 : 이미.

396) 세오매 : 세움에. 표석을 세움에.

397) 비 : 비(碑). 비석이. 표석이.

398) 브러디고 : 부러지고.

399) 됴공지묘 : 조공지묘(趙公之墓).

400) 남아시니 : 남았으니.

401) 보는 지 : 본 자가. 본 사람이.

402) 뎡튱의 감동ᄒᆞ미라 : 정충(精忠)에 감동(感動)함이라. 충성에 감동한 것이다.
    정충(精忠)은 사사로운 감정이 없는 순수하고 한결같은 충성을 뜻한다. 조견의
    충성에 (하늘이) 감동하여 비가 부러져 조선에서 받은 관작은 없어지고, '趙公之
    墓[趙公의 廟]'라는 글자만 남았다는 뜻이다.

八. 뉴부인

홍학곡403)의 모부인404)은 뉴몽인405)의 누이라.406) 글을 능히 ᄒᆞ고407)

---

403) 홍학곡 : 洪鶴谷. 홍서봉(洪瑞鳳, 1572 : 선조 5~1645 : 인조 23)을 말한다. 학곡(鶴谷)은 그의 호이다. 본관은 남양(南陽)이고, 자(字)는 휘세(輝世)이다. 시호 문정(文靖). 1590년(선조 23) 사마시에 합격, 2년 후 별시문과에 병과로 급제, 이조좌랑·교리 등을 역임, 1608년 사가독서(賜暇讀書)를 하고 이듬해 문과 중시(重試)에 갑과로 급제하였다. 1612년 김직재(金直哉)의 무옥(誣獄)에 장인 황혁(黃爀)이 화를 입자 이를 변호하다 파직당하고, 1623년 인조반정(仁祖反正)에 가담하여 병조참의가 되었으며, 정사(靖社)공신에 책록, 익녕군(益寧君)에 봉해졌다. 1628년 유효립(柳孝立)의 모반음모를 고변하여 영사(寧社) 공신이 되고 의금부지사(義禁府知事)에 올랐다. 1633년 예조판서가 되고 1635년 대제학을 겸임하였으며, 이듬해 우의정을 거쳐 좌의정으로 세자 사부(師傅)를 겸하였다. 이 해 병자호란이 일어나자 최명길(崔鳴吉)과 함께 화의(和議)를 주장하였다. 1639년 부원군이 되고, 이듬해 영의정에 올랐다가 1644년 좌의정에 전직되었고, 이듬해 소현세자(昭顯世子)가 급사하자 봉림대군(鳳林大君 : 孝宗)의 세자책봉을 반대하고 세손으로 적통(嫡統)을 잇도록 주장하였으나 용납되지 않았다. 문장과 시(詩)에 능했으며, 저서에 『학곡집(鶴谷集)』이 있다.
404) 모부인 : 母夫人. 남의 어머니를 높여 이르는 말이다.
405) 뉴몽인 : 유몽인(柳夢寅, 1559 : 명종 14~1623 : 인조 1). 조선 중기의 문신이다. 본관은 고흥(高興)이고, 자는 응문(應文), 호는 어우당(於于堂)·간재(艮齋)·묵호자(默好子)이다. 성혼(成渾)에게서 수학했으나 경박하다는 책망을 받고 쫓겨나 성혼과는 사이가 좋지 못하였다. 1589년 문과에 장원 급제하였다. 1592년 수찬으로 명나라에 질정관(質正官)으로 다녀오다가 임진왜란이 일어나 선조를 평양까지 호종하였다. 왜란 중 대명 외교와 세자의 분조(分朝 : 임란 당시 세자를 중심으로 한 임시 조정)에서 활약하였다. 그 뒤 병조참의·황해감사·도승지 등을 지내고 1609년(광해군 1) 성절사 겸 사은사로 세 번째 명나라에 다녀왔다. 그 뒤 벼슬에 뜻을 버리고 고향에 은거하다가 왕이 불러 남원부사로 나갔다. 그 뒤 한성부좌윤·대사간 등을 지냈으나 폐모론이 일어났을 때 여기에 가담하지 않고 도봉산 등에 은거하며 성안에 발을 들여놓지 않았다. 이리하여 1623년 인조반정 때 화를 면했으나 관직에서 물러나 방랑 생활을 하였다. 그 해 광해군의 복위를 꾀했다는 무고로 아들 약(瀹)과 함께 사형되었다. 서인들이 끝내 반대 세력으로 몰아 죽인 것이다. 그는 조선 중기의 문장가 또는 외교가로 이름을 떨쳤으며 전서(篆書)·예서·해서·초서에 모두 뛰어났다. 저서로는 최초의 야담집인 『어우야담』과 시문집 『어우집』이 있다.

식감408)이 이시디409) 성이410) 투한호더니411) 학곡의 대인412)이 그 벗을
대호야 그 투한호야 난감혼413) 뜻을 니론디414) 벗이 왈 "이러혼 자롤 엇
디 가히 안히롤415) 삼아 스스로 괴로오리오. 어이416) 내티디417) 아니호ᄂ
뇨." 대왈418) "내 엇디419) 모르리오마는 바야흐로 유신호니420) ᄋ들을 나
흘가 호야 참을 분이로다." 벗이 왈 "이 ᄀᆺ혼421) 사람이 싱ᄌ혼돌422) 무
엇의 쓰리오423)." 부인이 창 사이로 가마니424) 듯고 사롬을 시켜 막대
의425) 쏭 무텨426) 손427) 안즌 편 창 굼글428) 뚤코429) 쌤을 티더라430).

---

406) 뉴몽인의 누이라 : 홍서봉의 모부인인 유부인은 유몽인의 누나이다.

407) 능히 호고 : 능(能)히 하고. 능하고.

408) 식감 : 識鑑.

409) 이시디 : 있되.

410) 성이 : 성(性)이. 성품이. 성격이.

411) 투한호더니 : 투한(妬悍)하더니. 질투심이 강하고 사납더니.

412) 학곡의 대인 : 홍서봉의 아버지, 곧 유부인의 남편을 말한다. 대인(大人)은 '아
버지'를 높여 이르는 말이다. 홍서봉의 아버지는 홍천민(洪天民, 1526 : 중종 21
~1574 : 선조 7)으로 조선 중기의 문신이다. 자는 달가(達可)이고, 호는 율정(栗
亭)이다. 성혼(成渾)의 문인으로 1553년(명종 8) 문과에 급제하고, 도승지・이조
참의・대사간・대사성 등을 역임하였다. 문장으로 명성을 떨쳤고, 특히 교지(敎
旨) 작성에 뛰어나 도승지를 여러 번 역임하였으며, 청렴하였다.

413) 난감혼 : 난감(難堪)한. 난감은 이렇게 하기도 저렇게 하기도 어려워 처지가
매우 딱함을 이르는 말이다.

414) 니론디 : 이른대[謂]. 말하였는데.

415) 안히롤 : 아내를. 처(妻)를.

416) 어이 : 어찌.

417) 내티디 : 내치지. 쫓아내지.

418) 대왈 : 대왈(對曰). 대답하여 말하기를.

419) 엇디 : 어찌.

420) 유신호니 : 유신(有娠)하니. 임신하였으니.

421) ᄀᆺ혼 : 같은.

422) 싱ᄌ혼돌 : 생자(生子)한들. 아들을 낳은들.

423) 무엇의 쓰리오 : 무엇에 쓰리오.

424) 가마니 : 가만히. 몰래.

425) 막대의 : 막대에.

426) 쏭 무텨 : 똥을 묻혀.

427) 손 : 손님.

싱즈ᄒ니431) 곳 학곡이라. 자소로432) 친히433) 과독ᄒ야434) 문장을 일
오니라.435) 뉴부인 식감이436) 잇더니 학곡 ᄋ들437) 감ᄉ 명일438)이 감시
회시439)로 나오니440) 학곡이 그 글을 보고 "반ᄃ시 ᄒ디441) 못ᄒ리라."

---

428) 굼글 : 구멍을.

429) 뚤코 : 뚫고.

430) 뺨을 티더라 : 뺨을 치더라.

431) 싱즈ᄒ니 : 생자(生子)하니. 아들을 낳으니.

432) 자소로 : 자소(自少)로. 어릴 때부터.

433) 친히 : 친(親)히. 몸소.

434) 과독ᄒ야 : 과독(課讀)하여. 공부를 시켜서.

435) 일오니라 : 이루니라.

436) 식감이 : 식감(識鑑)이. 사물이나 사리를 판단하는 능력이.

437) ᄋ들 : 아들[子].

438) 감ᄉ 명일 : 감사(監司) 명일(命一). 감사 벼슬을 한 명일. 홍서봉의 아들 홍명
일(洪命一, 1603 : 선조 36~1651 : 효종 2)을 말한다. 홍명일은 조선 중기의 문신
으로 자(字)는 만초(萬初)이고, 호(號)는 보옹(葆翁)이다. 1630년(인조 8) 진사가
되고, 1633년 증광문과에 병과로 급제한 뒤 한림대교(翰林待敎)·이조정랑 등을
지내고, 수찬에 올랐다. 1636년 중시문과에 병과로 급제하였으며, 병자호란이 일
어나자 강화도를 지키기 위하여 검찰사(檢察使) 김경징(金慶徵)의 부장(副將) 이
민구(李敏求)의 종사관(從事官)이 되어 싸웠다. 또한 김상헌(金尙憲)·정온(鄭蘊)
등과 척화론을 주장하였으며, 이들이 남한산성에서 내려오는 왕을 따르지 않았
다는 죄명으로 난이 끝난 뒤 척화론자들의 처벌이 논의될 때 응교로서 부제학
이목(李楘) 등과 함께 그들을 변호하였다. 그 뒤 장령·필선을 거쳐 대사성에 이
르렀으며, 1648년(인조 26)에 강원감사가 되었다. 영의정에 추증되었으며, 시와
글씨에 뛰어났다.

439) 감시 회시 : 監試 會試. 소과(小科)의 복시(覆試)를 말한다. 소과에는 생원시
(生員試)와 진사시(進士試)가 있었는데, 다 같이 초시(初試)·복시(覆試) 두 단계
의 시험에 의하여 각기 100인을 뽑아 생원·진사의 칭호를 주고 성균관에 입학
할 수 있는 자격을 주었다. 소과 초시는 대개 상식년(上式年 : 식년 한 해 전) 8
월 하순에, 복시는 식년(式年 : 자(子), 묘(卯), 오(午), 유(酉)의 간지(干支)가 들
어 있는 해로 3년마다 한 번씩 돌아오는데, 이 해에 대과를 정기적으로 시행하였
다) 2월에 행하는 것이 관례였다. 홍명일은 식년시가 거행된 인조 8년(1630년)
경오식년(庚午式年)에 거행된 감시(監試)의 복시에서 진사 장원을 하였다.

440) 감시 회시로 나오니 : 소과(小科)의 복시(覆試)를 보고 나오니.

441) 반ᄃ시 ᄒ디 : 반드시 급제하지. 반드시 합격하지.

ᄒ거ᄂᆞᆯ 부인왈 "이 벅벅이442) 장원을 ᄒᆞ리라." ᄒᆞ고 가인을443) 재촉ᄒᆞ야 술을 비져444) 응방445)ᄒᆞᆯ 찰힘을446) ᄒᆞ더니 방이 나니 장원을 과연 ᄒᆞ니라.

이 밧긔447) 후ᄉᆡᆼ의448) 글을 ᄒᆞᆫ 번 보매 믄득 수요궁달449)을 결단ᄒᆞ야 뎜ᄒᆞᆫ 듯ᄒᆞ니450) 가히 다 기록디451) 못ᄒᆞ니라. 일일은 학곡이 뫼셔452) 안잣더니453) 먼니454) 말 소리ᄅᆞᆯ 듯고 부인 왈 "이ᄂᆞᆫ 명마455)라." ᄒᆞ고 "잇그려456) 오라." ᄒᆞ니 여의여457) 죽게 된 말이어ᄂᆞᆯ 명ᄒᆞ야458) 먹여 기루니459) 과연 절족460)이 되니라.

---

442) 벅벅이 : 틀림없이. 마땅히.
443) 가인을 : 가인(家人)을. 집안 사람을. 집안 식구를.
444) 비져 : 빚어.
445) 응방 : 應榜. 방에 나붙은 것을 축하하여 잔치를 베풀다. '방(榜)'은 여러 사람에게 알리기 위해 써 붙인 글을 말하는데, 여기서는 과거(科擧) 합격자 발표를 의미한다. 소과 복시 후 시관들이 모여 1등 5인, 2등 25인, 3등 70인으로 등급을 나누어, 국왕에게 보고하고, 또 따로 방을 만들어 발표하였다. 합격자 발표 후 길일(吉日)을 택하여 궁궐 뜰에서 방방의(放榜儀) 또는 창방의(唱榜儀)라는 의식을 거행하여 생원·진사들에게 합격증인 백패(白牌)와 주과(酒果)를 하사하였다. 이 의식이 끝나면 생원·진사들도 대과급제자처럼 유가(遊街 : 과거의 급제자가 先進·친척들을 찾아보기 위하여 풍악을 울리며 시가를 행진하던 일)를 하였다.
446) 찰힘을 : 차림을. 준비를.
447) 밧긔 : 밖에.
448) 후ᄉᆡᆼ의 : 후생(後生)의. 후생은 자기보다 나이가 적은 사람을 가리키는 말이다.
449) 수요궁달 : 壽夭窮達. 장수(長壽), 단명(短命), 곤궁(困窮), 영달(榮達).
450) 결단ᄒᆞ야 뎜ᄒᆞᆫ 듯ᄒᆞ니 : 결단(決斷)하여 점(占)한 듯하니. 점을 친 듯이 앞일을 알아 맞히니.
451) 기록디 : 기록지. 기록하지.
452) 뫼셔 : 모시어.
453) 안잣더니 : 앉았더니.
454) 먼니 : 멀리.
455) 명마 : 名馬. 매우 우수한 말.
456) 잇그려 : 이끌어. 이끌고.
457) 여의여 : 여위어.
458) 명ᄒᆞ야 : 명(命)하여. 명령하여.
459) 기루니 : 기르니. 키우니.

뉴부인이 이 궁홀 분 아니라461) 쏘 곤범462)이 만흐463) 이제가지464) 숙
덕465)으로 니로니 투한흐기룰 의논홀 사룸이 아니라466) 막대에 쏭 뭇티
니논467) 감스의468) 훗부인469) 구시470)의 일이라 흐더라. 구부인도 결녈흐
고471) 영긔472) 잇더니 감시473) 혼인날 밤의 그 복탹을474) 자랑흐야 왈
"총갓475)과 도홍 씌476)와 옥관지477) 엇더흐뇨." 부인이 웅성 왈478) "황초
립479)의 대모관즈480)의 세초 씌481)야.482)" 흐니 감시 말이 막히더라.

460) 절족 : 絶足. 훌륭한 말. 발의 빠르기가 이를 데 없다는 말이다.
461) 이 궁홀 분 아니라 : 이 같을 뿐 아니라.
462) 곤범 : 壺範/梱範[閫範]. 여자가 지켜야할 도리. 여기서 '곤(壺/梱·閫)'은 여성/
규방을 의미한다.
463) 만흐 : 많아.
464) 이제가지 : 이제까지. 지금까지.
465) 숙덕 : 淑德. 여성의 정숙하고 단아한 덕행.
466) 투한흐기룰 의논홀 사룸이 아니라 : 투한(妬悍)하기를 의논(議論)할 사람이 아
니라. 투한(妬悍)함을 이야기할 만한 사람이 아니라.
467) 쏭 뭇티논 : 똥 묻힌 이는.
468) 감스의 : 감사(監司)의. 감사는 홍명일을 말한다.
469) 훗부인 : 후부인(後夫人). 나중 부인. 홍명일은 처음에 전주 이씨 이세준(李世
俊)의 딸과 결혼하였으나, 병자호란 때 강화도에서 순절하였고, 이어 능성 구씨
구인중(具仁重)의 딸을 재취하였다. 여기서 후부인은 곧 구인중의 딸을 말한다.
470) 구시 : 구씨(具氏).
471) 결녈흐고 : 결열(潔烈)하고. 성품이 강직하며 곧고.
472) 영긔 : 영기(英氣). 뛰어난 기상과 재기(才氣).
473) 감시 : 감사(監司)가.
474) 복탹을 : 복착(服着)을. 입은 옷을.
475) 총갓 : 말총으로 엮어서 만든 갓.
476) 도홍 씌 : 도홍(桃紅)띠. 도홍색의 술띠로 겉옷에 두르는 것이다. 도홍색의 띠
는 정3품 당상관(堂上官)만이 맬 수 있었다.
477) 옥관지 : 옥관자(玉貫子)가. 옥관자는 옥으로 만든 망건 관자를 말한다. 왕과
왕족, 1품 이상의 관원은 조각을 하지 않았고, 정3품 당상관 이상의 관원만 조각
을 하였다. 옥권(玉圈)이라고도 한다.
478) 웅성 왈 : 웅성(應聲) 왈(曰). 즉시 대답하여 말하기를.
479) 황초립 : 초립. 초립은 썩 가늘고 누런 빛깔이 나는 풀을 결어서 만든 갓으로,
예전에 주로 어린 나이에 관례를 한 사람이 썼다.
480) 대모관즈 : 대모관자(玳瑁貫子). 대모갑(玳瑁甲)으로 만든 관자. 대모갑은 바다

감시483) 새로 남대단484) 단녕485)을 닙고 됴회에486) 갓다가 귀로의487)
첩의 집의 단녀오니488) 부인이 알고 바로 관대489)롤 기름 동희의490) 담
으더라.491)

거북의 등과 배를 싸고 있는 껍데기인데, 주로 장식품이나 공예품을 만드는 데에
쓴다. 관자는 망건에 달아 당줄을 꿰는 작은 단추 모양의 고리를 말한다.

481) 세초 씩 : 애기풀로 만든 술띠.

482) 황초립의 대모관주의 세초 씩야 : 총갓과 도홍띠와 옥관자가 어떠한가라고 홍
　　감사가 물으니, 자기가 보기에는 황초립, 대모관자, 세초 띠라고 비꼬아 얘기한
　　것이다.

483) 감시 : 감사(監司)가. 감사는 홍명일을 말한다.

484) 남대단 : 藍大緞. 남빛의 좋은 비단. 대단(大緞)은 중국에서 나는 좋은 비단을
　　말한다.

485) 단녕 : 단령(團領). 조선 시대에, 깃을 둥글게 만들어 입던 관복.

486) 됴회에 : 조회(朝會)에. 조회는 모든 벼슬아치가 함께 정전에 모여 임금에게
　　문안드리고 정사(政事)를 아뢰던 일을 말한다.

487) 귀로의 : 귀로(歸路)에. 돌아오는 길에.

488) 단녀오니 : 다녀오니.

489) 관대 : 冠帶. 옛날 벼슬아치들의 공복(公服)을 말한다.

490) 기름 동희의 : 기름 동이[油盆]에.

491) 담으더라 : 담더라[沈].

九. 니번

니번492)은 뉼곡493) 형이라. 파쥐494) 잇더니 서울 드러와495) 뉼곡을 보
니 이 째 상이496) 표피 요흘497) 사송ᄒ시니498) 이는 외방의셔499) 진상500)

---

492) 니번 : 이번(李瑤, 1536 : 중종 31~1584 : 선조 17). 율곡 이이의 둘째형이다.
493) 뉼곡 : 율곡(栗谷). 이이(李珥, 1536 : 중종 31~1584 : 선조 17)를 말한다. 율곡
    은 그의 호이다. 이이는 조선 중기의 학자이자 정치가로 본관은 덕수(德水)이고,
    자는 숙헌(叔獻)이며, 호는 율곡(栗谷) 외에 석담(石潭)이 있다. 강원도 강릉 출
    생이다. 별시부터 문과 전시(殿試)에 이르기까지 아홉 차례의 과거에 모두 장원
    하여 ‘구도장원공(九度壯元公)’이라 일컬어졌다. 젊어서 중앙관서의 청요직을 두
    루 거치고, 아울러 지방의 외직에 대한 경험까지 쌓아 일선 정치에 대해 폭넓게
    경험하였고, 이러한 정치적 식견과 왕의 두터운 신임을 바탕으로 40세 무렵 정국
    을 주도하는 인물로 부상하였다. 그동안 『동호문답(東湖問答)』, 「만언봉사(萬言
    封事)」, 『성학집요(聖學輯要)』 등을 지어 국정 전반에 관한 개혁안을 왕에게 제
    시하였고, 성혼과 ‘이기 사단칠정 인심도심설(理氣四端七情人心道心說)’에 대해
    논쟁하기도 하였다. 1576년(선조 9) 무렵 동인과 서인의 대립 갈등이 심화되면서
    그의 중재 노력이 수포로 돌아가고, 더구나 건의한 개혁안이 선조에 의해 받아들
    여지지 않자 벼슬을 그만두고 파주 율곡리로 낙향하였다. 낙향한 동안 『격몽요결
    (擊蒙要訣)』을 저술하고 은병정사(隱屛精舍)를 건립하여 교육에 힘썼다. 45세 때
    복관하여, 호조·이조·형조·병조 판서 등 전보다 한층 비중 있는 직책을 맡으
    며, 평소 주장한 개혁안의 실시와 동인·서인 간의 갈등 해소에 적극적 노력을
    기울였다. 이 무렵 『경연일기(經筵日記)』를 완성하였으며 왕에게 ‘시무육조(時務
    六條)’를 지어 바치는 한편 경연에서 ‘십만양병설’을 주장하였다. 그러나 이런 활
    발한 노력에도 불구하고 선조가 이이의 개혁안에 대해 계속 미온적인 태도를 취
    함에 따라 그가 주장한 개혁안은 별다른 성과를 거둘 수 없었으며, 동인·서인
    간의 대립이 더욱 격화되면서 그도 점차 중립적인 입장을 유지할 수 없게 되었
    다. 그 때까지 중립적인 입장을 지키려고 노력한 그가 동인 측에 의해 서인으로
    지목되는 결과를 가져오고, 이어서 동인이 장악한 삼사(三司)의 강력한 탄핵이
    뒤따르자 48세 때 관직을 버리고 율곡으로 돌아왔으며, 다음해 서울의 대사동(大
    寺洞) 집에서 죽었다. 파주의 자운산 선영에 안장되고 문묘에 종향되었으며, 파
    주의 자운서원(紫雲書院)과 강릉의 송담서원(松潭書院) 등 전국 20여 개 서원에
    배향되었다.
494) 파쥐 : 파주(坡州). 경기도 북서부에 있는 고을 이름이다.
495) 서울 드러와 : 서울에 와. 도성(都城)으로 들어와.
496) 상이 : 상(上)이. 임금께서.

혼 배라.501) 댱광이502) 크고 화미ᄒ더니503) 뎐상의 어하시는 것시라.504)
늉곡을 권우ᄒ사505) 주시미러라.506) 번이 명일의507) 파쥐로 도라가더니
도로 오거늘 늉곡이 무르신디 답 왈 "몃 니롤508) 가더니 군을509) 싱각ᄒ
여 다시 보고 가려 ᄒ노라." 늉곡 왈 "어제 은사ᄒ신510) 표피 요흘511) 형
의게 드럼 즉ᄒ디512) 님군의513) 주신 것을 감히 ᄭᅡ디514) 아니코 보내디
못ᄒ야 수일후 기다려 보내고져 ᄒ더니 임의515) ᄭᅡ라516) 밤이 디나시니
감히 드리노라." 혼디 번이 가지고 가더라.

---

497) 표피 요흘 : 표피(豹皮) 요를. 표범의 가죽으로 된 요를.

498) 사송ᄒ시니 : 사송(賜送)하시니. 하사(下賜)하시니. 사송(賜送)은 임금이 신하
에게 물건을 내려 보내던 일을 말한다.

499) 외방의셔 : 외방(外方)에서. 지방(地方)에서. 외방(外方)은 서울 이외의 지방을
말한다.

500) 진상 : 進上. 진귀한 물품이나 지방의 토산물 따위를 임금에게 바침.

501) 배라 : 바이라.

502) 댱광이 : 장광(長廣)이. 장광은 길이와 넓이를 아울러 이르는 말이다.

503) 화미ᄒ더니 : 화미(華美)하더니. 화려하고 아름답더니.

504) 뎐상의 어ᄒ시는 것시라 : 전상(殿上)에 어(御)하시는 것이라. 전각에서 사용
하는 것이라.

505) 권우ᄒ사 : 권우(眷遇)하시어. 권우(眷遇)는 임금이 신하를 특별히 사랑하여
후하게 대우하는 것을 말한다.

506) 주시미러라 : 주심이러라. 주신 것이다.

507) 명일의 : 명일(明日)에. 다음날에. 이튿날에.

508) 몃 니롤 : 몇 리(里)를. '리(里)'는 거리의 단위로 1리(里)는 대략 0.4km이다.

509) 군을 : 군(君)을. 그대를. 자네를.

510) 은사ᄒ신 : 은사(恩賜)하신. 은혜롭게 내려주신. 은사(恩賜)는 임금이 은혜로써
신하에게 물건을 내려주는 일을 말한다.

511) 요흘 : 요[褥]를.

512) 드럼 즉ᄒ디 : 드림 직하되.

513) 님군의 : 임금께서.

514) ᄭᅡ디 : 깔지[鋪]. 요를 깔고 사용한다는 말이다.

515) 임의 : 이미.

516) ᄭᅡ라 : 깔아.

十. 니탁

니샹국 탁517)은 셩묘됴518) 명신519)이라. 갓 나며520) 니블로 덥허521) 오래 소리522) 업스니 그 모부인523)이 여러524) 보매 자근525) 룡이 머리와 쌀이526) 웃독하고527) 몸이 서려528) 기리529) 자거놀 드듸여 도로 덥고 가마니530) 기다리더니 이윽ᄒ야531) 우는 소리 잇거놀 여러 보니532) 아히러라.533)

----

517) 니샹국 탁 : 이상국(李相國) 탁(鐸). 정승을 지낸 이탁(李鐸). 상국(相國)은 정승(政丞)을 말한다. 그런데 성종 때에 '이탁'이란 이름의 정승이 없으므로 내용이 잘못 전해진 것으로 생각된다. 본래 이 이야기는 박량한(朴亮漢, 1677 : 숙종 3~1746 : 영조 22)의 『매옹한록(梅翁閑錄)』에 수록된 것인데, 이탁의 한자는 '李簿'으로 표기되어 있다. 그런데 이 이야기가 이탁의 특이한 탄생과 월산대군과의 만남 두 부분으로 나눠어 『기문총화(記聞叢話)』에 다시 실리게 되는데, 『기문총화』에서는 이탁이 '李鐸'으로 바뀌게 된다. 이탁(李鐸, 1509 : 중종 4~1576 : 선조 9)은 선조 때 영의정을 지낸 인물이다. 하지만 월산대군(月山大君)은 성종 때의 인물이므로, 월산대군과 이탁(李鐸)의 만남은 성립될 수 없다.
518) 셩묘됴 : 성묘조(成廟朝). 성묘(成廟)는 성종(成宗)을 말한다. 성종(1457년 : 세조 3~1494 : 성종 25)은 조선 제9대 왕으로, 재위 기간은 1469~1494년이다.
519) 명신 : 名臣. 뛰어난 신하.
520) 갓 나며 : 갓 태어나.
521) 덥허 : 덮어.
522) 소리 : 소리.
523) 모부인 : 母夫人. 남의 어머니를 높여 이르는 말이다.
524) 여러 : 열어[開].
525) 자근 : 작은.
526) 쌀이 : 뿔[角]이.
527) 웃독하고 : 우뚝하고. 두드러지게 높이 솟아 있고.
528) 서려 : 서리어[蟠]. 기본형은 '서리다'로 뱀 따위가 몸을 똬리처럼 둥그렇게 감다는 뜻이다.
529) 기리 : 길게. 오래.
530) 가마니 : 가만히.
531) 이윽ᄒ야 : 이슥하여. 얼마간 오랜 시간이 지난 후에.
532) 여러 보니 : 열어 보니.
533) 아히러라 : 아이이더라.

자라 급뎨ᄒ야534) 성균학유535)로 싀골536) 갈시 한강 건너 십여 리의
믈가의서537) 말을 먹이더니 월산대군538)이 남으로 노라539) 도라올시 ᄯᅩ
ᄒᆫ 믈가의 안자 졈심을 은긔에540) 드리거ᄂᆞᆯ541) 니공이542) 은긔롤 드러
보고543) 도로 노ᄒᆫ디 대군 왈 "그 그릇을 가지고져 ᄒᆞᄂᆞᆫ다.544) 맛당이545)
밧드러 주리라.546)" 니공이 우서547) 왈 "내 평싱 은긔란 것을 보디 아녓
ᄂᆞᆫ 고로548) 집어 보와실 분이어ᄂᆞᆯ 믄득 가지라 ᄒᆞ니 엇디549) 사태우550)
의 대졉을 그리 박히551) ᄒᆞ시나니잇가." ᄒᆞ고 인ᄒᆞ야 ᄶᅥ나가거ᄂᆞᆯ 대군이
와552) 샹긔553) 뵈옵고 그 말ᄉᆞᆷ을 엿자온디 샹이 내구마롤554) 명ᄒᆞ야 ᄶᅡ

---

534) 급뎨ᄒ야 : 급제(及第)하여. 과거에 급제하여.
535) 성균학유 : 成均學諭. 조선 시대 성균관에 소속된 종9품 관직이다. 성균관정록
　　소(成均館正錄所)의 사무를 맡아 각종 과거응시의 예비심사 및 성균관입학시험
　　의 예비심사일을 맡았다. 이러한 일은 중요한 일로 유생(儒生)의 사표(師表)가
　　되어야 하므로 문행(文行)이 뛰어난 자를 대간(臺諫)의 동의를 얻은 뒤 임명하였
　　다.
536) 싀골 : 시골.
537) 믈가의서 : 물가에서.
538) 월산대군 : 月山大君. 성종의 형이다. 예종이 죽었을 때 그의 아들이 아직 어
　　려 예종의 형인 덕종(德宗 : 세조의 長子로 追尊)의 아들이 왕위에 오르게 되었
　　는데, 첫째 아들인 월산군은 병약하다 하여, 둘째인 성종을 왕위에 오르게 하였
　　다. 월산대군과 성종은 우애가 깊기로 유명하였다.
539) 남으로 노라 : 남쪽에 가서 놀아. 남쪽으로 여행하여.
540) 은긔에 : 은기(銀器)에. 은그릇에.
541) 드리거ᄂᆞᆯ : 올리거늘. 하인 등이 밥을 은그릇에 담아서 드렸다는 말이다.
542) 니공이 : 이공(李公)이. 이탁이.
543) 드러 보고 : 들어 보고. 들어서 보고.
544) ᄒᆞᄂᆞᆫ다 : 하는가?. '-ㄴ다'는 의문형 어미이다.
545) 맛당이 : 마땅히.
546) 밧드러 주리라 : 받들어 주리라[奉贈]. 공경히 주겠다는 말이다. '받들어'는 상
　　대를 높여서 한 말이다.
547) 우서 : 웃어. 웃으면서.
548) 보디 아녓ᄂᆞᆫ 고로 : 보지 아니하였기에.
549) 엇디 : 어찌.
550) 사태우 : 사대부(士大夫). 사태우는 사대부가 변한 말이다.
551) 박히 : 박(薄)하게. 야박하게.

르라 ᄒ여 더브러 말ᄉᆞᆷ하시고 대열ᄒ샤555) 즉시 홍문수찬556)을 제수ᄒ시고557) 블ᄎ탁용558) 초천ᄒ야559) 정승의 니르니라.

552) 와 : 와서.
553) 상긔 : 상(上)께. 임금께.
554) 내구마롤 : 내구마(內廐馬)를. 내구마는 궁에서 기르는 임금이 거동할 때에 쓰는 말이다. 여기서는 내구마를 관리하는 관원인 내승(內乘)을 말한다. 내사복시(內司僕寺)에서 관리하였는데 내사복시는 조선 시대 왕의 말과 수레를 관리하던 관청으로 소속 관원으로는 내승(內乘) 3인이 있었다. 이 내승은 정3품에서 종9품에 이르는 관직인데, 왕을 가까이서 모시는 근시직(近侍職)이었으므로 사족(士族)이 아니면 임명될 수 없는 것이 원칙으로, 요직(要職) 중의 하나였다.
555) 대열ᄒ샤 : 대열(大悅)하시어. 크게 기뻐하시어.
556) 홍문수찬 : 弘文修撰. 조선 시대 홍문관(弘文館)의 정5품 관직. 정원은 2인이다. 홍문관은 학술·언론기관으로 그 관원은 청화직(淸華職)으로 간주되었다.
557) 제수ᄒ시고 : 제수(除授)하시고. 제수(除授)는 천거에 의하지 않고 임금이 직접 벼슬을 내리던 일을 말한다.
558) 블ᄎ탁용 : 불차탁용(不次擢用). 관계(官階)의 차례를 밟지 아니하고.
559) 초천ᄒ야 : 초천(超遷)하여. 초천(超遷)은 직위 따위의 등급을 뛰어넘어서 올라가는 것을 말한다.

영명ᄉ득월누상냥문1)

절이2)

한텬고ᄉ황대만ᄒ니3)

긔인구이홍퇴ᄒ고4)

근슈고루득월션ᄒ니5)

우챵신이쳔미로다6)

감당이포음ᄒ고7)

지슈증휘로다8)

념ᄌ패샹고도ᄂ9)

식유희동승지로다10)

댱셩대야ᄂ 11)

텬하뎨일강산이오12)

벽와주란은13)

운변무수누관이라14)

원유ᄉ어강븍ᄒ니15)

---

1) 영명ᄉ득월누상냥문 : 영명사득월루상량문(永明寺 得月樓 上樑文)

2) 절이 : 절이(竊以).

3) 한텬고ᄉ황대만ᄒ니 : 한천고사황대만(寒天古寺荒臺晩)하니.

4) 긔인구이홍퇴ᄒ고 : 기인구이홍퇴(旣因舊而興頹)하고.

5) 근슈고루득월션ᄒ니 : 근수고루득월션(近水高樓得月先)하니.

6) 우챵신이쳔미로다 : 우창신이천미(又創新而薦美)로다.

7) 감당이포음ᄒ고 : 감당(甘棠)이 포음(布蔭)하고.

8) 지슈증휘로다 : 기수증휘(祇樹增輝)로다.

9) 념ᄌ패샹고도ᄂ : 염자패상고도(念茲浿上古都)는.

10) 식유희동승지로다 : 식유해동승지(寔惟海東勝地)로다.

11) 댱셩대야ᄂ : 장성대야(長城大野)는.

12) 텬하뎨일강산이오 : 천하제일강산(天下第一江山)이오.

13) 벽와주란은 : 벽와주란(碧瓦朱欄)은.

14) 운변무수누관이라 : 운변무수루관(雲邊無數樓館)이라.

슉쳔명어관서로다16)

쳥뉴벽금수봉은17)

톄세긔샹이오18)

을밀디능나도는19)

안계통명이라20)

녕승이삽석어명구호니21)

묘의년디지명막이오22)

블젼이탁석어심뎌호니23)

익연제도지굉화로다24)

인뎐구데궁유긔호니25)

옥텽쳥포지샹샹이오26)

디류동명왕이적호니27)

문뎡닌굴지가심이라28)

연화긔회개도량이오29)

도회듕별반세계로다30)

---

15) 원유스어강븍호니 : 원유사어강북(爰有寺於江北)하니.
16) 슉쳔명어관서로다 : 숙천명어관서(夙擅名於關西)로다.
17) 쳥뉴벽금수봉은 : 청류벽금수봉(清流壁錦繡峰)은.
18) 톄세긔샹이오 : 체세기상(體勢奇爽)이오.
19) 을밀디능나도는 : 을밀대능나도(乙密臺綾羅島)는.
20) 안계통명이라 : 안계통명(眼界通明)이라.
21) 녕승이삽석어명구호니 : 영승(靈僧)이 삽석어명구(揷錫於名區)하니.
22) 묘의년디지명막이오 : 묘의년대지명막(緲矣年代之冥漠)이오.
23) 블젼이탁석어심뎌호니 : 불전(佛殿)이 탁석어심저(卓錫於深渚)하니.
24) 익연제도지굉화로다 : 익연제도지굉화(翼然制度之宏華)로다.
25) 인뎐구데궁유긔호니 : 인전구제궁유기(人傳九梯宮遺基)하니.
26) 옥텽쳥포지샹샹이오 : 옥청포포지상상(玉廳靑蒲之想像)이오.
27) 디류동명왕이적호니 : 지유동명왕이적(地留東明王異蹟)하니.
28) 문뎡닌굴지가심이라 : 문정린굴지가심(文井麟窟之可尋)이라.
29) 연화긔회개도량이오 : 연화기회개도량(緣化旣會開道場)이오.
30) 도회듕별반세계로다 : 도회중별반세계(都會中別般世界)로다.

텬향계ᄌ는31)

방블영은ᄉ풍연이오32)

어화죵셩은33)

의희고소셩광경이라34)

소인믁ᄀᆡᆨ지소등남이오35)

방빅태슈지소유관이라36)

난도소강ᄒ니37)

계쳥남어썅수ᄒ고38)

듁예쳔경ᄒ니39)

쥬화개어졔텬이라40)

차셩상지변이ᄒ니41)

구동우지경븨로다42)

농당이반낙ᄒ니43)

만쇄호겁지부운이오44)

보뎐이황냥ᄒ니45)

---

31) 텬향계ᄌ는 : 천향계자(天香桂子)는.

32) 방블영은ᄉ풍연이오 : 방불영은사풍연(彷彿靈隱寺風烟)이오.

33) 어화죵셩은 : 어화종성(漁火鐘聲)은.

34) 의희고소셩광경이라 : 의희고소성광경(依稀姑蘇城光景)이라.

35) 소인믁ᄀᆡᆨ지소등남이오 : 소인묵객지소등람(騷人墨客之所登覽)이오.

36) 방빅태슈지소유관이라 : 방백태수지소유관(方伯太守之所遊觀)이라.

37) 난도소강ᄒ니 : 난도소강(蘭棹溯江)하니.

38) 계쳥남어썅수ᄒ고 : 계청람어쌍수(繫靑纜於雙樹)하고.

39) 듁예쳔경ᄒ니 : 죽여(竹輿)이 천경(穿徑)하니.

40) 쥬화개어졔텬이라 : 주화개어제천(駐華蓋於諸天)이라.

41) 차셩상지변이ᄒ니 : 차성상지변이(嗟星霜之變移)하니.

42) 구동우지경븨로다 : 구동우지경비(久棟宇之傾圮)로다.

43) 농당이반낙ᄒ니 : 용당(龍堂)이 반락(半落)하니.

44) 만쇄호겁지부운이오 : 만쇄호겁지부운(漫鎖浩劫之浮雲)이오.

45) 보뎐이황냥ᄒ니 : 보전(寶殿)이 황량(荒凉)하니.

혀됴홍샤지혜월이라46)

신션누광의셜지소ᄒ니47)

이ᄉ관유불비지탄이로다48)

탑좌지녕긔고평ᄒ니49)

비왈무긔루지지언마ᄂ50)

슈셔지화귀완만ᄒ니51)

기내호긔쟈난봉가52)

운연이현태어삼방ᄒ니53)

죵요가경지공완ᄒ나54)

슈월이교휘어일면ᄒ니55)

독부쳥야지님관이라56)

특디긔승이이휴ᄒ니57)

과긱지회황이개구로다58)

자은ᄉ지듕슈고탑이59)

깅유하인고60)

---

46) 혀됴홍샤지혜월이라 : 허조항사지혜월(虛照恒沙之慧月)이라.
47) 신션누광의셜지소ᄒ니 : 신선루광의설지소(矧禪樓曠宜設之所)하니.
48) 이ᄉ관유불비지탄이로다 : 이사관유불비지탄(而寺館有不備之嘆)이로다.
49) 탑좌지녕긔고평ᄒ니 : 탑좌지영기고평(塔左之靈基高平)하니.
50) 비왈무긔루지지언마ᄂ : 비무기루지지(非曰無起樓之地)언마ᄂ.
51) 슈셔지화귀완만ᄒ니 : 수서지화구(水西之華構)이 완만(宛晚)하니.
52) 기내호긔쟈난봉가 : 기내호기자난봉(其奈好奇者難逢)가.
53) 운연이현태어삼방ᄒ니 : 운연(雲烟)이 현태어삼방(現態於三方)하니.
54) 죵요가경지공완ᄒ나 : 종요가경공완(縱饒佳景之供玩)하나.
55) 슈월이교휘어일면ᄒ니 : 수월(水月)이 교위어일면(交輝於一面)하니.
56) 독부쳥야지님관이라 : 독부청야지임관(獨負淸夜之臨觀)이라.
57) 특디긔승이이휴ᄒ니 : 특지기승이이휴(特地奇勝已而虧)하니.
58) 과긱지회황이개구로다 : 과객지회황(過客之徊徨)이 개구(慨久)로다.
59) 자은ᄉ지듕슈고탑이 : 자은사지중수고탑(慈恩寺之重修古塔)이.
60) 깅유하인고 : 갱유하인(更有何人)고.

쵀즈사지경시선당이61)

약대금일이라62)

복유순샹홍공합하는63)

망듕낭묘ᄒ고64)

지우동냥이라65)

강해풍뉴는66)

빅척원뇽누호긔오67)

호산쳥광은68)

반셰압구뎡주인이라69)

지샹이수졍간지지ᄒ니70)

인방긔이병튝이어늘 71)

됴뎡이듕쇄약지임ᄒ니72)

공ᄂᆡ굴어안번이라73)

님양셰유이지방ᄒ니74)

만셩이쟁도ᄒ고75)

---

61) 쵀즈사지경시선당이 : 채자사지경시선당(蔡刺史之經始禪堂)이.

62) 약대금일이라 : 약대금일(若待今日)이라.

63) 복유순샹홍공합하는 : 복유순상홍공합하(伏惟巡相洪公閤下)는.

64) 망듕낭묘ᄒ고 : 망중낭묘(望重廊廟)하고.

65) 지우동냥이라 : 재우동량(才優棟樑)이라.

66) 강해풍뉴는 : 강해풍류(江海風流)는.

67) 빅척원뇽누긔오 : 백척원룡루호기(百尺元龍樓豪氣)오.

68) 호산쳥광은 : 호산청광(湖山淸光)은.

69) 반셰압구뎡주인이라 : 반세압구정주인(半世鴨鷗亭主人)이라.

70) 지샹이수졍간지지ᄒ니 : 재상(宰相)이 수정간지재(須楨幹之才)하니.

71) 인방긔이병튝이어늘 : 인방기이병축(人方期以秉軸)이어늘.

72) 됴뎡이듕쇄약지임ᄒ니 : 조정(朝廷)이 중쇄약지임(重鎖鑰之任)하니.

73) 공ᄂᆡ굴어안번이라 : 공내굴어안번(公乃屈於安藩)이라.

74) 님양셰유이지방ᄒ니 : 임양세유애지방(臨兩世遺愛地方)하니.

75) 만셩이쟁도ᄒ고 : 만성(萬姓)이 쟁도(爭睹)하고.

신일도증쳥지화ᄒ니76)

백폐구홍이라77)

엄참비어장경지구ᄒ고78)

방풍경어영명디계로다79)

앙텸뎐금문현익ᄒ니80)

홀억당년이오81)

갱감부벽누게시ᄒ니82)

듕등차일이라83)

남산쳔이감셩쇠지운ᄒ고84)

권ᄉ찰이심홍쳬지긔로다85)

위쳔년쳔기지구에86)

불가완직식퇴관이라87)

위일편님슈지디이88)

불가무별긔신누니라ᄒ야89)

슈구지이취공ᄒ니90)

---

76) 신일도증쳥지화ᄒ니 : 신일도징청지화(新一道澄淸之化)하니.

77) 백폐구홍이라 : 백폐구흥(百廢俱興)이라.

78) 엄참비어장경지구ᄒ고 : 엄참비어장경지구(儼驂騑於長慶之區)하고.

79) 방풍경어영명디계로다 : 방풍경어영명지계(訪風景於永明之界)로다.

80) 앙텸뎐금문현익ᄒ니 : 앙첨전금문현액(仰瞻轉錦門懸額)하니.

81) 홀억당년이오 : 홀억당년(忽憶當年)이오.

82) 갱감부벽누게시ᄒ니 : 갱감부벽루게시(更感浮碧樓揭示)하니.

83) 듕등차일이라 : 중등차일(重登此日)이라.

84) 남산쳔이감셩쇠지운ᄒ고 : 남산천이감성쇠지운(覽山川而感盛衰之運)하고.

85) 권ᄉ찰이심홍쳬지긔로다 : 권사찰이심홍체지기(睠寺刹而審興替之機)로다.

86) 위쳔년쳔기지구에 : 위천년천기지구(謂千年擅奇之區)에.

87) 불가완직식퇴관이라 : 불가완재식퇴관(不可緩再飾頹館)이라.

88) 위일편님슈지디이 : 위일편임수지지(謂一片臨水之地)이.

89) 불가무별긔신누니라ᄒ야 : 불가무별기신루(不可無別起新樓)니라하야.

90) 슈구지이취공ᄒ니 : 수구재이취공(遂鳩材而聚工)하니.

갱연늠이홍역이라91)

법우슈보관지구ᄒ니92)

긔빅간뉸환이긔완고93)

위난뎜주악지동ᄒ니94)

수십영결귀사미로다95)

휘황금벽은96)

긔견서님지승관이오97)

표묘고릉은98)

깅만동누지싱식이라99)

님만경지황양ᄒ야100)

납일눈지쳥원이라101)

츙영이팀벽ᄒ니102)

넘풍은양금파지휘ᄒ고103)

팔창이비허ᄒ니 104)

텸운은루은셤지영이라105)

---

91) 갱연늠이홍역이라 : 갱연름이홍역(更捐廩而興役)이라.

92) 법우슈보관지구ᄒ니 : 법우수보광지구(法宇修普光之舊)하니.

93) 긔빅간뉸환이긔완고 : 기백간륜환(幾百間輪奐)이 기완(旣完)고.

94) 위난뎜주악지동ᄒ니 : 위난점주악지동(危欄占奏樂之東)하니.

95) 수십영결귀사미로다 : 수십영결구(數十楹結構)이 사미(斯美)로다.

96) 휘황금벽은 : 휘황금벽(輝煌金碧)은.

97) 긔견서님지승관이오 : 기견서림지승관(旣見西林之勝觀)이오.

98) 표묘고릉은 : 표묘고릉(縹緲觚稜)은.

99) 깅만동누지싱식이라 : 갱망동루지생색(更望東樓之生色)이라.

100) 님만경지황양ᄒ야 : 임만경지황량(臨萬頃之荒凉)하야.

101) 납일눈지쳥원이라 : 납일륜지청원(納一輪之淸圓)이라.

102) 츙영이팀벽ᄒ니 : 층영(層楹)이 침벽(侵碧)하니.

103) 넘풍은양금파지휘ᄒ고 : 염풍(簾風)은 양금파지휘(漾金波之輝)하고.

104) 팔창이비허ᄒ니 : 팔창(八窓)이 배허(排虛)ᄒ니.

105) 텸운은루은셤지영이라 : 첨운(檐雲)은 누은섬지영(漏銀蟾之影)이라.

등스누야에106)

할연심목지구쳥이오107)

지부월호나108)

과연명실지샹득이라109)

황낭ᄉ광한뎐이오110)

녕농여수졍궁이라111)

분뎌영이셩삼ᄒ고112)

혹졍비이문일이라113)

등님툐톄ᄒ니114)

개셕일지무누러니115)

됴망쳥명ᄒ니116)

희금소지다월이라117)

유안ᄉ포화지일은118)

즉션궁기관지추로다119)

법계지누뎌ᄌ신ᄒ니120)

---

106) 등스누야에 : 등사루야(登斯樓也)에.

107) 할연심목지구쳥이오 : 활연심목지구청(豁然心目之俱淸)이오.

108) 지부월호나 : 지부월호(知夫月乎)나.

109) 과연명실지샹득이라 : 과연명실지상득(果然名實之相得)이라.

110) 황낭ᄉ광한뎐이오 : 황랑사광한전(晃朗似廣寒殿)이오.

111) 녕농여수졍궁이라 : 영롱여수정궁(玲瓏如水晶宮)이라.

112) 분뎌영이셩삼ᄒ고 : 분대영이성삼(紛對影而成三)하고.

113) 혹졍비이문일이라 : 혹정배이문일(或停杯而問一)이라.

114) 등님툐톄ᄒ니 : 등림초체(登臨迢遞)하니.

115) 개셕일지무누러니 : 개석일지무루(慨昔日之無樓)러니.

116) 됴망쳥명ᄒ니 : 조망청명(眺望淸明)하니.

117) 희금소지다월이라 : 희금소지다월(喜今宵之多月)이라.

118) 유안ᄉ포화지일은 : 유안사포화지일(唯按使布化之日)은.

119) 즉션궁기관지추로다 : 즉선궁개관지추(卽禪宮改館之秋)로다.

120) 법계지누뎌ᄌ신ᄒ니 : 법계지루대재신(法界之樓臺再新)하니.

거승은광이텬지독유ᄒ고121)

대동지강뉴블졀ᄒ니122)

고명은긔빅대지영수로다123)

가일경구ᄂ124)

블쳔유태위지쳥홍이오125)

화편대ᄌᄂ 126)

고대미원댱지댱홍이라127)

긔신구지고셩ᄒ니128)

거션숑지무작가129)

ᄌ뎜단필ᄒ니130)

조거슈량이라131)

오랑위포량동은132)

빅노횡강월상동이라133)

블슈주렴운공권ᄒ니134)

일단쳥영화란동이라135)

---

121) 거승은광이텬지독유ᄒ고 : 거승(居僧)은 과이쳔지독유(誇二天之獨有)ᄒ고.
· 122) 대동지강뉴블졀ᄒ니 : 대동강지류부졀(大同之江流不絶)하니.
123) 고명은긔빅대지영수로다 : 고명(高名)은 기빅대지영수(期百代之永垂)로다.
124) 가일경구ᄂ : 가일경구(暇日輕裘)ᄂ.
125) 블쳔유태위지쳥홍이오 : 불쳔유태위지쳥홍(不淺庾太尉之淸興)이오.
126) 화편대ᄌᄂ : 화편대자(華扁大字)ᄂ.
127) 고대미원댱지댱홍이라 : 고괘미원장지장홍(高掛米元章之長虹)이라.
128) 긔신구지고셩ᄒ니 : 기신구지고성(旣新構之告成)하니.
129) 거션숑지무작가 : 거션숑지무작(詎善頌之無作)가.
130) ᄌ뎜단필ᄒ니 : 자념단필(自拈短筆)하니.
131) 조거슈량이라 : 조거수량(助擧修樑)이라.
132) 오랑위포량동은 : 아랑위포량동(兒郞偉抛樑東)은.
133) 빅노횡강월상동이라 : 백로횡강월상동(白露橫江月上東)이라.
134) 블슈주렴운공권ᄒ니 : 불수주렴운공권(拂樹珠簾雲共捲)하니.

오랑위포량남은136)

십리댱님월영남이요137)

하쳐일셩경구됴ㅎ고138)

도ㄱ니ᄌ년광남이라139)

오랑위포량서ᄂ140)

야식희미월향셔롤141)

활쳐슈심유정지ㅎ니142)

고송창회을디서로다143)

오랑위포량븍은144)

월던누남광지븍이라145)

홀부영회취만넘ㅎ니146)

모란봉영난간븍이라147)

오랑위포량샹은148)

소월슈휘텬우샹이라149)

일임한셤거우리ㅎ니150)

---

135) 일단청영화란동이라 : 일단청원화난동(一團淸影畵欄東)이라.
136) 오랑위포량남은 : 아랑위포량남(兒郞偉抛樑南)은.
137) 십리댱님월영남이요 : 십리장림월영남(十里長林月影南)이요.
138) 하쳐일셩경구됴ㅎ고 : 하처일성경구조(何處一聲驚鷗鳥)하고.
139) 도ㄱ니ᄌ년광남이라 : 도가래자연광남(棹歌來自練光南)이라.
140) 오랑위포량서ᄂ : 아랑위포량서(兒郞偉抛樑西)는.
141) 야식희미월향셔롤 : 야색희미월향서(夜色稀微月向西)를.
142) 활쳐슈심유정지ㅎ니 : 활처수심유정지(闊處須尋幽靜地)하니.
143) 고송창회을디서로다 : 고송창회을대서(古松蒼檜乙臺西)로다.
144) 오랑위포량븍은 : 아랑위포량북(兒郞偉抛樑北)은.
145) 월던누남광지븍이라 : 월전루남광재북(月轉樓南光在北)이라.
146) 홀부영회취만넘ㅎ니 : 홀부영회취만렴(忽復縈回翠滿簾)하니.
147) 모란봉영난간븍이라 : 모란봉영난간북(牧丹峰影欄干北)이라.
148) 오랑위포량샹은 : 아랑위포량상(兒郞偉抛樑上)은.
149) 소월슈휘텬우샹이라 : 소월수휘천우상(素月垂輝天宇上)이라.
150) 일임한셤거우리ㅎ니 : 일임한섬거우래(一任寒蟾去又來)하니.

야한취와표단상이라151)

오랑위포량하눈152)

월식강광년샹하로다153)

야반녕녕쳥경셩에154)

어룡출텽누지하로다155)

복원상량지후에156)

츠월이블뉴ᄒ고157)

차누이블기라158)

쳔츄안젼지돌올이오159)

만고강상지비회로다160)

샹어사영어ᄉ하니161)

일누고어션계ᄒ고162)

텬블노디블노ᄒ니163)

호월현어쳥공이라164)

---

151) 야한취와표단상이라 : 야한취와포단상(夜閑醉臥蒲團上)이라.

152) 오랑위포량하눈 : 아랑위포량하(兒郞偉抛樑下)눈.

153) 월식강광년샹하로다 : 월색강광연상하(月色江光連上下)로다.

154) 야반녕녕쳥경셩에 : 야반령령청경성(夜半泠泠淸磬聲)에.

155) 어룡출텽누지하로다 : 어룡출청루지하(魚龍出廳樓之下)로다.

156) 복원상량지후에 : 복원상량지후(伏願上樑之後)에.

157) 츠월이블뉴ᄒ고 : 차월(此月)이 불류(不流)하고.

158) 차누이블기라 : 차루(此樓)이 불개(不改)라.

159) 쳔츄안젼지돌올이오 : 천추안전지돌올(千秋眼前之突兀)이오.

160) 만고강상지비회로다 : 만고강상지배회(萬古江上之徘徊)로다.

161) 샹어사영어ᄉ하니 : 상어사영어사(觴於斯詠於斯)하니.

162) 일누고어션계ᄒ고 : 일루고어선계(一樓高於仙界)하고.

163) 텬블노디블노ᄒ니 : 천불로지불로(天不老地不老)하니.

164) 호월현어쳥공이라 : 호월현어청공(好月懸於晴空)이라.

그윽이 뼈 ᄒᆞ디165)

ᄎᆞᆫ 하ᄂᆞᆯ166) 녯 졀의 거츤167) ᄃᆡ168) 느저시니 169)

녜롤 의지ᄒᆞ야170) 문허디믈171) 니ᄅᆞ혀고 172)173)

믈174) 갓가온175) 높은 뉘176) ᄃᆞᆯ 엇기롤 몬저 ᄒᆞ니177)

ᄯᅩ 새 거술178) 지어 아롬다오믈179) 드러내도다.180)

감당이181) 그늘을 펴고182)

---

165) 그윽이 뼈 ᄒᆞ디 : '竊以'의 번역이다. 한문 문장 첫머리에 흔히 나오는 투식으로 '사사로이 생각하되' 정도의 의미이다. 여기서는 '사사로이 글을 짓되' 정도의 의미이다.

166) ᄎᆞᆫ 하ᄂᆞᆯ : 찬 하늘. 한천(寒天). 겨울의 차가운 하늘을 의미한다.

167) 거츤 : 거친. 황량(荒凉)한.

168) ᄃᆡ : 대(臺). 흙이나 돌 따위로 높이 쌓아 올려 사방을 바라볼 수 있게 만든 곳을 말한다.

169) 느저시니 : 늦었으니.

170) 녜롤 의지ᄒᆞ야 : 옛날을 의지하여. 옛날을 따라서.

171) 문허디믈 : 무너짐을. 무너진 것을.

172) 니ᄅᆞ혀고 : 일으켰고.

173) ᄎᆞᆫ 하ᄂᆞᆯ 녯 졀의 ~ 문허디믈 니ᄅᆞ혀고 : 절집을 새롭게 수리한 것을 말한다. 곧 1753년(영조 29)에 영명사가 새롭게 중수된 사실을 읊은 것이다.

174) 믈 : 물.

175) 갓가온 : 가까운.

176) 뉘 : 누(樓)가. 누각(樓閣)이.

177) ᄃᆞᆯ 엇기롤 몬저 ᄒᆞ니 : 달 얻기를 먼저 하니. 높아서 달빛이 먼저 비친다는 의미이다. 여기서 달 얻기[得月]라 표현한 것은 누각의 이름이 득월루(得月樓)이기 때문이다.

178) 새 거술 : 새 것을. 새로운 것을.

179) 아롬다오믈 : 아름다움을.

180) 믈 갓가온 ~ 아롬다오믈 드러내도다 : 득월루를 새롭게 지은 것을 말한다. 득월루는 1753년(영조 29) 당시 평양감사였던 홍상한(洪象漢)이 건립하였다.

181) 감당이 : 감당(甘棠)이. 감당은 팥배나무를 말한다. 팥배나무는 장미과의 낙엽 활엽 교목으로 높이는 10미터 정도이며, 잎은 어긋나고 달걀 모양 또는 타원형이다. 4~5월에 흰 꽃이 방상(房狀) 꽃차례로 피고 열매는 타원형의 이과(梨果)로 10월에 익는다.

182) 그늘을 펴고 : '布蔭'을 번역한 것이다. 여기서 '감당이 그늘을 펴고'라 한 것은 선정(善政)을 베푼 것을 상징하는 것이다. 『시경(詩經)·소남(召南)』 감당(甘棠)

쥰의 남기183) 비슬184) 더ㅎ도다.185)

이쌔 패수 우희186) 녯 도읍은187)

진실로 ㅎ동188) 됴혼189) 짜히로다.190)

긴 셩과 큰 들은

텬하의 데일강산이오.191)

편에서 "무성한 감당(甘棠)나무를 자르지 말고 베지 말라. 소백(召伯)이 초막으로 삼으셨던 곳이니라. 무성한 감당(甘棠)나무를 자르지 말고 꺾지 말라. 소백(召伯)이 쉬어가신 곳이니라. 무성한 감당(甘棠)나무를 자르지 말고 휘지 말라. 소백(召伯)이 머무셨던 곳이니라."(蔽芾甘棠, 勿翦勿伐, 召伯所茇. 蔽芾甘棠, 勿翦勿敗, 召伯所憩. 蔽芾甘棠, 勿翦勿拜, 召伯所說)고 하였으니, 소공(召公)의 선정으로 인해 백성이 그가 머문 나무조차 아꼈음을 노래한 것이다. 이후 감당(甘棠)은 흔히 선정(善政)의 비유로 사용되었다.

183) 쥰의 남기 : 중의 나무가. 곧 절에 심어진 나무를 말한다. 원문은 '지수'로 되어 있는데, '기수'를 잘못 읽은 것이다. 기수(祇樹)는 흔히 절[寺]을 의미한다. 기수(祇樹)는 기수급고독원(祇樹給孤獨園)의 준말인데, 곧 기타태자(祇陀太子)의 수목(樹木)과 급고독장자(給孤獨長者)의 동산이란 뜻이다. 진(晉) 나라 법현(法顯)의『불국기(佛國記)』에 의하면, 석가모니가 득도한 후에, 교살라국(憍薩羅國)의 급고독장자(給孤獨長者)가 석가모니에게 사찰을 지어 기증하려고 기타태자(祇陀太子)에게 찾아가 그 정원을 팔도록 종용하였다, 이에 태자가 농담삼아 "그 땅에다 황금을 빠짐없이 깔아 놓아야만 팔 수 있다.[金遍乃賣]"고 하였는데, 이에 장자가 그 말대로 그곳에 황금을 깔아 놓자[卽出藏金 隨言布地], 태자가 감동하여 또한 정원에 심어진 수목을 받쳤다. 이에 이 절을 기원정사(祇園精舍)라 부르게 되었는데, 기타태자의 수목과 급고독장자의 동산이란 뜻을 취해서 기수급고독원(祇樹給孤獨園)이라고 부르기도 한다.

184) 비슬 : 빛을.

185) 더ㅎ도다 : 더하도다. '增', '加'의 의미.

186) 패수 우희 : 대동강(大同江) 가의. 대동강변의. 한문원문 '浿上'을 번역한 것인데, 여기서 '上'은 '가[邊]'를 의미한다.

187) 녯 도읍은 : 옛날의 도읍지는. 곧 평양을 의미한다. 평양은 고구려의 수도였다.

188) ㅎ동 : 해동(海東). 우리나라, 곧 조선을 말한다.

189) 됴혼 : 좋은.

190) 짜히로다 : 땅이로다.

191) 긴 셩과 큰 들은 텬하의 데일강산이오 : 원문은 '長城大野天下第一江山'이다. 고려 때 김황원이 평양 연광정에 이르러 "긴 성의 한 면에는 넘실넘실 물이요, 넓은 들의 동쪽에는 점점이 산이다."(長城一面溶溶水, 大野東頭點點山)라 읊은

프른 디와와[192] 븕은 난간은[193]

구룸 ᄀ의 무수ᄒᆞᆫ[194] 다락집[195]이로다.

이에 절이[196] 강 븍편의 이시니[197]

일죽[198] 일홈을[199] 관서의[200] 쳔ᄌᆞ히 ᄒᆞ엿도다.[201]

쳥뉴벽[202]과 금슈봉[203]은

일이 아주 유명한데, 여기서 '長城大野'는 김황원의 이 일화에서 따온 것이다. 또한 중국 명나라의 주지번[朱之蕃 : 선조(宣祖) 39년(1606)에 명나라 황제의 사신으로 황태자의 탄생을 알리는 조서를 가지고 조선에 왔던 사람인데, 시문에 뛰어나 당시 조선의 조야 문인들의 이목을 끌었다]이 이곳에서 뛰어난 풍광에 매료되어 "天下第一江山"이라 써서 붙인 일화가 있으니, 이 일화를 전고로 하여 "天下第一江山"이라 언급한 것이다.

192) 디와와 : 기와와.
193) 프른 디와와 븕은 난간은 : 푸른 기와와 붉은 난간은 평양의 화려한 건물을 말한 것이다.
194) 무수ᄒᆞᆫ : 무수(無數)한. 매우 많은.
195) 다락집 : 높은 집, 곧 누각(樓閣)을 말한다.
196) 절이 : 절[寺]이. 영명사(永明寺)를 말한다. 영명사는 평양 금수산(錦繡山)에 있는 절이다. 부벽루(浮碧樓)의 서편, 기린굴(麒麟窟)의 아래에 위치하고 있다. 392년(광개토왕 2)에 아도화상(阿道和尙)이 광개토왕의 명을 받들어, 동명성왕의 구제궁(九梯宮)의 유지(遺址)에 창건하였다. 동명성왕(東明聖王)의 영원함을 바란다는 의미에서 절의 이름을 영명사(永明寺)라 하였다. 본래는 부벽루의 서편, 기린굴의 위쪽에 위치해 있었으나, 고려 예종 때에 기린굴의 아래로 이건(移建)하였다.
197) 강 븍편의 이시니 : 강의 북쪽에 있으니. 영명사는 대동강의 북쪽 금수산(錦繡山) 자락에 있다.
198) 일죽 : 일찍.
199) 일홈을 : 이름을.
200) 관서의 : 관서(關西)에. 관서지방에. 관서지방은 마천령(摩天嶺)의 서쪽 지방으로, 곧 평안도와 황해도 북부 지역을 말한다.
201) 쳔ᄌᆞ히 ᄒᆞ엿도다 : 크게 드날렸도다. 천자(擅恣)는 제 마음대로 하여 조금도 꺼림이 없음을 이르는 말이다.
202) 쳥뉴벽 : 청류벽(淸流壁). 평양 장경문(長慶門) 밖 대동강 가에 있는 절벽을 말한다. 이 절벽 위에 부벽루가 세워져 있고, 맞은편에 능라도(綾羅島)가 있다. 절벽이 있는 강을 따라 내려가면 조천석(朝天石)과 연광정(鍊光亭)이 나온다. 이들은 모두 평양의 대표적인 경승지(景勝地)이다. 특히 청류벽을 따라 부벽루로 가

몸과 형세 긔특ᄒ미204) 싀원하고205)

을밀ᄃᆡ206) 능나도207)ᄂᆞᆫ

안계208) 통창하미209) 붉도다.

녕ᄒᆞᆫ210) 즁이211) 막대롤 일홈난212) ᄯᅡ해213) ᄭᅩ자시니214)215)

아득히 년ᄃᆡ 머럿고216)

부쳐의 집217)이 다리롤218) 깊은 믈ᄀᆞ의 ᄭᅩ자시니219)

는 길은 빼어난 경관으로 유명하다.

203) 금슈봉 : 금수봉(錦繡峰). 평양 금수산(錦繡山)의 주된 봉우리를 말한다. 금수
산의 평양의 진산(鎭山)으로 평양부의 북쪽에 인접해 있으며, 이 산자락에 영명
사(永明寺)가 위치해 있다.

204) 긔특ᄒ미 : 기특(奇特)함이.

205) 싀원하고 : 시원하고.

206) 을밀ᄃᆡ : 을밀대(乙密臺). 금수산에 있는 고구려 시대의 누정이다. 정면 3칸,
측면 2칸의 겹처마 합각지붕건물로 북한의 사적으로 지정되어 있다. 누정이 을밀
봉에 있어 을밀대라고 하지만, 사방이 탁 틔어 있다고 하여 '사허정(四虛亭)'이라
고도 한다. 을밀대는 6세기 중엽 고구려가 평양성의 내성을 쌓으면서 그 북장대
(北將臺)로 세운 것으로 지금 있는 건물은 1714년(숙종 40)에 다시 세운 것이다.

207) 능나도 : 능라도(綾羅島). 평양 대동강에 있는 섬으로 백은탄(白銀灘)의 북쪽
에 있다. 둘레가 12리(약 5km) 정도가 된다. 경치가 아름다워 기성팔경(箕城八
景)의 하나로 꼽힌다.

208) 안계 : 眼界. 눈으로 바라볼 수 있는 범위.

209) 통창하미 : 통창(通敞)함이. 통창(通敞)은 시원스럽게 넓고 환하다는 뜻이다.

210) 녕ᄒᆞᆫ : 영(靈)한. 영험한.

211) 즁이 : 스님이.

212) 일홈난 : 이름난.

213) ᄯᅡ해 : 땅에.

214) ᄭᅩ자시니 : 꽂았으니.

215) 녕ᄒᆞᆫ 즁이 ~ ᄭᅩ자시니 : 영명사를 세운 것을 말한다. 영명사는 392년(광개토
왕 2)에 동명성왕(東明聖王)의 구제궁(九梯宮) 유지(遺址)에 광개토왕의 명으로
아도화상(阿道和尙)이 창건하였다고 한다.

216) 아득히 년ᄃᆡ 머럿고 : 아득히 연대(年代) 멀었고. 절이 창건된 지가 오래되었
음을 말한 것이다.(영명사는 392년(광개토대왕 2)에 창건되었다.) 이 글이 지어진
때가 1752년 경이므로, 그 당시를 기준으로 대략 1360년 전에 이 절이 창건된 것
이다.

217) 부처의 집 : 부처의 집. 곧 절집을 말한다.

높은 졔되220) 굉장ᄒ고 빗나도다.221)

사룸이 구뎨궁222) 남은 터흘 뎐ᄒ니223)

옥집224)과 프룬 개225)롤 싱각고226)

짜희227) 동명왕의 긔이ᄒᆫ 스적을 머물우니228)

문무뎡229)과 긔린굴230)을 가히 ᄎᄌ리로다.231)

---

218) 다리롤 : 다리를. 곧 기둥을 말한다.

219) 다리롤 깊은 믈ᄀ의 쏘자시니 : 절집의 기둥을 깊은 물가에 꽂았으니. 곧 영명
사가 대동가에 있음을 읊은 것이다.

220) 졔되 : 제도(制度)가. 제도는 절 집의 규모와 격식 등을 말하는 것이다.

221) 빗나도다 : 빛나도다.

222) 구뎨궁 : 구제궁(九梯宮). 고구려 동명성왕이 머물렀다고 전해지는 궁궐이
다.『삼국사기』에 의하면 고구려 장수왕 때 국내성에서 평양성으로 도읍을 옮겼
다고 하였기에 동명성왕 때 평양에 궁궐이 있었다고 보기는 어렵다.

223) 사룸이 구뎨궁 남은 터흘 뎐ᄒ니 : 사람들이 (이곳이) 구제궁의 옛 터라고 전
하니. 곧 영명사가 구제궁의 유지(遺址)에 지어졌음을 이르는 말이다.

224) 옥집 : 옥청(玉廳)의 번역이다. 곧 옥으로 만든 집으로, 궁궐을 의미한다. 따라
서 구제궁의 옛 궁궐 건물을 가리킨 것이다.

225) 프룬 개 : 푸른 갯벌. 원문은 '쳥포'인데, 한자로는 '靑蒲'가 된다. 청포(靑蒲)는
천자(天子)의 내정(內庭)을 말한다. 그런데 여기서는 청포의 한자를 '靑蒲'가 아
닌 '靑浦'로 잘못 파악하여, '푸른 갯벌'로 오역(誤譯)하였다. 아마도 원문 한자가
잘못 쓰였거나, 의유당이 오역한 것으로 보인다.

226) 옥집과 프룬 개룰 싱각고 : 영명사(永明寺)가 동명성왕(東明聖王)의 궁전이었
던 구제궁(九梯宮) 터에 지어졌다는 말을 듣고, 옛날 구제궁의 모습을 생각한다
는 말이다.

227) 짜희 : 땅에.

228) 머물우니 : 머물게 하니. 영명사 근처에 동명성왕과 관련된 유적으로 구제궁,
기린굴, 조천석, 문무정 등이 있다.

229) 문무뎡 : 문무정(文武井). 문정(文井)과 무정(武井)을 아울러 말한 것이다. 모
두 구제궁의 유적에 있는 것으로 동명성왕 때에 판 것이라고 전한다.

230) 긔린굴 : 기린굴(麒麟窟). 구제궁 터 안, 부벽루(浮碧樓) 아래에 있는 굴이다.
동명성왕이 이 굴에서 기린마(麒麟馬)를 길렀다고 하여 기린굴이라고 한다. 동명
성왕은 기린마를 타고 이 굴로 들어가서 조천석(朝天石)으로 나와 하늘로 조회
하러 올라갔다고 한다.

231) ᄎᄌ리로다 : 찾으리로다.

년화ㅎㄴ232) 째에 도량233)이오234)

도회235) 혼 가온대236) 별반세계237)로다.

ㅎ늘 향내와 계슈 여룸238)은

녕은ᄉ239) 풍연240)과 방블241)ㅎ고242)

고기 잡ᄂ 블243)과 븍소리244)ᄂ

---

232) 년화ㅎᄂ : 연화(緣化)하는. 불법을 전수하는. 연화(緣化)는 설법을 들을 인연
   이 있는 사람을 인도하여 교화하는 일을 말한다.

233) 도량 : 道場. 원래는 부처나 보살이 도를 얻는 곳, 또는 도를 얻으려고 수행하
   는 곳을 가리키는데, 여러 가지로 뜻이 바뀌어, 불도를 수행하는 절이나 중들이
   모인 곳을 가리키기도 한다. 여기서는 절을 의미한다.

234) 년화ㅎᄂ 째에 도량이오 : 우리나라에서 가장 이른 시기에 지어진 절이기에
   이렇게 표현한 것이다.

235) 도회 : 도회(都會). 도회지. 여기서는 평양을 가리킨다.

236) 가온대 : 가운데.

237) 별반세계 : 別般世界. 보통과 다른 세상.

238) 계수 여룸 : 계수(桂樹)나무 열매.

239) 녕은ᄉ : 영은사(靈隱寺). 중국 항주에 있는 절이다.

240) 풍연 : 風煙. 멀리 보이는, 공중에 서린 흐릿한 기운.

241) 방블 : 방불(髣髴). 거의 비슷함.

242) ㅎ늘 향내와 ~ 방블ㅎ고 : 당나라 때 시인인 송지문(宋之問)의 「영은사(靈隱
   寺)」 시의 "계수나무 열매가 달 가운데 떨어지니 하늘 향기가 구름 밖에 나부끼
   네.[桂子月中落 天香雲外飄]라는 글귀를 점화(點化)하여 읊은 것이다. 「영은
   사」의 전문은 다음과 같다.
      "鷲嶺鬱岧嶢 龍宮鎖寂寥 // 樓觀滄海日 門對浙江潮 // 桂子月中落 天香雲外飄
   // 捫蘿登塔遠 刳木取泉遙 // 霜薄花更發 氷輕葉未凋 // 夙齡尚遐異 搜對滌煩
   囂 // 待入天台路 看余度石橋"
   특히 이 시와 관련한 다음의 일화가 유명하다. 송지문이 방축(放逐)되어 강남을
   유람하다 이 영은사에 머물렀는데, 마침 달 밝은 밤이라 시를 읊조리기를 "영취산
   (靈鷲山)에는 나무 덩쿨 우거지고 용궁(龍宮)은 적막하기만 하다"(鷲嶺鬱岧嶢 龍
   宮鎖寂寥)고 하였는데, 시상(詩想)이 더 이상 떠오르지 않았다. 이때 한 노승(老僧)
   이 나타나, "'누대에서 넓은 바다 보이고, 문 앞에는 절강의 조수를 마주 하였도
   다'(樓觀滄海日 門對浙江潮)라고 읊조리지 않는가"라고 말하고는, 사라졌다고 한
   다. 송지문은 이에 힘입어 이 시를 완성할 수 있었다고 하며, 그 노승은 낙빈왕(駱
   賓王)이었다고 한다.

243) 고기 잡ᄂ 블 : 고기 잡는 불. 원문은 '어화(漁火)'이다. 밤에 고기를 잡기 위해

고소셩245) 광경 又도다.246)

글 쓰는 사롬과 글시 쓰는 손의247) 올라 보는 배오248)

방빅249) 태슈의 노라 볼 배로다.250)

목난 돗대251)로 강의 거슬오니252)

프론 빅줄253)을 쌍슈의 미엿고254)

밝혀 놓은 불을 말한다.

244) 북소리 : 북소리. 원문은 '종성(鐘聲)'이다. 여기서의 북소리는 쇠북, 곧 종(鐘)을 말한다. 절에서 울리는 종소리를 말하는 것이다.

245) 고소셩 : 고소성(姑蘇城). 고소대(姑蘇臺)를 말한다. 중국 강소성(江蘇省) 오현(吳縣)의 고소산(姑蘇山)에 있는 대(臺)로서 전국시대에 오(吳)나라 왕(王)이었던 부차(夫差)가 쌓았다고 한다.

246) 고기 잡는 블 ～ 광경 又도다 : 이 부분은 당나라 때 시인인 장계(張繼)의 「풍교야박(楓橋夜泊)」 시의 3, 4, 5구(句)인 '풍교(楓橋) 가의 고기잡이 불 시름겨운 잠자리에 비치고 고소성 밖 한산사의 깊은 밤 종소리는 나그네 머문 뱃가에 닿는다.'(江楓漁火對愁眠 姑蘇城外寒山寺 半夜鐘聲到客船)를 점화(點火)하여 읊은 것이다. 「풍교야박」의 전문은 다음과 같다.

"月落烏啼霜滿天 江楓漁火對愁眠 // 姑蘇城外寒山寺 半夜鐘聲到客船"

　　장계의 시는 약 40수밖에 전하지 않지만, 위의 「풍교야박」은 사람들에게 가장 칭송받아, 북송(北宋) 때 이미 소주(蘇州)에서 이 시가 돌에 새겨지기도 하였다. 또한 구양수가 『육일시화(六一詩話)』에서 이 시가 뛰어나기는 하지만 결구에서 "半夜鐘聲"이 이치에 맞지 않는다고 주장하여[구양수는 절에서 야반(夜半) 곧 삼경(三更) 무렵에는 종을 치지 않으므로 야반(夜半)에 종소리가 들릴 리가 없다고 하였다.], 논란이 일어 더욱 유명해졌다.

247) 글 쓰는 사롬과 글시 쓰는 손의 : 글 쓰는 사람과 글씨 쓰는 사람. 원문은 '글 쓰는 사롬과 글시 쓰는 손'은 '소인묵객(騷人墨客)'을 직역한 것이다. 소인묵객은 시문(詩文)과 서화(書畵)를 일삼는 사람, 곧 문인, 화가를 말한 것이다.

248) 올라 보는 배오 : 올라가 보는 곳이오. 와 볼 곳이오.

249) 방빅 태슈 : 방백 태수(方伯太守). 방백은 관찰사를 말하며, 태수는 군수를 말한다. 곧 방백 태수는 지방관을 통틀어 하는 말이다.

250) 노라 볼 배로다 : 놀아 볼 곳이로다. 유람할 곳이다.

251) 목난 돗대 : 목란 돗대. '난도(蘭棹)'를 직역한 것이다. 본래 난도(蘭棹)는 난주(蘭舟)라고도 하는데, 조그마한 배를 아름답게 부르는 말이다. 곧 여기서 '목난 돗대'는 자그마한 배를 아름답게 부른 것이다.

252) 강의 거슬오니 : 강을 거슬러 오르니.

253) 프론 빅줄 : 푸른 뱃줄. 곧 뱃줄을 아름답게 칭한 말이다.

대255) 남녜256) 길을 뚜르니257)

빗난258) 개259)롤 제텬260)의 머믈우는도다.261)

슬프다. 셩샹262)이 변하고 올마263)

오래264) 집이 기울고 문허덧도다265)

뇽당266)이 샹하고 쩌러뎌시니267)

브졀업시268) 호겁의269) 쓴구룸270)만 줌기이고271)

보뎐272)이 거츨고 츠니273)

---

254) 쌍슈의 미엿고 : 쌍수(雙樹)에 매었고. 쌍수는 두 나무, 또는 한 쌍의 나무를
　　말한다.

255) 대 : 대나무[竹].

256) 남녜 : 남여(藍輿)가. 남여는 의자와 비슷하고 뚜껑이 없는 작은 가마를 말한
　　다.

257) 뚜르니 : 뚫으니. 뚫고 나아가니.

258) 빗난 : 빛난. 화려한.

259) 개 : 개(蓋). 양산 모양으로 햇볕을 가리도록 고안된 의장(儀仗)을 말한다. 빛
　　깔에 따라 청개(靑蓋)와 홍개(紅蓋)의 두 종류가 있는데, 행차 당사자의 신분과
　　규모에 따라 그 종류와 수효가 정해져 있었다.

260) 제텬 : 제천(諸天). 본래 제천(諸天)은 불교용어로 욕계의 육욕천, 색계의 십팔
　　천, 무색계의 사천(四天) 따위를 통틀어 이른 것이다. 그런데 여기서는 다만 하늘
　　이라는 뜻으로 사용되었다.

261) 머믈우는도다 : 머물게 하는도다.

262) 셩샹 : 성상(星霜). 세월.

263) 변하고 올마 : 변하고 옮아. 변화하여. '변이(變移)'를 직역하였기에, 이(移)를
　　'올마'라고 한 것이다.

264) 오래 : 오랫동안. 여기서 '오래'는 뒤의 집을 수식하는 것이 아니다. 곧 오래된,
　　낡은 집의 뜻이 아니라 집이 기울고 무너진 것이 오래되었다는 의미이다.

265) 문허덧도다 : 무너졌도다.

266) 뇽당 : 용당(龍堂). 곧 법당(法堂)을 말한다.

267) 샹하고 쩌러뎌시니 : 상(傷)하고 떨어졌으니. 상하고 낡았으니.

268) 브졀업시 : 부질없이.

269) 호겁 : 호겁(浩劫). 아주 오랜 세월을 말한다. 불교에서 천지가 형성되고 나서
　　다시 없어질 때까지의 시간을 대겁(大劫), 혹은 호겁(浩劫)이라 한다.

270) 쓴구룸 : 뜬구름. 부운(浮雲). 덧없는 세상일을 비유적으로 이르는 말이다.

271) 호겁의 쓴구룸만 줌기이고 : 오랜 세월 동안 뜬구름 속에 갇혀 있고.

헛되이 홍샤274)의 혜월275)만 비최엿도다.276)

흐믈며 쥰의 다락이277) 맛당이278) 이실 곳279) 다 븨여280)

뎔집이281) ᄀᆺ디 못흔282) 탄식이 잇도다.

집 좌편의283) 녕흔284) 터히 놉고 평안ᄒ니285)

누286) 지을 ᄯᅡ히287) 업다 니르미 아니언마는

믈 셔편의288) 빗나게289) 꾸미기290) 느저시니291)

그 긔특ᄒ믈 됴화ᄒᄂ니292) 만나기 어려온디293) 엇디ᄒ리오.

---

272) 보뎐 : 보전(寶殿). 절집 가운데 부처를 모셔 두는 건물을 말한다. 여기서는 절집 정도의 의미로 쓰였다.

273) 거츨고 추니 : 거칠고 차니. 황량(荒凉)하니.

274) 홍샤 : 항사(恒沙). 항하사(恒河沙)의 준말이다. 항하사(恒河沙)는 갠지스 강의 모래라는 뜻으로, 무한히 많은 것, 또는 그런 수량을 비유적으로 이르는 말이다.

275) 혜월 : 慧月. 본래 혜월(慧月)은 불교용어로 중생의 번뇌를 깨뜨리는 밝은 지혜를 의미하는데 달빛이 청량(淸凉)하여 비유적으로 사용된 것이다. 하지만 여기서는 밝은 달이라는 정도의 의미로 사용되었다.

276) 홍샤의 혜월만 비최엿도다 : 오랜 세월동안 밝은 달만 비추었을 따름이로다.

277) 쥰의 다락이 : 중의 다락이. 절의 누각(樓閣)이. '쥰'은 '중'의 뜻이고, 다락은 높은 집, 곧 누각을 말한다.

278) 맛당이 : 마땅히. 당연히.

279) 이실 곳 : 있을 곳. 있어야 할 곳.

280) 븨여 : 비어.

281) 뎔집이 : 절집이. 절이.

282) ᄀᆺ디 못흔 : 갖추어지지 못한.

283) 집 좌편의 : 한문의 음을 한글로 옮겨 놓은 곳에서는 '탑좌(塔左)' 곧 '탑의 왼쪽에'라 하였다.

284) 녕흔 : 영(靈)한. 영험(靈驗)한.

285) 터히 놉고 평안ᄒ니 : 터가 높고 평안하니.

286) 누 : 누각(樓閣).

287) ᄯᅡ히 : 땅이.

288) 믈 셔편의 : 물 서편에. 여기서 물은 대동강을 말한다. 영명사는 대동강의 서편에 위치해 있다.

289) 빗나게 : 빛나게. 아름답게. 화려하게.

290) 꾸미기 : 여기서 꾸민다는 것은 건물을 아름답게 짓는 것을 말한다.

291) 느저시니 : 늦었으니.

구룸 닉294) 틱도롤295) 삼방으로 드리니296)

비록 아롬다온297) 경이298) 귀경ᄒᄂᆫ 디299) 족ᄒ나300)

믈과 둘이 서로 일면의301) 빗최니302)

홀로303) 묽은 밤304)의 보기롤 저ᄇ렷도다.305)

특별ᄒᆫ 짜희306) 긔특ᄒ고 됴흔307) 거시308) 임의309) 이즈려뎟거눌310)

디나가는 손이311) 머뭇거리미312) 대개 오래도다.

ᄌ은ᄉ의 녯 탑313)을 듕수ᄒ미314)

---

292) 그 긔특ᄒ믈 됴화ᄒᄂᆞ니 : 그 기이(奇異)함을 좋아하는 사람. 그 빼어남을 좋
아하는 사람. 곧 이와 같이 빼어난 터에 누각을 짓도록 도울 수 있는 사람을 말
한다.

293) 어려온디 : 어려운데.

294) 구룸 닉 : 구름 내가. 구름과 안개가. '닉'는 안개를 말하며, 이어서 주격조사
'ㅣ'가 함께 쓰였으나, 같은 음이 겹쳐서 생략된 것이다.

295) 틱도롤 : 태도(態度)를. 모습을.

296) 삼방으로 드리니 : 세 방향으로 드리우니.

297) 아롬다온 : 아름다운.

298) 경이 : 경(景)이. 경치가.

299) 귀경ᄒᄂᆫ 디 : 구경하는 데에.

300) 족ᄒ나 : 족(足)하나. 충분하나.

301) 일면의 : 일면(一面)에. 한쪽 면에.

302) 빗최니 : 비추니.

303) 홀로 : 다만. 독(獨)을 직역한 것이다.

304) 묽은 밤 : 청야(淸夜). 달 밝은 밤을 말한다.

305) 홀로 묽은 밤의 보기롤 저ᄇ렷도다 : 다만 맑은 밤에 보기를 저버렸도다. 영명
사에서 구름과 안개 등의 경치 구경이 뛰어나긴 하지만, 다만 맑은 밤 구경을 할
수 없음을 안타까워하는 말이다.

306) 짜희 : 땅에.

307) 됴흔 : 좋은.

308) 거시 : 것이.

309) 임의 : 이미.

310) 이즈려뎟거눌 : 이지러졌거늘. 퇴락하였거늘.

311) 디나가는 손이 : 지나가는 나그네가.

312) 머뭇거리미 : 머뭇거림이. 주저함이.

313) ᄌ은ᄉ의 녯 탑 : 자은사(慈恩寺)의 옛 탑. 당나라 때 자은사(慈恩寺)의 안탑
(雁塔)을 말한다. 자은사(慈恩寺)는 당(唐)나라 때 장안(長安)에 있던 절이다. 수

다시 뉘315) 잇는뇨.

쵀ᄌᄉ316)의 션당317)을 지으믄318)

오늘을 기ᄃ린 듯ᄒ도다.

업ᄃ여319) 생각ᄒ니 슌상320) 홍공합하321)는

물망322)이 낭묘323)의 듕ᄒ고324)

(隋)나라 때 무루사(無漏寺)라는 절의 터에, 고종(高宗)이 동궁(東宮)일 때에, 어머니인 문덕황후(文德皇后)를 위해 지었다. 따라서 절 이름을 자은사(慈恩寺)라 하였다. 이곳에는 또한 7층의 부도(浮圖 : 고승(高僧)의 사리를 안치한 탑)가 있어, 이를 자은탑(慈恩塔)이라 하였는데, 후에 안탑(雁塔) 혹은 대안탑(大雁塔)이라 불렸다. 당나라 때 장안에서 진사 시험을 치면, 이 탑 아래에 합격자의 이름을 붙여 놓은 것으로 유명하다.

314) 듕수ᄒ미 : 중수(重修)함이.

315) 뉘 : 누가.

316) 쵀ᄌᄉ : 미상. 'ᄌᄉ'는 자사(刺史)인 듯하나, 쵀자사가 구체적으로 누구를 가리키는지 알 수 없다.

317) 션당 : 선당(禪堂). 선당은 본래 좌선(坐禪)하는 집을 말하나, 여기서는 절집이란 뜻으로 사용되었다.

318) 지으믄 : 지음은.

319) 업ᄃ여 : 엎드려.

320) 슌상 : 순상(巡相). 관찰사를 말한다.

321) 홍공합하 : 洪公閤下. 당시 관찰사였던 홍상한(洪象漢)을 말한다. 합하(閤下)는 존귀한 사람이라는 뜻으로, 상대편을 높여 부르는 말이다. '각하'와 같은 뜻이다. 홍상한(1701 : 숙종 27~1769 : 영조 45)은 의유당 남씨의 시사촌매부이다. 그는 조선 후기의 문신으로 본관은 풍산(豊山), 자(字)는 운장(雲章)이며, 아버지는 이조참판 홍석보(洪錫輔), 어머니는 승지 조의징(趙儀徵)의 딸이다. 어유봉(魚有鳳)의 문인이며 사위이다. 1728년(영조 4) 진사시에 합격하고, 1735년 증광문과에 병과로 급제하여 검열이 되었다. 1740년 부수찬을 지내고, 1743년 대사간에 올랐다. 이듬해 아들 낙명(樂命)이 과거에 응시하지 않았다 하여 전라감사로 있다가 파직당하였으나 그 해 곧 이조참판에 복직되고, 이듬해 도승지가 되었다. 1746년 대사헌, 1748년 형조판서가 되었다가 1752년부터 1754년까지 평안도관찰사를 역임하였다. 1754년 예조판서, 1755년 병조판서, 1759년 판의금부사 등을 역임하고, 1769년 병이 심하여지자 벼슬을 그만두고 봉조하(奉朝賀)가 되었다. 영의정에 추증되었다. 저서로는『풍산세고』·『정혜공유고(靖惠公遺稿)』가 있다.

322) 물망 : 物望. 여러 사람이 우러러보는 명망(名望)을 말한다.

323) 낭묘 : 廊廟. 의정부(議政府). 의정부는 조선 시대 행정부의 최고 기관을 말하

지죄325) 동냥326)의 넉넉ᄒ도다.

강히 풍뉴ᄂ327)

빅자328) 원뇽누의 호기329)오.330)

는데, 여기서는 '조정(朝廷)' 정도의 의미로 쓰였다.

324) 듕ᄒ고 : 중(重)하고.

325) 지죄 : 재조(才操)가. 재조(才操)는 재주의 원말로서, 무엇을 잘할 수 있는 타고난 능력과 슬기를 말한다.

326) 동냥 : 동량(棟樑). 동량은 본래 기둥과 들보를 아울러 이르는 말인데, 전(轉)하여 한 나라를 떠받치는 중대한 일을 맡을 만한 인재를 의미한다.

327) 강히 풍뉴ᄂ : 강해(江海) 풍류(風流)는. 강해지사(江海之士)의 풍류는. 강해지사는 호해지사(湖海之士)와 같은 말로, 어디에 매인 곳이 없이 마음이 호쾌하고 기개가 있는 인물이라는 뜻이다.

328) 빅자 : 100척(尺).

329) 호기 : 호기(豪氣). 씩씩하고 호방한 기상.

330) 빅자 원뇽누의 호기오 : '백척원룡루(百尺元龍樓)'의 고사를 의미하는 것으로, 아주 씩씩하고 호방한 기상이 있음을 말한 것이다. '백척원룡루'의 고사는 『삼국지(三國志)·위지(魏志)·진등전(陳登傳)』에 나오는데 그 내용은 다음과 같다.
   하루는 유비(劉備)가 허사(許汜)와 형주목사(荊州牧使)인 유표(劉表) 등과 함께 앉아 천하 사람들에 의논하였는데, 허사가 말하기를 "진원룡[陳元龍 : 진등(陳登). 원룡은 그의 자(字)]은 호해지사(湖海之士)로서 호기(豪氣)를 당할 수 없다."라고 하니, 유비가 그에게 묻기를 "무슨 일이 있었기에 그대가 호기롭다고 하는가?" 하였다. 이에 허사가 대답하기를 "지난번에 난리를 만나 하비(下邳)를 지나다가 원룡을 찾아보았는데, 주인으로서 손님을 대하는 뜻이 전혀 없었습니다. 그리고는 서로들 말도 나누는 일이 없다가 자기는 큰 침상 위로 올라가서 높고 나는 아래 침상에 눕게 하였습니다."고 하자, 유비가 말하기를 "그대는 국사(國士)의 이름을 지닌 인물이다. 그런데 지금 천하에 난리가 나서 제왕이 있을 곳을 잃어 버려 그대가 나라를 걱정하여 자기 집안을 잊고, 세상을 구하려는 뜻이 있기를 바라는데도, 그대는 밭과 집을 구하는 자기 집안의 일만 챙길 뿐, 채택할 만한 말도 없으니, 이것이 원룡이 그대를 꺼리는 바이다. 그러니 어찌 마땅히 그대와 말을 나누겠는가? 만약 나라면 백척루(百尺樓) 위에 눕고 그대는 땅 밑에 눕게 하겠다. 어찌 그 간격이 위 아래 침상의 차이일 뿐이겠는가."라고 하였다.(許汜與劉備並在荊州牧劉表坐, 表與備共論天下人, 汜曰 : "陳元龍湖海之士, 豪氣不除." (…) 備問汜 : "君言豪, 寧有事邪?" 汜曰 : "昔遭亂過下邳, 見元龍. 元龍無客主之意, 久不相與語, 自上大床臥, 使客臥下床." 備曰 : "君有國士之名, 今天下大亂, 帝主失所, 望君憂國忘家, 有救世之意, 而君求田問舍, 言無可采, 是元龍所諱也, 何緣

호산의 쳥광은331)

반세332) 압구뎡333) 쥬인334)이라.335)

직샹336)이 졍간337) ᄀᆞᆺ튼338) 직를339) 기ᄃᆞ리니

사ᄅᆞᆷ이340) 병튝341)ᄒᆞ기ᄅᆞᆯ 긔약ᄒᆞ거ᄂᆞᆯ

됴뎡이342) 쇄약343) ᄀᆞᆺ튼 직임344)을 듕히345) 녀기니

當與君語? 如小人, 欲臥百尺樓上, 臥君於地, 何但上下床之間邪?")

331) 호산의 쳥광은 : 호산(湖山)의 청광(淸光)은. 호수와 산의 아름다운 경치는.

332) 반세 : 반세(半世). 한 세상의 절반.

333) 압구뎡 : 압구정(狎鷗亭). 지금의 압구정동에 위치했던 상당부원군(上黨府院君) 한명회(韓明澮, 1415~1487)의 정자 이름이다. 한명회는 이 정자를 지은 후, 사신으로 명(明)나라에 들어갔는데, 그곳에서 한림학사(翰林學士) 예겸(倪謙)에게 정자의 이름을 청하였더니, 예겸이 '압구(狎鷗)'라 이름 하고는 기문(記文)을 지어주었다. 이 일이 있은 후 정자가 더욱 유명해져, 조선과 명(明) 두 나라에 이름이 널리 알려졌다.

334) 압구뎡 쥬인 : 압구정(狎鷗亭) 주인(主人). 한명회를 말한다. 한명회가 명의 예겸에게 압구정 기문을 받은 후, 1475년(성종 6)에 또 사신으로 명나라에 들어가 조정 선비들에게 시를 청하였더니, 무정후(武靖侯) 조보(趙輔) 등이 "이 분이 압구정 주인이다."(此狎鷗亭主人也)라 말하고, 한 가지로 시를 지어 보여 정자 이름이 마침내 중국에 들리게 되었다.

335) 반세 압구뎡 쥬인이라 : 한명회에 비겨서, 오랫동안 높은 지위에 있을 것임을 말한 것이다. 한명회는 세조 때의 유명한 신하로, 영의정을 세 번이나 역임하였으며, 예종과 성종의 장인이기도 하였다.

336) 직샹 : 재상(宰相). 임금을 돕고 모든 관원을 지휘하고 감독하는 일을 맡아보던 이품 이상의 벼슬아치를 말한다.

337) 졍간 : 정간(楨幹). 담을 쌓을 때에 양편에 세우는 나무 기둥이라는 뜻으로, 사물의 근본을 이르는 말이다.

338) ᄀᆞᆺ튼 : 같은.

339) 직를 : 재(才)를. 재주가 뛰어난 사람을.

340) 사ᄅᆞᆷ이 : 사람이. 다른 사람들이.

341) 병튝 : 병축(秉軸). 병축은 정권을 잡음을 비유해서 일컫는 말이다. 축(軸)은 기계가 움직이는 데 핵심이 되는 것을 말한 것이다.

342) 됴뎡이 : 조정(朝政)이. 조정은 임금이 나라의 정치를 신하들과 의논하거나 집행하는 곳을 말한다.

343) 쇄약 : 쇄약(鎖鑰). 군사상 중요한 지역으로, 들고 나는 요지를 가리키는 말이다. 송(宋) 왕군옥(王君玉)의 『국로담원이(國老談苑二)』에서 "준(準)이 '주상(主

공이346) 이에 안번347)ᄒ기에 굴ᄒ엿도다348).

두 디룰349) 스랑하는 짜히350) 님ᄒ니351)

만성352)이 ᄃ토와353) 보고

上)께서 조정(朝廷)이 무사(無事)하다고 여기시니 북문(北門)의 요지[쇄약(鎖鑰)] 는 제가 아니고서는 불가(不可)합니다.'고 말하였다."(準曰 主上以朝廷無事 北門 鎖鑰 非準不可)고 하였다.

344) 쇄약 ᄀᄐᆫ 직임 : 쇄약(鎖鑰) 같은 직임(職任). 군사상 중요한 요지를 담당하는 직임을 말한다. 여기서는 평안 감사(監司)를 말한다. 평안 감영은 평양에 있었는 데, 이곳은 중국과 드나드는 주요한 길목이었다.

345) 듕히 : 중(重)히. 중요하게.

346) 공이 : 공(公)이. 여기서 공(公)은 홍공(洪公), 곧 홍상한(洪象漢)을 말한다.

347) 안번 : 安藩. 변방(邊方)을 안정(安定)시키다. 여기서 '번(藩)'은 번진(藩鎭)을 말한다. 번진은 본래 당나라의 초기 지방의 군정(軍政)을 다스리기 위해 설치한 관아였으나, 이후 변경(邊境) 열 곳에 절도사를 두어 '번진'이라 통칭하였으며, 각 주의 인사(人事)·재정(財政)·군사(軍事)·토지(土地) 등 대권을 맡아보았다. 여 기서는 평안도를 말한다.

348) 굴ᄒ엿도다 : 굴(屈)하였도다. 굴취(屈就)함을 일컫는 것이다. '굴취(屈就)'는 몸을 굽혀 관직에 나아간다는 말이다.

349) 두 디룰 : 이대(二代)를. 아버지와 아들 2대를.

350) 짜히 : 땅에.

351) 두 디룰 ~ 님ᄒ니 : 홍상한과 그의 아버지 홍석보(洪錫輔)가 모두 평안도 관 찰사를 역임하였음을 일컫는 것이다. 홍석보(1672 : 현종 13~1729 : 영조 5)는 조선 후기의 문신으로 본관은 풍산(豊山)이며, 자(字)는 양신(良臣), 호(號)는 수 은(睡隱)이다. 개풍에서 대대로 살았으며, 김창협(金昌協)의 문하에서 수학하였 다. 1706년 정시문과에 병과로 급제하였다. 1718년에 전라도관찰사, 1720년(경종 즉위년)에 병조참의·승지·대사간 등을 역임했다. 1721년 동부승지로 노론 4대 신과 함께 영조를 세제(世弟)로 책봉(冊封)하기를 주장했다가 신임사화로 영암군 에 유배되었으며, 다시 거제로 이배되었다. 1725년(영조 1) 은진에 양이(量移 : 죄를 헤아려 멀리 간 귀양지를 가까운 곳으로 옮김)되었다가 풀려나와 이조참의 ·대사성·대사헌·도승지 등을 역임하였으며, 1726년에 평안도관찰사가 되었 다. 『가례원류(家禮源流)』 사건으로 조정이 시비에 휘말렸을 때, 윤증(尹拯)을 강력히 비난해 한때 조정에서 쫓겨나기도 하였다. 좌찬성에 추증(追贈)되었으며, 시호는 충경(忠敬)이다.

352) 만성 : 만성(萬姓). 만백성(萬百姓), 곧 모든 백성을 말한다. 만민(萬民)이라고 도 한다.

훈 도354)의 묽은 화롤355) 새롭게 ᄒ니356)

일빅 폐357) 다 니도다.358)359)

참비360)롤 장경361) 어귀예362) 엄연이 ᄒ고363)

풍경364)을 영명365) 듸경의366) 챳도다.367)

우러러 뎐금문368) 현익369)을 보니

---

353) 드토와 : 다투어.

354) 훈 도 : 한 도(道). 여기서는 평안도를 말한다.

355) 화롤 : 화(化)를. 여기서 '화(化)'는 교화(敎化)를 말하는 것이다.

356) 새롭게 ᄒ니 : 일신(一新)하니. 아주 새롭게 하니.

357) 일빅 폐 : 일백폐(一百廢). 온갖 폐지되었던 것.

358) 니도다 : 일어나는구나. 興을 언해한 것으로 '닐도다'에서 'ㄹ'이 탈락한 형태임.

359) 일빅 폐 다 니도다 : 百廢俱興을 직역한 것이다. '백폐구흥'은 '온갖 폐지되었던 것이 모두 일어났다'는 뜻인데, 범중엄(范仲淹)의 〈악양루기(岳陽樓記)〉에서 사용된 말로, 지방관의 뛰어난 치적(治積)을 표현한 것이다. 특히 〈악양루기〉의 표현이기에, 누정기나 상량문에 이 글귀가 많이 사용되었다.

360) 참비 : 참비(驂騑). 참비는 원래 사두마차에서 바깥쪽에서 끄는 두 필의 말을 가리키는 것이나, 일반적으로 수레를 메운 말의 의미로 쓰인다.

361) 장경 : 장경문(長慶門)을 말한다. 장경문은 평양성의 동문(東門)이다. 평양부에서 영명사(永明寺)로 가려면, 장경문을 나서서 청류벽(淸流壁)을 따라 난 작은 길로 가야 한다.

362) 어귀예 : 어귀에.

363) 엄연이 ᄒ고 : 엄연(儼然)히 하고. 여기서 엄연히 한다는 말은 수레를 엄숙히 정돈하여 둔 것을 말한다.

364) 풍경 : 경치(景致). 자연의 풍광.

365) 영명 : 영명사(永明寺).

366) 듸경의 : 지경(地境)에. 지경(地境)은 일정한 테두리 안의 땅을 말한다.

367) 참비롤 영경 어귀예 ~ 영명 듸경의 챳도다 : 이 부분의 원문은 "儼驂騑於長慶之區 訪風景於永明之界"인데, 왕발(王勃)의 「등왕각서(滕王閣序)」의 "儼驂騑於上路 訪風景於崇阿(수레를 길가에 엄숙히 정돈하여 높은 언덕에서 풍경을 찾다)"를 변형하여 지은 것이다.

368) 뎐금문 : 전금문(轉錦門). 평양의 북성(北城)의 남쪽에 있는 문이다. 평양의 북성은 을밀대(乙密臺) 모퉁이에서 시작하여 모란봉(牡丹峯)을 둘러 부벽루(浮碧樓) 앞으로 지나 부성(府城)에 붙었다. 숙종(肅宗) 40년(1714)에 감사 민진원(閔鎭遠)이 쌓은 것으로 북쪽에 현무문(玄武門), 남쪽에 전금문(轉錦門)과 암문(暗

홀연히 당년370)을 싱각하고

다시 부벽누371)의 게시흔372) 거술373) 감동ᄒᆞ니

이 날에 거듭 올랏도다.

산쳔을374) 보고 성ᄒᆞ며 쇠흔 운을375) 감동ᄒᆞ고

절을 보고 흥ᄒᆞ며 쳬ᄒᆞ는 긔틀을376) 술피도다.

닐오디377) 쳔년의 아롬다오믈378) 쳔ᄌᆞ히379) ᄒᆞ던 ᄯᆞ히380)

門) 하나가 있다. 성안에 영명사(永明寺)가 있으니, 평양 관아에서 영명사를 가려면 부성(府城)의 동문인 장경문(長慶門)을 나와 북성(北城)의 전금문(轉錦門)으로 들어가야 했다.

369) 현익 : 현액(懸額). 현판(懸板). 글자나 그림을 새겨 문 위나 벽에 다는 널조각을 말한다. 흔히 절이나 누각, 사당, 정자 따위의 들어가는 문 위, 처마 아래에 걸어 놓는다.

370) 당년 : 당년(當年). 일이 있는 바로 그해를 말한다. 여기서는 아마도 전금문(轉錦門)이 지어졌던 그 당시를 말하는 듯하다. 전금문(轉錦門)은 숙종 40년 평안감사 민진원(閔鎭遠)이 북성을 쌓을 데 지은 것이다.

371) 부벽누 : 부벽루(浮碧樓). 금수산(錦繡山) 모란봉의 동쪽 청류벽(淸流壁) 위에 있는 누각으로 영명사의 동쪽에 있다. 원래는 영명사(永明寺)의 부속건물로서 고구려 시대인 393년에 세워진 영명루(永明樓)였다. 12세기 초 고려 예종이 군신과 더불어 잔치를 베풀고 그 자리에서 이안(李顔)에게 명하여 이름을 다시 짓게 했는데, 거울 같이 맑고 푸른 물이 감돌아 흐르는 청류벽 위에 떠있는 듯한 누정이라는 뜻에서 부벽루라고 부르게 되었다. 아래로는 대동강이 물결치고, 뒤에는 모란봉이 솟았고, 앞에는 능라도가 보이며 동쪽으로는 조천석, 서쪽으로는 을밀대가 보여 우리나라의 가장 빼어난 누정의 하나로 손꼽는다. 따라서 역대 문인들이 이곳을 찾아 많은 시문을 남겼다. 매월당 김시습은 『금오신화(金鰲新話)』에 부벽루를 배경으로 한 「취유부벽정기(醉遊浮碧亭記)」를 짓기도 하였다.

372) 게시흔 : 게시(揭示)한. 널리 보이도록 걸어놓은.

373) 게시흔 거술 : 게시한 것을. 부벽루에 걸려 있던 현판이나 주련 등을 말하는 것이다.

374) 산쳔을 : 산천(山川)을.

375) 성ᄒᆞ며 쇠흔 운을 : 성(盛)하며 쇠(衰)한 운(運)을. 흥망성쇠(興亡盛衰)의 운명(運命)을.

376) 흥ᄒᆞ며 쳬ᄒᆞ는 긔틀을 : 흥(興)하며 체(替)하는 기틀을. 흥체(興替)는 성쇠(盛衰)와 같은 뜻의 말이다. 기틀은 어떤 일의 가장 중요한 계기나 조건을 뜻한다.

377) 닐오디 : 이르되. 말하기를.

문허딘381) 집 두 번 꾸미기롤382) 가히 완완이383) 못ᄒ리라 ᄒ고

닐오디 ᄒᆫ 조각 믈의 님ᄒᆫ ᄯᅡ히384)

각별이385) 새 다락386) 니ᄅᆞ팀을387) 가히 업디388) 못ᄒ리라 햐

드디여389) 지물을390) 모호고391) 댱인392)을 모도아393)

다시 창늠394)을 더러395) 역ᄉᆞ롤396) 니ᄅᆞ티도다.397)

법집398)을 보광뎐399) 녯 거슬 닥그니400)

---

378) 천년의 아롬다오믈 : 천년의 아름다움을. 평양이 천년고도(千年古都)이기에 이
    렇게 표현한 것이다.
379) 천주히 : 천자(擅恣)히. 천자(擅恣)는 제 마음대로 하여 조금도 꺼림이 없음을
    가리키는 말이다.
380) ᄯᅡ히 : 땅에.
381) 문허딘 : 무너진.
382) 두 번 꾸미기롤 : 두 번 꾸미기를. 여기서는 영명사(永明寺)를 중수(重修)하는
    것을 가리키는 것이다.
383) 완완이 : 완완(緩緩)히. 천천히. 더디게.
384) ᄒᆫ 조각 믈의 님ᄒᆫ ᄯᅡ히 : 한 조각 물에 임(臨)한 땅에. 물가에 위치한 한 조각
    의 땅에.
385) 각별이 : 각별(各別)히. 특별히.
386) 새 다락 : 새로운 누각(樓閣), 곧 득월루(得月樓)를 말한다.
387) 니ᄅᆞ팀을 : '니ᄅᆞ힘을'의 오기(誤記). '니ᄅᆞ히다'는 일으키다[起]의 뜻이다.
388) 업디 : 없지.
389) 드디여 : 드디어.
390) 지물을 : 재물(財物)을.
391) 모호고 : 모으고.
392) 댱인 : 장인(匠人). 기술자. 여기서는 건축 기술자를 말한다.
393) 모도아 : 모아. 기본형은 '모도다'로 모으다의 뜻이다.
394) 창늠 : 창름(倉廩). 곳집. 곳간으로 쓰기 위해 지은 건물을 말한다.
395) 더러 : 덜어. 곳간에 쌓인 곡식을 덜어서.
396) 역ᄉᆞ롤 : 역사(役事)를. 역사(役事)는 토목이나 건축 따위의 공사를 이르는 말
    이다.
397) 니ᄅᆞ티도다 : '니ᄅᆞ히도다'의 오기(誤記). '일으키도다'의 뜻이다.
398) 법집 : 법전(法殿)을 말한다. 법전은 불상을 안치하고 설법도 하는 절의 정당
    (正堂)으로, 법당(法堂)이라고도 한다.
399) 보광뎐 : 보광전(寶光殿). 영명사(永明寺)의 법당 이름이다.
400) 녯 거슬 닥그니 : 옛 것을 닦으니. 영명사의 법당인 보광전을 중수함을 말한

멋 빅 간 눈환401)이 임의 완전ᄒ엿ᄂ고.402)

위티로온 난간403)을 쥬악누404) 동편의 지어시니405)

수십 기동 얼그미406) 아룸답도다.

휘황ᄒ407) 금과408) 프론 거술409)410)

임의411) 셔편 수플의 빗츨 더으믈412) 보고413)

표묘ᄒ414) 모토리415)ᄂ

것이다.

401) 눈환 : 윤환(輪奐). 윤환은 집이 크고 넓으며 아름다운 것을 형용한 말이나, 여 기서는 크고 아름다운 집을 뜻하는 말로 사용되었다.

402) 멋 빅 간 눈환이 임의 완전ᄒ엿ᄂ고 : 몇 백 간 윤환이 이미 완전하였는가. 이 부분은 의문문으로, "완전하게 된 크고 아름다운 집이 몇 백 칸이나 되는가?" 정 도의 의미이다.

403) 위티로온 난간 : 위태로운 난간. 원문은 '危欄'인데, 높은 난간을 뜻하는 말이 다.

404) 쥬악누 : 주악루(奏樂樓). 득월루의 서쪽에 있던 누각이름이다.

405) 지어시니 : 지었으니.

406) 수십 기동 얼그미 : 수십 기둥 얽음이. 수십 개의 기둥을 얽어서 건물을 지은 것이.

407) 휘황ᄒ : 휘황(輝煌)한. 휘황찬란(輝煌燦爛)한. 광채가 나서 눈이 부시게 번쩍 이는.

408) 금과 : 금(金)과. 황금과.

409) 프론 거술 : '프론 거슨'의 오기(誤記). 한문의 독음을 쓴 부분에서 '휘황금벽 은'이라고 하여 '은'을 토(吐)로 달아 놓았다.

410) 휘황ᄒ 금과 프론 거술 : 이 부분의 원문은 '휘황금벽(輝煌金碧)'인데, 금벽(金 碧)은 황금과 벽옥(碧玉)을 말한다. 곧 황금과 벽옥처럼 휘황찬란함을 말하는 것 으로, 그 모습이 빛나고 화려함을 형용한 것이다. 여기서는 새로 지어진 득월루 의 모습이 빼어남을 형용한 것이다.

411) 임의 : 이미.

412) 더으믈 : 더함을.

413) 임의 셔편 수플의 빗츨 더으믈 보고 : 이미 서편 수플의 빛을 더함을 보고. 빛 나고 화려한 득월루의 모습이 서편 숲의 경치를 더욱 훌륭하게 한다는 것을 이 른 말이다.

414) 표묘ᄒ : 표묘(縹緲)한. 표묘(縹緲)는 끝없이 넓거나 멀어서 있는지 없는지 알 수 없을 만큼 어렴풋한 모양을 나타내는 말이다.

415) 모토리 : 모서리. '고릉(觚稜)'을 번역한 것이다. '고릉(觚稜)'은 전각의 높고 뾰

다시 동편 누416) 싱식ᄒ믈417) 보도다.

일만 이랑418) 황양ᄒᆫ거ᄂᆞᆯ419) 님ᄒᆞ여420)

ᄒᆫ 박희 둥근 거슬421) 드리ᄂᆞᆫ도다.422)

층 기동이423) 프론 ᄃᆡ424) 팀노ᄒᆞ니425)426)

발 ᄇᆞ람이427) 금비츨428) 흔들고429)

여ᄃᆞᆲ 창이430) 빈 ᄃᆡ431) 버긔오니432)

텽하433) 그림434)의 은셤435) 그림재436) 새ᄂᆞᆫ도다.

족한 모서리를 가리키는 말인데, 고(觚)와 릉(稜)이 모두 모서리의 뜻이기에 이
렇게 번역한 것이다. 여기서는 득월루를 가리키는 말로 사용되었다.

416) 동편 누 : 동편(東便) 루(樓). 동쪽의 누각.

417) 싱식ᄒᆞ믈 : 생색(生色)함을.

418) 일만 이랑 : 만경(萬頃). 아주 넓음을 이르는 말이다. 여기서는 득월루 앞의
대동강 물결을 형용한 것이다.

419) 황양ᄒᆞᆫ거ᄂᆞᆯ : '황양ᄒᆞᆫ 거슬'의 오기(誤記). 황량(荒凉)한 것을.

420) 님ᄒᆞ여 : 임(臨)하여.

421) ᄒᆫ 박희 둥근 거슬 : 한 바퀴 둥근 것을. 바퀴처럼 둥근 것 하나를. 곧 달을 말
한 것이다.

422) 드리ᄂᆞᆫ도다 : 들이는도다[納]. 누대의 이름이 달을 얻는다는 '득월루(得月樓)'
이기에 이렇게 표현한 것이다.

423) 층 기동이 : 층(層) 기둥이. 원문은 '층영(層檻)'으로 높은 큰 누각을 가리키는
말인데, 여기서는 '층영(層檻)'을 직역하여 '층 기둥'이라 하였다.

424) 프론 ᄃᆡ : 푸른 데. 푸른 곳에. 여기서 푸른 곳은 벽공(碧空), 곧 허공을 가리킨
다.

425) 팀노하니 : 침노하니. 원문의 침(侵)을 번역한 것이다.

426) 층 기동이 프론 ᄃᆡ 팀노하니 : 득월루가 허공에 우뚝 솟아 있는 모습을 형용한
것이다.

427) 발 ᄇᆞ람이 : 발[簾] 바람이. 발에 부는 바람이.

428) 금비츨 : 금빛을.

429) 금비츨 흔들고 : 바람에 일렁이는 물결을 형용한 것이다.

430) 여ᄃᆞᆲ 창 : 여덟 창(窓). 팔창(八窓). 팔창은 팔방(八方)으로 나 있는 창(窓)을
말한다.

431) 빈 ᄃᆡ : 빈 데. 빈 곳에. 빈 곳은 허공을 말한다.

432) 버긔오니 : 벌여 있으니. '排'을 언해한 것으로 배열(排列)의 의미이다.

433) 텽하 : '텸하'의 오기(誤記). '처마'를 말한다.

이 누의 오르매437)

싀훤ㅎ야438) ᄆ옴과 눈이 다 ᄆᆰ고439)

둘을 아ᄂ냐

과연 일홈과 실이440) 서로 맛도다441).

황낭ㅎ야442) 광한뎐443) ᄀᆺ고444)

녕농ㅎ여445) 슈졍궁446) ᄀᆺ도다

어ᄌ러이 그림재룰447) 더ㅎ매 세히 일윗고448)

---

434) 그림 : 구름의 오기(誤記).

435) 은셤 : 은섬(銀蟾). 달[月]을 말한다.

436) 그림재 : 그림자가.

437) 오르매 : 오름에.

438) 싀훤ㅎ야 : 시원하여.

439) ᄆᆰ고 : 맑고.

440) 일홈과 실이 : 이름과 실제가. 명실(名實)이.

441) 맛도다 : 맞도다. 이름과 실제가 꼭 들어맞음을 말한 것이다. 곧 득월루란 이
름이 달빛을 얻는 누각이란 뜻이므로 이른 말이다.

442) 황낭ㅎ야 : 황랑(晃朗)하여. 황랑(晃郞)은 밝은 모습을 형용하는 말이다.

443) 광한뎐 : 광한전(廣寒殿). 달 속에 있다는, 항아(姮娥)가 사는 가상의 궁전을
말한다. 전설에 의하면, 당(唐) 나라 현종(玄宗)이 8월 보름에 달 속에서 노닐다
가, 큰 궁전을 보았는데, "광한청허부(廣寒淸虛府)"라 쓰여 있었다고 한다. 그 후
로 달 속에 있는 선궁을 광한전(廣寒殿)[혹은 광한궁(廣寒宮)]이라고 하게 되었
다.

444) ᄀᆺ고 : 같고.

445) 녕농ㅎ여 : 영롱(玲瓏)하여. 영롱(玲瓏)은 광채가 찬란함을 가리키는 말이다.

446) 슈졍궁 : 수정궁(水晶宮). 달에 있는, 수정으로 지은 전설 상의 궁전을 말한다.

447) 그림재룰 : 그림자를.

448) 세히 일윗고 : 셋이 이루어졌고. 셋은 지은이와 달과 지은이 자신의 그림자를
말한 것이다. 이 부분의 원문은 '분더영이성삼(紛對影而成三)'인데, 이는 이백(李
白)의 「월하독작(月下獨酌)」의 '對影成三人(그림자를 이루어 세 사람이 되었네)'
을 변형한 것이다. 「월하독작(月下獨酌)」은 모두 4수인데, 그 중 제1수가 가장
유명하다. 제1수는 다음과 같다. 花間一壺酒 獨酌無相親 // 擧杯邀明月 對影成三
人 // 月旣不解飮 影徒隨我身 // 暫伴月將影 行樂須及春 // 我歌月徘徊 我舞影凌
亂 // 醒時同交歡 醉後各分散 // 永結無情遊 相期邈雲漢(꽃 사이에서 한 병 술 홀
로 마시니 친구라곤 없네. // 잔 들어 밝은 달 맞이하니 그림자 이루어 세 사람이

혹 잔을 머믈워449) 흔 번 뭇는도다450).

올나 님흐매451) 초체흐니452)

녯날 누 업스믈453) 탄식흐더니

브라보기 쳥명흐니454)

오늘밤 둘 만흐믈455) 깃거흐도다.456)

오직 안스457)의 교화 펴는 날은458)

곳459) 션궁460)의 집 곳틸 째로다.461)

법계에 누디462) 이에 새로워시니

되었네. // 달은 본디 술 마실 줄을 모르고 그림자는 다만 내 몸을 따라다닐 뿐이네. // 잠시나마 달과 그림자를 짝하여 봄철에 마음껏 놀아 보세. // 내가 노래하니 달이 어정이고 내가 춤추니 그림자는 멋대로이네. // 취하지 않을 때는 함께 서로 즐기다가 취한 뒤에는 각기 서로 흩어지네. // 영원히 무정의 교유(交遊)를 맺어 아득한 은하수를 두고 서로 기약하네.)

449) 머믈워 : 머물게 하여. 멈추고서.

450) 뭇는도다 : 묻는도다. 묻도다.

451) 님흐매 : 임(臨)함에.

452) 초체흐니 : 초체(迢遞)하니. 초체(迢遞)는 아득히 먼 모양을 나타내는 말이다.

453) 업스믈 : 없음을.

454) 쳥명흐니 : 청명(淸明)하니. 청명(淸明)은 형상이 깨끗하고 선명하다는 뜻이다.

455) 둘 만흐믈 : 달 많음을. 원문의 '다월(多月)'을 직역한 것이다. 여기서 달이 많다는 것은 '달빛이 밝다', '달 빛이 가득차다' 정도의 의미이다.

456) 깃거흐도다 : 기뻐하도다. '깃거하다'는 '기뻐하다'의 옛 말이다.

457) 안스 : 안사(按使). 안사(按使)는 안렴사(按廉使)를 달리 부르는 말이다. 안렴사는 관찰사(觀察使)를 말한다. 여기서는 당시 관찰사인 홍상한(洪象漢)을 말한 것이다.

458) 교화 펴는 날은 : 교화(敎化) 펴는 날은. 평안도 관찰사로서 선정(善政)을 베푸는 것을 말한 것이다.

459) 곳 : 곧.

460) 션궁 : 선궁(禪宮). 곧 절을 말한다. 여기서는 영명사(永明寺)를 가리킨다.

461) 집 곳틸 째로다 : 집 고칠 때로다. 득월루(得月樓)는 영명사(永明寺)를 중수(重修)하는 가운데, 새롭게 지어진 누각이다. 따라서 득월루의 상량문인 이 글에서 영명사의 중수(重數)를 언급한 것이다.

462) 법계에 누디 : 법계(法界)의 누대(樓臺). 곧 득월루를 말한다. 본래 법계는 불교도(佛敎徒)의 사회를 이르는 말이나, 여기서는 영명사(永明寺)를 가리킨 것이

사는 즁은 두 ㅎ늘463)을 홀로 두믈 쟈랑ㅎ고464)

대동강465) 흐르는 것이 쓴허지디466) 아니ㅎ니

높은 일홈을467) 빅디예468) 기리469) 드리오믈470) 긔약ㅎ도다.

흔가한 날 가비야온 갓오손471)

유태위472)의 묽은 흥473)이 엿디474) 아니ㅎ고475)

다.

463) 두 ㅎ늘 : 두 하늘. 원문은 '이턴(二天)'인데, 이천(二天)은 남의 특별한 은혜를 하늘에 비겨 이르는 말이다. 후한 순제(後漢順帝) 때 소장(蘇章)이 기주 자사(冀州刺史)가 되어 관할을 순행하다가 청하(淸河)에 이르렀는데, 마침 청하 태수(淸河太守)는 옛 친구로 부정이 매우 많았다. 소장(蘇章)은 그 부정을 다 조사해 놓고서 곧 태수를 청하여 술을 마시며 친구간의 우의를 담론하니, 태수가 매우 기뻐하며, "남들은 모두 하늘이 하나[一天]뿐이지만 나만은 하늘이 둘[二天]이다." 고 하였다. 이러한 고사(故事)로 이천(二天)은 남의 특별한 은혜를 가리키는 말로 사용하게 되었다.『후한서(後漢書)·소장전(蘇章傳)』

464) 홀로 두믈 쟈랑ㅎ고 : 홀로 둠을 자랑하고.

465) 대동강 : 평안도에 흐르는 강으로, 동백산, 소백산에서 시작하여 평양을 거쳐 서해로 흘러 들어간다.

466) 쓴허지디 : 끊어지지.

467) 높은 일홈을 : 높은 이름을. 뛰어난 명성을.

468) 빅디예 : 백대(百代)에. 멀고 오랜 세월 동안.

469) 기리 : 길이. 영원히.

470) 드리오믈 : 드리움을.

471) 가비야온 갓오손 : 가벼운 갖옷은. '갖옷'은 짐승의 털가죽으로 안을 댄 옷을 말한다. 여기서는 가벼운 갖옷은 경쾌한 옷차림을 의미하는 것이다.

472) 유태위 : 庾太尉. 중국 육조(六朝)시기 진(晋)나라 사람이었던 유량(劉亮, 289~340)을 말한다. 태위(太尉)는 벼슬이름이다. 자(字)는 원규(元規)이고 누이가 명제의 황후여서, 명제 때에 오랫동안 권세를 누렸다. 후에 정서장군(征西將軍)이 되었으며, 무창(武昌)에 있으면서 많은 군사를 거느렸다.

473) 묽은 흥 : 맑은 흥(興). 맑은 흥과 운치.

474) 엿디 : 옅지.

475) 유태위의 묽은 흥이 엿디 아니ㅎ고 : 누대에서 밤을 즐기는 운치가 깊음을 말한 것이다. 이 부분의 원문은 '블천유태위지쳥흥'(不淺庾太尉之淸興)인데, 이는 『세설신어(世說新語)』에서 유량(劉亮)이 무창의 남루에 올라 "이곳에서 늙은 나도 흥이 옅지 않다네.(老子於此處 興復不淺)"라고 말한 전고(典故)를 사용한 것이다.『세설신어(世說新語)』에 나오는 유량의 고사는 다음과 같다.

빗난476) 현판의 큰 글ᄌᆞᄂᆞ477)

놉히 미원쟝478)의 긴 무디게479)롤 거럿도다.480)

"유태위(庾太尉 : 유량)가 무창(武昌)에 있을 때였다. 가을밤 야경(夜景)이 아름답고, 청량(清涼)하여 사리(使吏) 은호(殷浩)와 왕호지(王胡之) 등의 무리가 남루(南樓)에 올라가 노래를 부르는데 처음부터 음조가 아름다웠는데, 복도 중에 신 끄는 소리가 크게 들렸으니, 분명 유공이었다. 조금 있자 유공이 좌우(左右) 10여 명을 데리고 걸어서 오는 것이었다. 여러 사람들이 일어나 자리를 피하려고 하니, 공은 천천히 말하기를, "여러분들, 잠시 머물게나. 이곳의 늙은 나도 흥이 옅진 않다네." 하고는 호상(胡床)에 걸터앉아 여러 사람들과 노래하고 해학을 나누며, 끝까지 자리에서 마음껏 즐겼다. 후에 왕일소[王逸少 : 일소는 왕희지(王羲之)의 자(字)이다.]가 승상(丞相)에게 이 일을 전하니, 승상은 "원규[元規 : 원규는 유량(庾亮)의 자(字)이다.]의 요즈음 풍범(風範)이 조금 쇠퇴하였도다." 하니, 우군(右軍 : 왕희지의 별칭)이 "그래도 그윽한 계곡[풍류를 상징하는 말]은 있지요"고 하였다.(庾太尉在武昌, 秋夜氣佳景清, 使吏殷浩・王胡之徒登南樓理詠, 音調始遒. 聞函道中有屐聲甚厲, 定是庾公. 俄而, 率左右十許人步來, 諸賢欲起避之. 公徐云: "諸君少住, 老子於此處 興復不淺." 因便據胡牀, 與諸人詠謔, 竟坐甚得任樂. 後王逸少下, 與丞相言及此事, 丞相曰: "元規爾時風範, 不得不小頹." 右軍答曰: "唯丘壑獨存." 『세설신어(世說新語)』)

476) 빗난 : 빛나는.

477) 현판의 큰 글ᄌᆞᄂᆞ : 현판(懸板)의 큰 글자는. 득월루(得月樓)의 편액(扁額)에 쓰여진 큰 글자를 말한다.

478) 미원쟝 : 미원장(米元章). 중국 북송(北宋) 때 사람인 미불(米芾, 1051~1107)을 말한다. 원장은 그의 자(字)이다. 미불은 송나라의 대표적인 화가이자 서예가로, 남궁(南宮), 해악(海岳) 등의 호(號)를 사용하였다. 호북성(湖北省) 양양(襄陽) 출신으로 관직은 예부원외랑(禮部員外郎)에 이르렀고 궁정의 서화박사(書畵博士)에 임명되기도 하였다. 규범에 얽매이는 것을 싫어하고 기행(奇行)이 심했다. 수묵화뿐만 아니라 문장・서(書)・시(詩)・고미술 일반에 대하여도 조예가 깊었고, 소동파(蘇東坡)・황정견(黃庭堅) 등과 친교가 있었다. 글씨에 있어서는 채양(蔡襄)・소동파・황정견 등과 더불어 송4대가로 불리며, 왕희지(王羲之)의 서풍을 이었다. 그림은 동원(董源)・거연(巨然) 등의 화풍을 배웠으며, 강남의 운연(雲煙) 어린 아름다운 자연을 묘사하기 위하여 미점법(米點法)이라는 독자적인 점묘법(點描法)을 창시하여 오진(吳鎭)・황공망(黃公望)・예찬(倪瓚)・왕몽(王蒙) 등 원말 4대가와 명(明)나라의 오파(吳派)에게 그 수법을 전했다. 아들 미우인(米友仁)에 이르러 성립된 이 일파의 화풍을 '미법산수(米法山水)'라고 한다. 북송 말의 회화사상을 아는 데 중요한 자료가 되는 『화사(畵史)』 및 『보장대방록(寶

임의 새로 얼근 거시 일우믈 고ᄒᆞ니481)

엇디 잘 기리기의 지으미 업시리오.482)

이에 쟈른483) 붓술 ᄲᅡ혀484)

긴 들보롤 도아 드노라.485)

오랑위포량 동편486)의ᄂᆞᆫ487)

章待訪錄)』,『서사(書史)』,『보진영광집(寶晉英光集)』,『해악명언(海岳名言)』등
의 저서가 있다.

479) 미원장의 긴 무디게 : 미원장(米元章)의 긴 무지개. 원문은 '미원댱지댱홍'(米
元章之長虹)인데, 서화를 가득 실은 미원장의 배에서 나는 광채를 말한 것이다.
이는 산곡 황정견의 시로부터 유래한 것이다. 미원장[미불(米芾)]은 서화를 좋아
하여 항상 서화를 가지고 다녔는데, 강회발운사(江淮發運使)로 있을 때에 자기
배 위에 패(牌) 하나를 세우고 거기에 '미가서화선(米家書畫船)'이라 쓰고 다녔
다. 이에 그의 친구인 황정견이 미불에게 장난스럽게 쓴 시를 하나 주었는데,
[「회증미원장(戲贈米元章)」] 그 시에 "창강(滄江)의 조용한 밤에 무지개가 달을
꿰뚫으니, 이는 필시 미가(米家)의 서화(書畫) 실은 배이리라."(滄江靜夜虹貫月
定是米家書畫船)라고 하였다.

480) 거럿도다 : 걸었도다. 이 부분의 원문은 '고대미원댱지댱홍'인데, 두 번째 글자
인 '대'는 아마도 '패(掛)'의 오기(誤記)인 듯하다.

481) 임의 새로 얼근 거시 일우믈 고ᄒᆞ니 : 이미 새로 얽은 것이 이룸을 고하니. 득
월루(得月樓)를 신축(新築)했음을 가리키는 말이다.

482) 엇디 잘 기리기의 지으미 업시리오 : '어찌 축송(祝頌)하는 좋은 글이 없을 수
있겠는가' 정도의 의미이다. 곧 득월루를 신축하는데, 찬양하는 글이 있어야 함을
말한 것이다.

483) 쟈른 : 짧은.

484) ᄲᅡ혀 : 뽑아. 짧은 붓을 뽑는다는 것은 보잘 것 없는 솜씨이지만, 상량문을 짓
겠다는 말이다. 여기서 짧은 붓은 겸양의 표현이다.

485) 긴 들보롤 도아 드노라 : 긴 들보 들기를 돕노라. 원문은 '조거수량'(助擧脩樑)
이다. 수량(脩樑)은 긴 들보를 말한다.

486) 동편 : 東便. 동쪽.

487) 오랑위포량 동편의ᄂᆞᆫ : 원문은 '오랑위포량동'(兒郞偉抛樑東)이다. 이는 상량
문에 흔히 사용되는 투식(套式)인데, 상량(上樑)할 때 공인(工人)의 우두머리가
하는 치어(致語)에 해당하는 것이다. 이 투식은 상량문 중간에 나오는 6수의 시
의 첫 구에 동일하게 사용된다. 다만 마지막 글자 '동(東)'만 각각 '남(南)', '서

힌488) 이슬이489) 강의 빗겻는디490) 둘이 동으로 오릭도다.491)

남긔492) 썰티는493) 주렴은494) 구롬과 혼 가지로 거드니495)

혼 동근496) 그림재497) 난간 동편이로다.498)

오랑위포량 남편의논

십니499) 긴 수플의500) 둘 그림재 남편의501) 잇도다.

어느 곳 혼 소리는502) 굴먹이 새롤 놀래는고503)

비504) 돗대505) 년광뎐506) 남편으로브터 오는도다.

(西)', '북(北)', '상(上)', '하(下)'로 바꾸어 쓸 뿐이다. '아랑위(兒郞偉)'는 '어영차' 정도의 의미를 지니는 의성어이고, '포량동(抛樑東)'은 '동편에 떡을 던져라.' 정도의 의미이다. 본래 신에게 바칠 제물을 사방과 상하의 여섯 곳에 던졌기 때문에 이와 같이 서술한 것이다. 그런데 여기서는 '아랑위포량(兒郞偉抛樑)' 모두를 의성어로 파악하여 번역하고 있다.

488) 힌 : 흰. 하얀[白].

489) 이슬이 : 이슬이.

490) 강의 빗겻는디 : 강에 비꼈는데.

491) 힌 이슬이 ~ 동으로 오릭도다 : 흰 이슬과 같은 달이 강을 가로질러 떠오르는 모습을 형용한 것이다.

492) 남긔 : 나무에.

493) 썰티는 : 떨치는.

494) 주렴은 : 주렴(珠簾)은. '주렴(珠簾)'은 구슬을 꿰어 만든 발을 말한다.

495) 거드니 : 걷으니.

496) 동근 : 둥근.

497) 그림재 : 그림자가. 곧 달을 말한 것이다.

498) 난간 동편이로다 : 난간(欄干) 동쪽이로다. 난간 동쪽으로 달이 솟아오름을 일컫는 말이다.

499) 십니 : 십리(十里).

500) 수플의 : 수풀에.

501) 남편의 : 남쪽에.

502) 혼 소리는 : 한 소리는. 한줄기 소리는.

503) 굴먹이 새롤 놀래는고 : 갈매기 새를 놀래는가. 갈매기를 놀라게 하는가.

504) 비 : 배[船].

505) 돗대 : 돛대.

506) 년광뎐 : 연광정(練光亭). 대동강변 덕바위[德巖] 위에 세워진 정자이다. 덕바

오랑위포량 서편의눈

밤빗티507) 희미ᄒᆞ매 달이 서편으로 향ᄒᆞ는도다.

활통혼508) 고즌509) 모롬즉이510) 그윽ᄒᆞ고 고요ᄒᆞᆫ ᄯᅡ히511) ᄎᆞ줄디니512)
녯 솔과513) 푸른 젓나모514) 을밀딕515) 셔편이로다.

오랑위포량 븍편의눈516)

돌이 누 남편으로517) 구을매518) 빗티519) 븍편의520) 잇도다.

위는 바위가 강을 의지하여 내려치는 물살을 막아, 평양성 백성들이 그 덕을 입기 때문에 붙여진 이름이다. 연광정은 고구려 때 세워진 이래, 여러 차례 중수되었다. 특히 앞에 펼쳐진 강과 강 건너의 넓은 평야, 그리고 그 너머 아득히 이어지는 산들로 이루어진 경관으로 유명하다. 또한 연광정의 현판에는 명나라 사신인 주지번(朱之蕃)이 쓴 '제일강산(第一江山)' 네 글자가 있고, 또 주련(柱聯)에는 '긴 성 한 면에는 넘실넘실 물이요[長城一面溶溶水]', '넓은 들 동쪽에는 점점이 산이라.[大野東頭點點山]'라는 고려 때 김황원(金黃元)의 글귀가 있는데, 주지번과 김황원 모두 연광정에 올라 그 경관의 아름다움에 매료되어, 주지번은 천하제일강산이라는 현판을 썼고, 김황원은 위와 같은 시를 읊은 일화가 유명하다.

507) 밤빗티 : 밤빛이.
508) 활통혼 : 활통(闊通)한. 탁 트인.
509) 고즌 : 곳은.
510) 모롬즉이 : 모름지기.
511) ᄯᅡ히 : 땅에. 땅에서.
512) ᄎᆞ줄디니 : 찾을지니.
513) 녯 솔 : 옛 소나무. 고송(古松). 노송(老松).
514) 젓나모 : 전나무.
515) 을밀딕 : 을밀대(乙密臺). 금수산에 있는 고구려 시대의 누정이다. 정면 3칸, 측면 2칸의 겹처마 합각지붕건물로 북한의 사적으로 지정되어 있다. 누정이 을밀봉에 있어 을밀대라고 하지만, 사방이 탁 틔어 있다고 하여 '사허정(四虛亭)'이라고도 한다. 을밀대는 6세기 중엽 고구려가 평양성의 내성을 쌓으면서 그 북장대(北將臺)로 세운 것으로 지금 있는 건물은 1714년(숙종 40)에 다시 세운 것이다.
516) 븍편의눈 : 북편에는. 북쪽에는.
517) 남편으로 : 남쪽으로.
518) 구을매 : 굴러가므로. 돌아가므로.
519) 빗티 : 빛이.

홀연이 다시 도로혀521) 프론 것이 발의 가득ᄒ니
모란봉522) 그림재 난간 븍편이로다.

오랑위포량 우희는523)
흰 둘이 빗츨524) ᄒ눌525) 우희526) 드리윗도다.527)
ᄒ골ᄀ티528) 츤 듯겁이529) 가락오락 ᄒᄆᆯ 맛뎌시니530)
밤이 한가로오매531) 포단532) 우희 취ᄒ야533) 누엇도다.534)

---

520) 븍편의 : 북쪽에.
521) 도로혀 : 도리어.
522) 모란봉 : 모란봉(牧丹峰). 평양 기림에 있는 산으로, 높이는 96m이다. 부근은
   금수산(錦繡山)이라 부른다. 절벽을 이루고 있는 모란봉 아래 대동강 물 위에는
   유명한 능라도(綾羅島)라는 하중도(河中島)가 있어 좋은 대조를 이룬다. 모란봉
   중턱에 있는 을밀대(乙密臺)는 북한문화재로 지정되어 있으며, 사허정(四虛亭)이
   언덕 위에 세워져 있다. 을밀대와 대조되는 언덕으로 모란대(牡丹臺)가 있으며,
   이 언덕 위에는 쳐승대(最勝臺)라고 하는 봉화대가 있다. 모란봉 밑 절벽에는 가
   장 오래된 누각으로 알려진 부벽루(浮碧樓)가 있다. 그리고 을밀대 서쪽 언덕 위
   에는 기자릉(箕子陵)이 있고, 모란대 밑에 영명사(永明寺)가 있다. 이밖에도 가장
   전망이 좋은 경승지인 청류정(淸流亭)과 칠성문(七星門)·현무문(玄武門)·전금
   문(轉錦門) 등의 명승고적이 있다.
523) 우희는 : 위에는.
524) 빗츨 : 빛을.
525) ᄒ눌 : 하늘.
526) 우희 : 위에.
527) 드리윗도다 : 드리웠도다.
528) ᄒ골ᄀ티 : 한결같이.
529) 츤 듯겁이 : 찬 두껍이. 원문은 '한섬'(寒蟾)인데, 곧 한월(寒月 : 차가운 달. 차
   가워 보이는 달)을 의미한다. 달 속에 두꺼비가 산다고 하여 달을 '두꺼비[蟾]'라
   고 한다.
530) 맛뎌시니 : 맡겼으니.
531) 한가로오매 : 한가로우매.
532) 포단 : 포단(蒲團). 부들방석. 부들은 물가에 자라는 풀로, 잎과 줄기가 가늘고
   긴데 이 잎과 줄기로 자리·부채 따위를 만든다.
533) 취ᄒ야 : 취(醉)하여.
534) 누엇도다 : 누웠도다.

오랑위포량 아래는

돌빗과 강빗티535) 우 아래536) 년 ᄒ 엿도다.537)

야반의538) 녕녕 ᄒ 539) 묽은 경쇠540) 소리예

고기와 뇽이 다락 아래 나듯ᄂ도다.541)

업디여 원ᄒᄂ니 샹냥ᄒ542) 후의543)

이 돌이 쩌러지디 말고

이 다락이 곳티디544) 말나

천츄의545) 눈 알픠546) 돌올 ᄒ 고547)

만고의 강 우희548) 비회 ᄒ 도다.

예서549) 술 먹고 예서 글 지으매

---

535) 강빗티 : 강 빛이.

536) 우 아래 : 위아래.

537) 년ᄒ엿도다 : 연(連)하였도다.

538) 야반의 : 야반(夜半)에. 밤중에.

539) 녕녕ᄒ : 영령(泠泠)한. 영령(泠泠)은 소리가 맑고 유장한 것을 형용하는 말이다.

540) 경쇠 : 불전에서 사용하는 작은 종. 놋으로 주발과 같이 만들어, 복판에 구멍을 뚫고 자루를 달아 노루 뿔 따위로 쳐 소리를 내는 것으로, 예불할 때 대중이 일어서고 앉는 것을 인도하는 데 쓰인다.

541) 나듯ᄂ도다 : '나ᄂ듯도다'의 잘못인 듯하다. '나ᄂ듯도다'는 '나가는 듯하구나'의 의미로, 원문의 '출(出)'을 언해한 것이다.

542) 샹냥ᄒ : 상량(上樑)한. 상량은 기둥에 보를 얹고 그 위에 처마 도리와 중도리를 걸고 마지막으로 마룻대를 옮기는 것을 말한다.

543) 후의 : 후에.

544) 곳티디 : 고치지.

545) 천츄의 : 천추(千秋)에. 오랜 세월 동안. 천추(千秋)는 오랜 세월을 의미한다.

546) 알픠 : 앞에.

547) 돌올 ᄒ 고 : 돌올(突兀)하고. 돌올(突兀)은 높이 솟아 우뚝함을 나타내는 말이다.

548) 강 우희 : 강 위에.

훈 다락이550) 신선의 디경의551) 놉핫고552)

ᄒ늘이 늙디 아니ᄒ고 ᄯ히 늙디 아니ᄒ니

됴흔553) 둘이 갠 하늘의 결넛도다.554)

---

549) 예서 : 여기서.
550) 훈 다락이 : 한 누각이. 곧 득월루를 말한 것이다.
551) 신선의 디경의 : 신선의 지경(地境)에. 선계(仙界)에.
552) 놉핫고 : 높고. 높아 있고.
553) 됴흔 : 좋은.
554) 결넛도다 : 걸렸도다.

제3장 의유당관북유람일기 현대역

의유당관북유람일기

낙민루(樂民樓)

함흥(咸興) 만세교(萬歲橋)와 낙민루(樂民樓)가 유명하다 하더니, 기축년(己丑年)[1] 팔월 염사일(念四日)[2] 서울을 떠나 구월 초이일(初二日) 함흥을 오니, 만세교(萬歲橋)는 장마에 무너지고 낙민루(樂民樓)는 서쪽으로 성 밖인데, 누하문(樓下門)[3] 전형(全形)은[4] 서울 흥인문(興仁門)[5] 모양을 의지(依支)하였으되,[6] 둥글고 작아 겨우 독교(獨轎)가 간신히 들어가더라.

그 문(門)을 인(因)하여 성 밖으로 빼내어 누각(樓閣)을 지었는데, 두 층으로 대(臺)를 쌓고 아득히 쌓아 올려 그 위에 누각을 지었으니, 단청(丹靑)과 난간(欄干)이 다 퇴락(頹落)하였으되 경치는 정쇄(精灑)하여 누각 위에 올라 서편을 보니, 성천강(成川江)의 크기 한강(漢江)만 하고 물결이 매우 맑고 깨끗한데 새로 지은 만세교(萬歲橋)가 물 밖으로 높이 대여섯 자나 솟아 놓였으니, 모양이 무지개 휜 듯하고 길이는 이르기를 이편에서 저 편까지 가기가 오 리(五里)라 하되 그럴 리는 없고 족히 삼사 리(三四里)는 되어 보이더라.

강가에 버들이 차례로 많이 서 있고, 여염(閭閻)이[7] 즐비(櫛比)하여 별 결이듯 하였으니,[8] 몇 가구(家口)인 줄 모르겠더라.

---

1) 기축년 : 영조 45년. 1769년.
2) 염사일(念四日) : 24일.
3) 누하문(樓下門) : 누각 밑으로 난 문.
4) 전형(全形) : 전체적인 모습.
5) 흥인문(興仁門) : 서울의 동대문.
6) 의지(依支)하였으되 : 모방하였으되.
7) 여염(閭閻)이 : 여염집이.
8) 별 결이듯 하였으니 : 별을 얽어 놓은 듯하였으니.

누각 위 마루청 널을 밀고 보니 그 아래가 아득한데 사닥다리를 놓고 저리 나가는 문이 아주 작은데, 침침(沈沈)하여 자세히 못 보다. 밖으로부터 아득히 우러러 보면, 높은 누각을 두 층으로 쌓아 정자(亭子)를 지었으니 마치 그림 속에 절[寺] 지은 것 같더라.

북산루(北山樓)

북산루(北山樓)는 구천각(九天閣)이란 데 가서 보면 예사 퇴락(頹落)한 누각이라. 그 마루에 가서 마루 구멍을 보니, 사닥다리를 놓았는데 사닥다리로 거기를 내려가니, 성을 짜갠 모양으로 갈라 구천각과 북루(北樓)에 붙여 길게 쌓아 북루(北樓)로 가는 길을 삼고 뽑아내어 누각을 지었으니, 북루(北樓)를 바라보고 가기 육십여 보(步)나 되더라.

북루문(北樓門) 역시 낙민루문(樂民樓門)과 같되 많이 더 크더라. 반공(半空)에 솟은 듯하고, 구름 속에 비치는 듯하더라. 성 두둑[1]을 구천각(九天閣)으로부터 빼어 내어 누각을 지었으니 의사(意思)가 공교(工巧)하더라.

그 문 속으로 들어가니 휘휘한[2] 굴 속 같은 집인데, 사닥다리를 놓았기에 사닥다리 위로 올라가니 광한전(廣寒殿) 같은 큰 마루더라. 구간대청(九間大廳)이 활랑(闊朗)하고[3] 단청분벽(丹靑粉壁)이 황홀(恍惚)한데, 앞으로 내밀어 보니 안계(眼界)[4]가 훤칠하여[5] 탄탄(坦坦)한[6] 벌[7]이니, 멀리 바라보이는 데가 치마(馳馬)하는[8] 터이기에 기생들을 (말타게) 시키려 하되 멀어서 못 시켰다.

동남편을 보니 무덤이 누루(纍纍)하여[9] 별을 벌려 놓은 듯하였으니 감창(感愴)하여 눈물이 나 금억(禁抑)지 못하겠더라. 서편으로 보니 낙민루

---

1) 성 두둑 : 성벽(城壁).
2) 휘휘한 : 고요하고 쓸쓸한.
3) 활랑(闊朗)하고 : 넓고 환하고.
4) 안계(眼界) : 시야(視野).
5) 훤칠하여 : 막힘없이 시원하여.
6) 탄탄(坦坦)한 : 평평하고 넓은.
7) 벌 : 벌판.
8) 치마(馳馬)하는 : 말 타는.
9) 누루(纍纍)하여 : 겹겹이 이어져.

(樂民樓) 앞 성천강(成川江) 물줄기 개10)까지 창일(漲溢)하고, 만세교(萬
歲橋) 비스듬히 뵈는 것이 더욱 신기하여 황홀(恍惚)하게 그림 속 같더라.

풍류(風流)를 일시에 연주하니 대무관풍류(大廡官風流)11)라, 소리 길고
조화로워 가히 들음 직하더라. 모든 기생을 쌍(雙) 지어 대무(對舞)하게
하여 종일(終日) 놀고 날이 어두워 돌아오는데, 풍류를 교전(轎前)에 길게
연주하게 하고 청사초롱 수십 쌍(雙)을, 곱게 입은 기생이 쌍쌍이 들고 섰
으며 횃불을 관청(官廳) 하인이 수없이 들고나니 가마 속 밝기가 낮 같으
니 바깥 광경을 호말(毫末)을 헤아릴 정도더라. 붉은 사(紗)12)에 푸른 사
(紗)를 이어 초롱을 만들었으니 그림자가 아롱지니 그런 장관(壯觀)이 없
더라.

군문대장(軍門大將)이 비록 야행(夜行)에 사(紗)초롱을 켠들 어찌 이토
록 장(壯)하리오? 군악(軍樂)은 귀를 진동시키고 초롱 빛은 조요(照耀)하
니, 마음에 규중소녀자(閨中小女子)임을 아주 잊고 허리에 다섯 인(印)13)
이 달리고 몸이 문무(文武)를 겸전(兼全)한 장상(將相)으로 훈업(勳業)이
고대(高大)하여 어디서 군공(軍功)을 이루고 승전곡(勝戰曲)을 연주하며
태평궁궐(太平宮闕)을 향하는 듯, 좌우 화광(火光)과 군악(軍樂)이 내 호
기(豪氣)를 돕는 듯, 몸이 육마거중(六馬車中)에14) 앉아 대로(大路)를 달
리는 듯 용약환희(踊躍歡喜)하여15) 오다가 관문(官門)에16) 이르러 관아
(官衙) 안의 마루 아래 가마를 놓고 장(壯)한 초롱이 군성(群星)이 양기
(陽氣)를 맞아 떨어지는 듯 없어지니, 심신이 황홀하여 몸이 절로 대청(大
廳)에 올라 머리를 만져보니 구름머리 꿴 것이 곱게 있고, 허리를 만지니

---

10) 개 : 갯벌.
11) 대무관풍류(大廡官風流) : 큰 고을의 음악 연주.
12) 사(紗) : 비단.
13) 다섯 인(印) : 다섯 개의 도장. 곧 다섯 가지 관직을 겸하였음을 말한 것이다.
14) 육마거중(六馬車中)에 : 여섯 마리 말이 끄는 수레 가운데에.
15) 용약환희(踊躍歡喜)하여 : 뛸 듯이 기뻐하여.
16) 관문(官門)에 : 관청의 문에.

치마를 둘렀으니 황연(晃然)히 이 몸이 여자임을 깨달아 방중(房中)에 들어오니 침선방적(針線紡績)하던 것이 좌우(左右)에 놓였으니 박장(拍掌)하여 웃다. 북루(北樓)가 불타서 다시 지었으니 더욱 굉걸(宏傑)하고 단청(丹靑)이 새롭더라.

채순상(蔡巡相) 제공(濟恭)이[17] 서문루(西門樓)를 새로 지어 호왈(號曰) 무검루(舞劍樓)라 하고 경치와 누각이 기이(奇異)하다 하니 한번 오르고자 하되 여염총중(閭閻叢中)이라 하기에 못 갔더니, 신묘년(辛卯年)[18] 시월 망일(望日)[19]에 월색(月色)이 낮과 같고 상로(霜露)[20]가 기강(旣降)하여[21] 목엽(木葉)이 진탈(盡脫)하니[22] 경치 소쇄(瀟灑)하고 풍경이 가려(佳麗)하니 월색을 타 누각에 오르고자 원님께 청하니 허락하시거늘 독교(獨轎)를 타고 오르니 누각이 표묘(縹緲)하여[23] 하늘가에 빗긴 듯하고 팔작지붕이 표연(飄然)하여[24] 가히 봄 직한데 월색에 보니 희미한 누각이 반공(半空)에 솟아 뜬 듯 더욱 기이(奇異)하더라.

누중(樓中)에 들어가니 여섯 간(間)은 되고 새로 단청(丹靑)을 하였으며 모퉁이모퉁이 구석구석에 초롱대[25]를 세우고 쌍쌍이 초를 켰으니 화광(火光)이 조요(照耀)하여 낮 같으니 눈을 들어 살핌에 단청(丹靑)을 새로 하였으니 채색(彩色) 비단으로 기둥과 반자[26]를 짠 듯하더라.

서편(西便) 창문을 여니 누(樓) 아래에 저자 벌였던 집이 서울 밖의 지물(紙物) 가게 같고 곳곳에 가게 집이 얽어 있는데, 시정(市井)들의 소리

---

17) 채순상(蔡巡相) 제공(濟恭)이 : 관찰사(觀察使)였던 채제공(蔡濟恭)이.
18) 신묘년(辛卯年) : 영조 47년. 1771년.
19) 망일(望日) : 보름. 15일.
20) 상로(霜露) : 서리.
21) 기강(旣降)하여 : 이미 내려.
22) 진탈(盡脫)하니 : 모두 떨어졌으니.
23) 표묘(縹緲)하여 : 아득하여.
24) 표연(飄然)하여 : 가볍게 날아갈 듯하여.
25) 초롱대 : 초롱을 매는 막대.
26) 반자 : 치장한 방의 천장.

고요하고 모든 집을 칠칠히27) 얽어 가며 지었으니, 높은 누상(樓上)에서
즐비한 여염(閭閻)집을 보니 천호만가(千戶萬家)를 손으로 셀 듯하더라.
성루(城樓)를 굽이 돌아보니 밀밀제제(密密濟濟)하기28) 경중낙성(京中洛
城)으로29) 다름이 없더라.

　이렇게 웅장(雄壯)하고 거룩하기가 경성(京城) 남문루(南門樓)30)라도
이에 더하지 아니할지라, 심신(心身)이 용약(踊躍)하여31) 음식을 많이 하
였다가 기생들을 실컷 먹이고 즐기더니, 중군(中軍)32)이 장한 이 월색(月
色)을 띠어 대완(大宛)33)을 타고 누하문(樓下門)을 나가는데, 풍류(風流)
를 연주하며 만세교(萬歲橋)로 나가니 훤화가갈(喧譁呵喝)이34) 또한 신
기롭더라. 시정(市井)이 서로 손을 이어 잡담(雜談)하여 무리지어 다니니
서울 같아서 무뢰배가 기생(妓生)의 집 다니며 호강을 하는 듯싶더라.

　이 날 밤이 다하도록 놀고 오다.

----

27) 칠칠히 : 빽빽하게.
28) 밀밀제제(密密濟濟)하기 : 빽빽하고 가득하기가.
29) 경중낙성(京中洛城)으로 : 서울과.
30) 경성(京城) 남문루(南門樓) : 서울 남대문의 누각.
31) 용약(踊躍)하여 : 뛸 듯이 기뻐서.
32) 중군(中軍) : 중군대장.
33) 대완(大宛) : 대완마(大宛馬). 좋은 말.
34) 훤화가갈(喧譁呵喝)이 : 시끄럽게 외치는 소리가.

동명일기(東溟日記)

　기축년(己丑年)[1] 팔월(八月)에 서울을 떠나 구월 초승에 함흥(咸興)으로 오니 다 이르기를 '일월출(日月出)이 봄 직하다.'하되 상거(相距)[2]가 오십 리(里)라 하니 마음에 중란(中亂)하되[3] 기생들이 못내 칭찬하여 거룩함을 일컬으니 내 마음이 들썩여 원님께 청(請)하니, 사군(使君)[4]이 하시기를

　"여자의 출입을 어찌 경(輕)히 하리오."

하여 뇌거불허(牢拒不許)[5]하니 하릴없어 그쳤더니 신묘년(辛卯年)[6]에 마음이 다시 들썩여 하 간절히 청(靑)하니 허락하고 겸(兼)하여 사군(使君)이 동행(同行)하여 팔월 이십일 일 동명(東溟)에서 나는 중로손(中路孫)[7] 한명우의 집에 가 자고 거기서 달 보는 귀경대(龜景臺)가 십오 리(里)라 하기에 그리 가려 했는데, 그때 추위가 오래도록 계속되어 길 떠나는 날까지 구름이 사면(四面)으로 운집(雲集)하고 땅이 질어 말 발이 빠지되, 이미 내킨 마음이라 동명(東溟)으로 가니 그 날이 종시(終始) 청명(淸明)치 아니하니 새벽달도 못 보고 그저 환아(還衙)[8]를 하려 하더니, 새벽에 종[9]이 들어와 '이미 날이 좋아졌으니 귀경대(龜景臺)로 오르자.' 간청하기에 죽을 먹고 길에 오르니 이미 먼동이 트더라.

　쌍교마(雙轎馬)와 종과 기생 탄 말을 바삐 채를 치니 네 굽을 모아 뛰

----

1) 기축년(己丑年) : 영조 45년. 1769년.
2) 상거(相距) : 거리. 떨어진 거리.
3) 중란(中亂)하되 : 심란하되. 마음이 어수선하되.
4) 사군(使君) : 원님.
5) 뇌거불허(牢拒不許) : 딱 잘라 거절하여 허락하지 않음.
6) 신묘년(辛卯年) : 영조 47년. 1771년.
7) 중로손(中路孫) : 중인의 후손. 중인.
8) 환아(還衙) : 관아로 돌아감.
9) 종 : 의유당의 조카인 김기종을 말한 것임.

어 달리니 편안하지 못하여 십오 리(里)를 경각(頃刻)에 행(行)하여 귀경
대(龜景臺)에 오르니 사면(四面)에 애운(靄雲)10)이 끼고 해 돋는 데 잠깐
터져 겨우 보는 듯 마는 듯하여 인하여 돌아오는데 운전(雲田)11)에 이르
니 날이 쾌청(快晴)하니 그런 애달픈 일이 없더라.

　조반(朝飯) 먹고 돌아올 때 바닷가에 쌍교(雙轎)를 교부(轎夫)에 메여
세우고 전모(氈帽) 쓴 종과 군복(軍服)한 기생을 말 태워 좌우(左右)로 갈
라 세우고 사공을 시켜 후리질12)을 시키니 후리질 하는 모양이 수십 척
(尺) 장목(長木)을13) 마주 이어 너비 한 간(間) 배(倍)만한14) 그물을 노끈
으로 얽어 장목(長木)을 치고 그물꽂15)은 백토(白土)로 구워 탕기(湯器)
만큼 한 것을 두루 달고, 동아줄로 끈을 하여 해심(海深)에 후릿그물을 넣
어 해변에서 사공(沙工) 수십 명이 서서 아우성을 치고 당겨 내니, 물소리
광풍(狂風)이 이는 듯하고 옥 같은 물굽이 노(怒)하여 뛰는 것이 하늘에
닿았으니 그 소리 산악(山嶽)이 움직이는 듯하더라. 일월출(日月出)을 변
변히 못 보고 이런 장관(壯觀)을 한 것으로 위로하였더라. 후릿그물을 끌
어내니 연어, 가자미 속(屬)16)이 그물에 달리어 나왔더라.

　보기를 다하고 가마를 돌이켜 돌아올 때 교중(轎中)에서 생각하니 여
자의 몸으로 만리창파(萬里滄波)17)를 보고 바다 고기 잡는 모양을 보니
세상이 헛되지 아님을 자기(自期)하여18) 십여 리(里)를 오다가 태조대왕
(太祖大王) 노시던 격구정(擊毬亭)을 바라보니 높은 봉우리 위에 나는 듯

---

　10) 애운(靄雲) : 자욱한 구름.
　11) 운전(雲田) : 지명(地名). 함흥부의 동쪽 바닷가에 있음.
　12) 후리질 : 그물을 넓게 둘러치고 여러 사람이 두 끝을 당겨 물고기를 잡는 것.
　13) 장목(長木) : 긴 나무. 물건을 받치거나 버티는 데 사용함.
　14) 한 간(間) 배(倍)만한 : 대략 간(間)의 두 배만한. 간(間)은 넓이의 단위로 사방
　　　여섯 자의 크기이다.
　15) 그물꽂 : 그물에 다는 추.
　16) 속(屬) : 등(等). 등속(等屬).
　17) 만리창파(萬里滄波) : 끝없이 넓은 바다.
　18) 자기(自期)하여 : 마음속으로 스스로 기약하여. 스스로 깨달아.

한 정자(亭子)가 있어 가마를 돌이켜 오르니, 단청(丹靑)이 약간 퇴락(頹落)한 육칠(六七) 간(間) 정자(亭子)가 있었는데 정자(亭子) 바닥은 박석(薄石)19)을 깔았더라.

정자(亭子)는 그리 좋은 줄 모르겠으되 안계(眼界) 기이하여 앞은 탄탄(坦坦)훤훤한20) 벌이오, 뒤는 푸른 바다가 둘렀으니 안목(眼目)이 쾌창(快暢)하고21) 심신(心身)이 상연(爽然)한데22) 바다 한가운데 큰 병풍 같은 바위가 올연(兀然)히23) 섰으니 거동(擧動)24)이 기이하더라. 이르기를 선바위라 하더라.

봉(峰) 아래에 악공(樂工)을 숨겨 앉히고 풍류(風流)를25) 늘어지게 치게 하고 기생(妓生)을 군복(軍服)한 채 춤을 추게 하니 또한 봄 직하더라. 원님은 먼저 내쳐서 원으로 가시고 종이 형제만 데리고 왔기에 마음 놓고 놀더니 촌녀(村女) 젊은 여자 둘과 늙은 노파가 와서 굿 보려 하다가26) 종이가

"네 어디 있는 여인인가?"

하니 상풍(尙風) 향족부녀(鄕族婦女)인가 하여27) 대노(大怒)하여 달아나니 일장(一場)을28) 웃다.

인(因)하여 돌아 나올 때 본궁(本宮)을 지나니 보고 싶되 별차(別差)가 허락지 아니 하기에 못 보고 돌아오니, 일껏 별러 가서 일월출(日月出)을

---

19) 박석(薄石) : 얇고 넓적한 돌.

20) 탄탄(坦坦)훤훤한 : 평평하고 넓은.

21) 쾌창(快暢)하고 : 시원하고.

22) 상연(爽然)한데 : 시원하고 상쾌한데.

23) 올연(兀然)히 : 우뚝하게.

24) 거동(擧動) : 모습.

25) 풍류(風流) : 풍악(風樂). 악기 연주.

26) 굿 보려 하다가 : 놀이를 구경하려 하다가.

27) 상풍(尙風) 향족부녀(鄕族婦女)인가 하여 : 풍속을 중시하는 향촌(鄕村)의 부녀 자인 듯.

28) 일장(一場)을 : 한바탕.

못 보고 무미막심(無味莫甚)하게29) 다녀와 그 가엾기를 어찌 다 이르리
오.

　그 후 맺혀30) 다시 보기를 계교(計巧)하되 사군(使君)이 엄(嚴)히 막아
끊으니 감히 생의(生意)치 못하더니 임진(壬辰) 상척(喪戚)을 당하여31)
종이를 서울 보내어 이미 달이 넘고 고향을 떠나 사 년(四年)이 되니 죽
은 이는 이의(已矣)거니와32) 생면(生面)이 그립고 종이조차 보내어 심우
(心憂)를 도우니 회포(懷抱)가 자못 괴로운지라, 원님께 다시 동명(東溟)
보기를 청(請)하니 허락지 아니하시거늘 내 하되,

　"인생(人生)이 기하(幾何)오?33) 사람이 한번 돌아감에 다시 오는 일이
없고, 심우(心憂)와 지통(至痛)을 쌓아 매양 울울(鬱鬱)하니 한번 놀아 심
울(心鬱)을 푸는 것이 만금(萬金)에 비하여 바꾸지 못하리니 덕분에 가지
라34)."

　하35) 비니, 원님이 역시 일출을 못 보신 고로 허락(許諾), 동행(同行)하
자 하시니 구월 십칠 일로 가기를 정하니 속기생(屬妓生)36) 차섬이·보
배 쾌락 대희하여 무한 치장기구를 성비하는데 차섬이·보배 한 쌍, 이랑
이·일섬이 한 쌍, 계월이 하고 가는데 십칠 일 식후(食後)에 떠나려 하니
십육 일 밤을 당하여 기생(妓生)과 비복(婢僕)이 다 잠을 아니 자고 뜰에
나려 사면(四面)을 관망(觀望)하여 혹 하늘이 흐릴까 애를 쓰니 나 역시
민망(憫惘)하여 한가지로 하늘을 우러러 보니 망일(望日)에 월식(月蝕)

<hr>

29) 무미막심(無味莫甚)이 : 매우 재미없게.
30) 맺혀 : 가슴에 맺혀.
31) 임진(壬辰) 상척(喪戚)을 당하여 : 임진년[1772년]에 친척의 상(喪)을 당하여.
　　의유당 남씨(南氏)의 형부인 김시묵(金時默 : 1722~1772)의 상(喪)을 말한다.
32) 이의(已矣)거니와 : 이미 끝난 일이거니와.
33) 인생(人生)이 기하(幾何)오? : 인생이 얼마나 되오?
34) 가지라 : 가고 싶도다.
35) 하 : 매우.
36) 속기생(屬妓生) : 관청에 소속된 기생. 관기(官妓).

끝이라 혹 흑색 구름이 층층(層層)하고 진애(塵埃) 기운이 사면(四面)에 둘렀으니 모든 비복(婢僕)과 기생(妓生)이 발을 굴러 혀 차 거의 미칠 듯 애를 쓰니 나 또한 초조(焦燥)하여 겨우 새워, 십칠일 미명에 바삐 일어나 하늘을 보니 오히려 천색(天色)이 쾌(快)치 아니하여 동편(東便)에 붉은 기운이 일광(日光)을 가리니 흉중(胸中)이 요요(搖搖)하여37) 하늘을 무수히 보니 날이 늦으며 홍운(紅雲)이 걷히고 햇기운이 나니 상하(上下) 즐겨 밥을 재촉하여 먹고 길을 떠나니, 앞에 군복(軍服)한 기생(妓生) 두 쌍과 아이 기생 하나가 비룡(飛龍) 같은 말을 타고 섰으니 전립(戰笠) 위에 상모(象毛)와 공작모(孔雀毛) 햇빛에 조요(照耀)하고38) 상마(上馬)한39) 모양이 나는 듯한데, 군악(軍樂)을 교전에서 늘어지게 주(奏)하니 미세한 규중여자(閨中女子)로 거년(去年)40)에 비록 낭패(狼狽)하였으나 거년(去年) 호사(豪奢)를 금년(今年) 차일(此日)에 다시 하니 어느 것이 사군(使君)의 은혜 아니리오.

짐짓 서문(西門)으로 나서 남문(南門) 밖을 돌아가며 쌍교마(雙轎馬)를 천천히 놓아 좌우 저자를 살피니 거리 여섯 저자 장안낙중(長安洛中)41)과 다름이 없고 의전(衣廛)42)·백목전(白木廛)43)·채마전44) 각색(各色) 전(廛)이 반감희(半減喜)하여45) 고향 생각과 친척 그리움이 배(倍)하더라. 포전(布廛)46)·백목전(白木廛)이 더욱 장하여 필필(疋疋)이 건 것이 몇 천 동47)을 내어 건 줄 모르겠더라. 각색 옷이며 비단 금침(衾枕)을 다 내

---

37) 요요(搖搖)하여 : 흔들려. 안정되지 못하여.
38) 조요(照耀)하고 : 밝게 비쳐서 빛나고.
39) 상마(上馬)한 : 말에 올라 탄.
40) 거년(去年) : 지난해.
41) 장안낙중(長安洛中) : 서울.
42) 의전(衣廛) : 옷가게.
43) 백목전(白木廛) : 무명을 파는 가게.
44) 채마전 : 채소 파는 가게.
45) 반감희(半減喜)하여 : 즐거움을 반감시켜.
46) 포전(布廛) : 포목점.

어 걸었으니 일색(日色)에 눈부시더라.

처음 갔던 한명우의 집으로 아니 가고 가치섬이란 데 숙소 하러 가니 읍내서 삼십 리(里)는 가니 운전창(雲田倉)부터 바다가 뵈더니 다시 가치섬이 표묘(縹緲)히48) 높아 있으니 한 편은 가없는 창해(滄海)요 한 편은 첩첩(疊疊)한 뫼인데 바닷가로 길이 겨우 무명 너비만 하고 그 옆이 산이니 쌍교(雙轎)를 인부(人夫)에 메여 가만가만 가니 물결이 굽이쳐 홍치며49) 창색(滄色)50)이 흉용(洶溶)하니51) 처음으로 보기 끔찍하더라.

길이 소삽(疏澁)하고52) 돌과 바위가 깔렸으니 인부가 겨우 조심하여 일 리(里)는 가니 길이 평탄(平坦)하여 넓은 들인데 가치섬이 우러러 뵈니 높기는 서울 백악산(白岳山) 같고 모양 대소는 백악(白岳)만 못하고 산색(山色)이 붉고 탁하여 좋기 백악(白岳)만 못하더라.

바닷가로 돌아 섬 밑에 집 잡아 드니 춘매·매화가 추후(追後)하여 왔더라.

점심을 하여 들이는데 생복회(生鰒膾)53)를 놓았으니 그 밑에서 건진 것이라 맛이 별(別)하되 구치(驅馳)하여54) 가니 잘 먹지 못하니 낙중(洛中)55) 친척(親戚)으로 더불어 맛을 나누지 못하니 지한(至恨)이러라.

날이 오히려 이르고 천기화명(天氣和明)56)하며 풍일(風日)이 고요하니 배를 꾸며 바다에 사군(使君)이 오르시고 숙씨(叔氏)와 성이를 데리고 내 오르니 풍류(風流)를 딴 배에 실어 우리가 오른 뱃머리에 달고 일시에 주

---

47) 동 : 물건을 묶어 세는 단위.
48) 표묘(縹緲)히 : 아득히.
49) 홍치며 : 흥청거리며. 크게 일어나는 모양을 형용한 말이다.
50) 창색(滄色) : 물결.
51) 흉용(洶溶)하니 : 매우 세차게 흘러가니.
52) 소삽(疏澁)하고 : 낯설고 막막하고.
53) 생복회(生鰒膾) : 익히지 않은 전복으로 만든 회.
54) 구치(驅馳)하여 : 급히 재촉하여.
55) 낙중(洛中) : 서울.
56) 천기화명(天氣和明) : 바람이 잔잔하고 날씨가 맑음.

(奏)하니 해수(海水)는 푸르고 푸르러 가없고 군복(軍服)한 기생의 그림자는 하늘과 바다에 거꾸로 박힌 듯, 풍류(風流) 소리는 하늘과 바다 속에 사무쳐 요란한 듯, 날이 석양(夕陽)이니 쇠한 해 그림자 해심(海心)에 비치니 일만 필(疋) 흰 비단을 물 위에 편 듯 도니 마음이 비스듬히 흔들려 상쾌(爽快)하니 만리창파(萬里滄波)에 일엽편주(一葉片舟)로 망망대해(茫茫大海)에 위태로움을 다 잊을러라.

기생 보배는 가치섬 봉(峰) 위에 구경 갔다가 내려오니 벌써 배를 띄워 대해(大海)에 중류(中流)하니 오르지 못하고 해변에 서서 손을 쓰니 또한 기관(奇觀)이더라. 거년(去年) 격구정(擊毬亭)에서 선바위를 보고 기이(奇異)하게 여기고 돌아왔더니 금일 선유(船遊)에 선바위 밑에 이르니 신기하더라.

해 거의 져 가니 행여 월출(月出) 보기 늦을까 바삐 배를 대어 사처[57]에 돌아와 저녁을 바삐 먹고 일색(日色)이 채 진(盡)치 않아서 귀경대(龜景臺)에 오르니 오 리(里)는 되더라.

귀경대(龜景臺)를 가마 속에서 보니 높이 아득하여 '어찌 오를고?' 하더니 사람이 많이 다녀 길이 반반하여 어렵지 아니하니, 쌍교(雙轎)의 인부(人夫)로 오르니 올라 간 후는 평안하여 좋고 귀경대(龜景臺) 앞에 바다 속에 바위가 있는데 크기도 퍽 크고 형용(形容) 생긴 것이 거북이가 꼬리를 끼고 엎드린 듯한데 천생(天生)으로 생긴 것이 공교로이 쪼아 만든 듯하니 연고(緣故)로 귀경대(龜景臺)라 하는 듯싶더라.

대상(臺上)에[58] 오르니 물 형계(形界)[59] 더욱 장하여 바다 넓이는 어떠한지 가히 측량(測量)할 수 없고 푸른 물결치는 소리 광풍(狂風)이 이는 듯하고 산악이 울리는 듯하더니 천하에 끔찍한[60] 장관(壯觀)이러라.

---

57) 사처 : 나그네가 길을 가다 묵는 집. 숙소.
58) 대상(臺上)에 : 귀경대(龜景臺) 위에.
59) 형계(形界) : 매우 볼 만한 경치.
60) 끔찍한 : 매우 놀라운.

구월 기러기 어지러이 울고 한풍(寒風)이 끼치는데 바다로 말도 같고 사슴도 같은 것이 물 위로 다니기를 말 달리듯 하니 날 기운이 이미 침침 (沈沈)하니 자세치 아니하되 또 기절(奇絶)히 봄 직하니 일생(一生) 보던 기생(妓生)들이 연성(連聲)하여 괴이(怪異)함을 부를 때 내 마음에 신기 (新奇)키 어떠하리오. 혹 해구(海狗)라 하고 고래라 하니 모를러라.

해 쾌(快)히 다 지고 어두운 빛이 일어나니 달 돋을 데를 바라본즉 진 애(塵埃) 사면(四面)으로 끼고 모운(暮雲)이 창창(蒼蒼)하여 아마도 달 보 기 황당(荒唐)하니61) 별러 별러 와서 내 마음 가엾기는 이르지 말고 차섬 이·이랑이·보배 다

"마님 월출(月出)을 못 보시게 되었다."

하고 소리 하여 한(恨)하니 그 정(情)이 또 고맙더라.

달 돋을 때 못 미치고 어둡기 심하니 좌우로 초롱을 켜고 매화가 춘매 로 하여 대상(臺上)에서 관동별곡(關東別曲)을 시키니 소리 높고 맑아 집 에 앉아 듣는 것보다 신기롭더라.

물치는 소리 장함에 청풍(淸風)이 슬슬이62) 일어나며 다행히 사면(四 面) 연운(煙雲)이 잠깐 걷히고 물 밑이 일시(一時)에 통랑(通朗)하며63) 거 기에 드리운 도홍(桃紅)빛 같은 것이 얼레빗64) 잔등65) 같은 것이 약간 비 치더니 차차 내미는데 둥근 빛 붉은 폐백반(幣帛盤)만 한 것이 길게 홍쳐 올라 붙으며 차차 붉은 기운이 없어지고 온 바다가 일시에 희어지니 바다 푸른빛이 희고 희여 은(銀) 같고 맑고 깨끗하여 옥(玉) 같으니 창파만리 (滄波萬里)에 달 비치는 장관을 어찌 능히 볼 수 있었겠는가마는 사군이

---

61) 황당(荒唐)하니 : 터무니없게 되니.
62) 슬슬이 : 바람이 부드럽게 부는 모양.
63) 통랑(通朗)하며 : 밝고 환하여.
64) 얼레빗 : 얼레빗은 빗살이 굵고 성긴 큰 빗인데, 빗의 등이 둥글어 달에 비유하 여 '월소(月梳)'라고도 한다.
65) 잔등 : 등[背].

세록지신(世祿之臣)66)으로 천은(天恩)이 망극(罔極)하여 연하여 외방(外方)에 작재(作宰)하여 나라 것을 짠히67) 먹고, 나는 또한 사군(使君)의 덕(德)으로 이런 장관(壯觀)을 하니 도무지 어느 것이 성주(聖主)의 은혜(恩惠) 아닌 것이 있으리오.

밤이 들어 오니 바람이 차고 물 치는 소리 요란(擾亂)한데 한랭(寒冷)하니 성이 때문에 더욱 민망하여 사처로 돌아오니 기생(妓生)들이 월출(月出) 관광(觀光)이 쾌(快)치 아닌 줄 애달파 하니 나는 그도 장관(壯觀)으로 아는데 그리들 하니 심(甚)히 서운하더라.

행여 일출(日出)을 못 볼까 노심초사(勞心焦思)하여 새도록 자지 못하고 가끔 영재를 불러

"사공(沙工)더러 물어라."

하니

"내일은 일출(日出)을 쾌(快)히 보시리라 하다."

하되 마음에 미덥지 아니하여 초조(焦燥)하더니 먼 데 닭이 울며 연(連)하여 자주 계속하니 기생(妓生)과 비복(婢僕)을 혼동(混動)68) 하69) 하여

"어서 일어나라."

하니 밖에 급창(及唱)이 와

"관청 감관(官廳監官)이 다 아직 너무 일찍이니 못 떠나시리라 한다."

하되 곧이 아니 듣고 발발이70) 재촉하여 떡국을 쑤었으되 아니 먹고 바삐 귀경대(龜景臺)에 오르니 달빛이 사면(四面)에 조요(照耀)하니 바다가 어젯밤보다 희기 더하고 광풍(狂風)이 대작(大作)하여 사람의 뼈에 사무치고 물결치는 소리 산악(山嶽)이 움직이며 별빛이 말곳말곳하여 동편에

---

66) 세록지신(世祿之臣) : 대대로 나라에서 녹봉을 받는 신하.

67) 짠히 : 매우. 실컷.

68) 혼동(混動) : 마구 흔듦.

69) 하 : 아주. 몹시.

70) 발발이 : 부산하게.

차례로 있어 새기는 멀었고, 자는 아이를 급히 깨워 왔기에 추워 날뛰며 기생(妓生)과 비복(婢僕)이 다 이를 두드려 떠니, 사군(使君)이 소리하여 혼동 왈,

"상(常) 없이 일찍 와 아이와 실내(室內) 다 큰 병이 나게 하였다."
하고 소리하여 걱정하니, 내 마음이 불안하여 한 소리를 못하고, 감히 추워하는 눈치를 못하고 죽은 듯이 앉았으되, 날이 샐 가망(可望)이 없으니 연하여 영재를 불러,

"동이 트느냐?"

물으니, 아직 멀기로 연하여 대답하고, 물 치는 소리 천지(天地) 진동(震動)하여 한풍(寒風) 끼치기 더욱 심하고, 좌우시인(左右侍人)이 고개를 기울여 입을 가슴에 박고 추워하더니, 매우 이윽한 후, 동편의 성수(星宿)가 드물어지며 월색(月色)이 차차 엷어지며 홍색(紅色)이 분명하니, 소리하여 시원함을 부르고 가마 밖에 나서니 좌우 비복(左右婢僕)과 기생(妓生)들이 옹위(擁衛)하여 보기를 졸이더니, 이윽고 날이 밝으며 붉은 기운이 동편에 길게 뻗쳤으니, 진홍 대단(眞紅大緞) 여러 필(疋)을 물 위에 펼친 듯, 만경창파(萬頃蒼波)가 일시(一時)에 붉어져 하늘에 자욱하고, 노(怒)하는 물결 소리 더욱 장(壯)하며, 홍전(紅氈) 같은 물빛이 황홀(恍惚)하여 수색(水色)이 조요(照耀)하니, 차마 끔찍하더라.

붉은 빛이 더욱 붉어지니, 마주 선 사람의 낯과 옷이 다 붉더라. 물이 굽이져 올려 치니, 밤에 물 치는 굽이는 옥같이 희더니, 즉금(卽今) 물굽이는 붉기가 홍옥(紅玉) 같아 하늘에 닿았으니, 장관(壯觀)을 이를 것이 없더라.

붉은 기운이 퍼져 하늘과 물이 다 조요(照耀)하되 해 아니 나니, 기생들이 손을 두드려 소리하여 애달파 가로되,

"이제는 해 다 돋아 저 속에 들었으니, 저 붉은 기운이 다 푸르러 구름이 되리라."

혼공(渾恐)하니[71], 낙막(落寞)하여[72] 그저 돌아가려 하니, 사군(使君)과 숙씨(叔氏)께서,

"그렇지 않아, 이제 보리라."

하시되, 이랑이·차섬이 냉소(冷笑)하여 이르되,

"소인(小人) 등이 이번뿐 아니고, 자주 보았사오니, 어찌 모르리이까. 마님, 큰 병환(病患) 나실 것이니, 어서 가압사이다."

하거늘, 가마 속에 들어앉으니, 봉이 어미 악써 가로되,

"하인(下人)들이 다 하되, 이제 해 돋으리라 하는데 어찌 가시리오? 기생(妓生) 아이들은 철모르고 지레 이렇게 구느냐?"

이랑이 박장(拍掌) 왈,

"그것들은 전혀 모르고 한 말이니 곧이 듣지 말라."

하거늘,

"돌아가 사공(沙工)더러 물으라."

하니,

"사공이 오늘 일출(日出)이 유명(有名)하리란다."

하거늘, 내 도로 나서니, 차섬이·보배는 내가 가마에 드는 상[73] 보고 먼저 가고, 계집 종 셋이 먼저 갔더라.

홍색(紅色)이 거룩하여 붉은 기운이 하늘을 뛰놀더니, 이랑이 소리를 높이 하여 나를 불러,

"저기 물 밑을 보라."

외치거늘, 급히 눈을 들어 보니, 물 밑 홍운(紅雲)을 헤치고 큰 실오라기 같은 줄이 붉기가 더욱 기이(奇異)하며, 기운이 진홍(眞紅) 같은 것이 차차 나와 손바닥 넓이 같은 것이 그믐밤에 보는 숯불 빛 같더라. 차차

---

71) 혼공(渾恐)하니 : 모두 안타까워 하니.
72) 낙막(落寞)하여 : 마음이 쓸쓸하여.
73) 상 : 모습(을).

나오더니, 그 위로 작은 회오리밤 같은 것이 붉기가 호박(琥珀) 구슬 같고, 맑고 통랑(通朗)하기는 호박도곤 더 곱더라.

그 붉은 위로 흘흘 움직여 도는데, 처음 났던 붉은 기운이 백지(白紙) 반 장(半張) 넓이만치 반듯이 비치며, 밤 같던 기운이 해 되어 차차 커 가며, 큰 쟁반만 하여 불긋불긋 번듯번듯 뛰놀며, 적색(赤色)이 온 바다에 끼치며, 먼저 붉은 기운이 차차 가시며, 해 흔들며 뛰놀기 더욱 자주 하며, 항 같고 독 같은 것이 좌우(左右)로 뛰놀며, 황홀(恍惚)히 번득여 양목(兩目)이 어지러우며, 붉은 기운이 명랑(明朗)하여 첫 홍색을 헤치고, 천중(天中)에 쟁반 같은 것이 수레바퀴 같아 물속으로부터 치밀어 받치듯이 올라붙으며, 항·독 같은 기운이 스러지고, 처음 붉어 겉을 비추던 것은 모여 소혀처럼 드리워져 물속에 풍덩 빠지는 듯싶더라.

일색(日色)이 조요(照耀)하며 물결의 붉은 기운이 차차 가시며, 일광(日光)이 청랑(淸朗)하니, 만고천하(萬古天下)에 그런 장관은 대두(對頭)할 데 없을 듯하더라.

짐작에 처음 백지(白紙) 반 장(半張)만치 붉은 기운은 그 속에서 해 장차 나려고 어리어 그리 붉고, 그 회오리밤 같은 것은 진짓[74] 일색을 뽑아내니 어린 기운이 차차 가시며, 독 같고 항 같은 것은 일색이 몹시 고운 고(故)로, 보는 사람의 안력(眼力)이 황홀(恍惚)하여 도무지 헛기운인 듯싶더라.

차섬이·보배는 내가 교중(轎中)에 드니 먼저 가는 듯싶더니, 도로 왔던 양하여 묘시(卯時)[75] 보심을 하례(賀禮)하고 이랑이 손을 두드려

"보시도다."

하여 즐거워하더라.

장관(壯觀)을[76] 즐겁게 하고 오려 할 때 촌녀(村女)들이 작별차(作別

---

74) 진짓 : 진실로. 정말로.
75) 묘시(卯時) : 오전 여섯시 즈음. 곧 이 즈음에 있었던 해돋이.

次) 운집(雲集)하여 와서 보며 손을 비비며 무엇 달라 하니 돈냥인지 주어 나눠 먹으라 하다. 사처로 돌아오니 즐겁기가 중보(重寶)를 얻은 듯하더라.

조반(朝飯)을 급히 먹고 돌아올 때에 본궁(本宮) 보기를 청하여 허락(許諾)을 받고 본궁(本宮)에 들어가니, 궁전(宮殿)이 광활(廣闊)한데 분장(粉牆)으로 두루 싸고 백토(白土)로 기와 용마루를 칠하고 팔작77) 위에 기와로 사람처럼 만들어 화살 멘 것, 공속(拱束)78)하고 선 것, 양마지속(羊馬之屬)79)을 다하여 앉혔으니 또한 봄 직하더라.

궁전(宮殿)에 들어가니 집이 그리 높지 아니하되, 넓고 단청 채색(丹靑彩色)이 영롱(玲瓏)하여 햇빛에 조요(照耀)하더라. 전(殿) 툇마루 앞에 태조대왕(太祖大王)의 빛갓은 다 삭아 겨우 보80)를 의지하고 은(銀)으로 만든 일월옥로(日月玉鷺) 입식(笠飾)81)은 다 빛이 새로워 있고 화살은 빛이 절어도 다른 데는 상(傷)치 아니하고 동개82)도 새로운 모습이 있되, 요대(腰帶) · 호수(虎鬚)83) · 활시위 하던 실이 다 삭았으니 손 닿으면 묻어날 듯 무섭더라.

전문(殿門)을 여니 감실(龕室)84) 네 위(位)에 도홍수화주(桃紅水禾紬)85)에 초록 허리를 달아 장(帳)을 하여 위(位)마다 쳤으니 마음에 으리으리하고 무섭더라.

다 보고 나오니 뜰 앞에 반송(盤松)이 있는데, 키 작아 손으로 만져지

---

76) 장관(壯觀)을 : 장(壯)한 구경을. 뛰어난 경관 구경을.
77) 팔작 : 팔작 지붕.
78) 공속(拱束) : 두 손을 마주 잡고 공손히 있는 것을 말함.
79) 양마지속(羊馬之屬) : 양이나 말과 같은 동물들.
80) 보(褓) : 갓의 테두리.
81) 일월옥로(日月玉鷺) 입식(笠飾) : 일월과 해오라기 모양의 갓에 다는 장식.
82) 동개 : 활과 화살을 꽂아 넣어 등에 지도록 만든 물건.
83) 호수(虎鬚) : 갓의 네 귀에 꾸밈새로 꽂던 흰 새털.
84) 감실(龕室) : 신주(神主)를 모셔 두는 장(欌).
85) 도홍수화주(桃紅水禾紬) : 분홍 빛의 좋은 비단.

고, 퍼진 것이 양산(陽傘) 같고 약간 누른 잎이 있고 노송(老松)이되, 새로
왔으니 다 친(親)히 심으신 것이 여러 백(百) 년(年)이 지났으되 이리 신
신(新新)하니 어찌 기이(奇異)치 아니하리오. 뒤에 돌아 들어가니 큰 소나
무가 마주 섰는데 몸은 남자의 아름으로 두 아름은 되고 가지마다 용이
틀어진 듯 틀려 얹혔는데 높이는 대여섯 길은 되고 가지 쇠(衰)하고 잎이
누르러 퍽 떨어지더라. 옛날에는 나무 몸에 구피(狗皮)로 다 쌌다 하되 녹
고 보(褓)를86) 싸고 구리 띠를 하여 띠었더라. 곧고 큰 나무로 사면(四面)
으로 들어 받쳤더라.

다 보고 돌아 나오다가 동편(東便)으로 보니 우물이 있되 그리 크지 아
니하고 돌로 쌓고 널87)로 짰더라. 보고 수 보(數步)는 나오니 장(壯)히 큰
밤나무가 서 있으니 언제적 나무인 줄 모르러라. 제기(祭器) 놓인 데로 오
니 다 은기(銀器)라 하되 잠갔기에 못 보다. 방앗집에 오니 방아를 정(淨)
히 걸고 집을 지었으니 정(淨)하기 이상(異常)하더라.88) 제물(祭物) 하는
것만 찧는다 하더라. 세세(細細)히 다 보고 환아(還衙)하니 사군(使君)은
먼저 와 계시더라.

인생이 두루 괴로워 위로 두 녘 부모님이 모두 아니 계시고, 알뜰한 참
경(慘景)을 두루 보고 형제자매가 영락(零落)하여 회포(懷抱)가 두루 괴
롭고, 지통(至痛)이 몸을 누르니 세상에 호흥(好興)89)이 없더니 성주(聖
主)의 은덕(恩德)이 망극(罔極)하여 이런 대지(大地)에 와 호의이호식(好
衣而好食)을 하고 동명(東溟) 귀경대(龜景臺)와 운전(雲田) 바다와 격구
정(擊毬亭)을 두루 보고 필경(畢竟)에 본궁(本宮)을 보고 창업(創業) 태평
(太平) 성군(聖君)의 옥택(玉宅)을 사백 년 후에 이 무지한 여자(女子)로
서 구경하니 어찌 자연(自然)하리오.90)

<hr>

86) 보(褓)를 : 보자기를. 보자기로.
87) 널 : 널빤지.
88) 이상(異常)하더라 : 보통과 다르더라.
89) 호흥(好興) : 좋은 일이나 흥이 나는 일.

구월 십칠 일 가서 십팔 일 돌아와 이십일 일 기록(記錄)하노라.

---

90) 자연(自然)하리오 : 절로 그렇게 된 것이겠는가?

춘일소흥(春日消興)

1. 김득신(金得臣)

김득신(金得臣)은 감사(監司) 치(緻)1)의 자(子)이다. 위인(爲人)이 소탕
(疏蕩)하고2) 오활(迂闊)하여,3) 세간(世間) 사정(事情)을 일절(一切) 모르고
글읽기만 좋아하되, 천만 번 읽어도 외우지 못하고 『사기(史記)』를 더욱
좋아하여 「백이전(伯夷傳)」을 읽어 일억 이만 팔천(一億二萬八千) 번4)
을 읽되, 성품(性品)이 심(甚)히 노둔(魯鈍)하여 비록 많이 읽기를 이렇
듯이 하되, 책을 덮으면 문득 잊는지라, 만년(晩年)에 사람이 시험(試驗)
하여 「백이전(伯夷傳)」 문자(文字)를 물었는데, 망연(茫然)히5) 알지 못하
고 가로되,

"그 문자(文字)가 어느 글에 있나뇨?"

그 사람이 가로되,

"이는 「백이전(伯夷傳)」 문자(文字)라."

한데, 오히려 깨닫지 못하고 이에 그 책을 펴보고 크게 놀라 가로되,

"옳다. 이것이다. 이것이다."

하니 그 둔함이 이러하더라.

녹천(鹿川) 이상국(李相國)의6) 계모(繼母)는 김득신(金得臣) 딸이라.

---

1) 감사(監司) 치(緻) : 감사(監司) 벼슬을 한 치(緻). 곧 김치(金緻, 1577~1625)를
   말한다.
2) 소탕(疏蕩)하고 : 호탕(浩蕩)하고.
3) 오활(迂闊)하여 : 사리에 밝지 않아서.
4) 일억 이만 팔천 번 : 일십이만 팔천 번. 전통시대의 일억(一億)은 현재의 십만(十
   萬)이다.
5) 망연(茫然)히 : 까마득히.
6) 녹천(鹿川) 이상국(李相國) : 이유(李濡, 1645~1721). 녹천(鹿川)은 이유(李濡)의
   호(號)이고, 상국(相國)은 정승을 일컫는 말이다.

그 딸이 죽어 상행(喪行)하여[7] 성문(城門)에 이르러 관(棺)을 머물게 하고 문 열기를 기다리더니, 그 부친이 또한 수구(隨柩)하여[8] 이르러, 횃불 분답(粉沓)한[9] 가운데 한 책권(冊卷)을 놓고 대독(大讀)하니[10] 모든 사람이 본즉「백이전(伯夷傳)」이더라.

그 오활(迂闊)함이 이와 같고 그 후 상처(喪妻)함에 그 조카가 가서 조상(弔喪)함에 더불어 한가지로 울더니, 그 조카가 울음을 그치고 들으니 아저씨가 바야흐로「백이전(伯夷傳)」을 읽기를 그치지 아니하였기에 듣는 자가[11] 다 웃더라.

---

7) 상행(喪行)하여 : 상여(喪輿)의 뒤를 따라.
8) 수구(隨柩)하여 : 상여 뒤를 따라.
9) 횃불 분답(粉沓)한 : 횃불이 어지러운.
10) 대독(大讀)하니 : 크게 읽으니.
11) 듣는 자가 : (이 이야기를) 들은 사람이.

2. 남호곡(南壺谷)[12]

남호곡(南壺谷)은 아시(兒時)부터 시재(詩才)[13]가 무리에서 뛰어났는데 일일(一日)은 어른이 운(韻)을 불러,

"누에를 두고 글을 지으라."

한데, 응구첩대(應口捷待)하니, 시왈(詩曰),

치인흑순영녹엽(稚引黑脣迎綠葉)이요,

　어려서 검은 입술을 인(引)하여 푸른 잎을 맞고,[14]

노타황복상청제(老拖黃腹上靑梯)라.

　늙어서는 누런 배를 끌고 푸른 사다리로 오르는도다.

실각진형잉화접(失却眞形仍化蝶)하니,

　참된 형상(形相)을 잃고 인하여 나비로 화(化)하니,

갱의장수몽혼미(更疑莊叟夢魂迷)라.

　다시 장수(莊叟)[15]의 몽혼(夢魂)이 희미한가 의심(疑心)하노라.

그 어른이 아름답게 여겨 상(賞)을 주고 가로되,

"첫 구(句)로 보면 이 아이 반드시 일찍이 청요(淸要)하고[16] 벼슬을 두루 역임하고 늙어서 큰 벼슬을 할 것이고 말째[17] 구(句)로 보면 마침내 부귀(富貴)를 보전(保全)치 못할 상(相)이니 가히 흠(欠)이로다."

하더니 공(公)이 이십일(二十一)에[18] 등제(等第)하여 현도(顯道)에[19]

---

12) 남호곡(南壺谷) : 남용익(南龍翼, 1628~1692)을 말한다. 호곡(壺谷)은 남용익(南龍翼)의 호(號)이다.

13) 시재(詩才) : 시를 짓는 재주.

14) 맞고 : 맞이하고.

15) 장수(莊叟) : 장자(莊子)를 말한다.

16) 청요(淸要)하고 : 청환(淸宦)과 요직(要職)을 하고.

17) 말째 : 끝의.

출입(出入)하고 이미 늙음에 극품(極品)에 올라 종백(宗伯)20)과 태재(太宰)21)와 판금오(判金吾)22) 전문형(典文衡)23)을 지내니 '노타황복상청제(老拖黃腹上靑梯)' 글귀의 징험(徵驗)이 되었더니 후에 간당(奸黨)24)에 얽힌 바가 되어 다 관함(官銜)25)을 삭(削)하고26) 북새(北塞)27)에 귀양 가 적소(謫所)에서 죽으니 '실각진형인화접(失却眞形仍化蝶)'의 글귀의 징험(徵驗)이 되었더라.

---

18) 이십일(二十一)에 : 스물한 살에.
19) 현도(顯道)에 : 현달(顯達)한 길에
20) 종백(宗伯) : 예조판서(禮曹判書).
21) 태재(太宰) : 이조판서(吏曹判書).
22) 판금오(判金吾) : 판의금부사(判義禁府事). 판의금부사(判義禁府事)는 의금부 (義禁府)의 최고 벼슬로 종(從)1품이다.
23) 전문형(典文衡) : 대제학(大提學).
24) 간당(奸黨) : 사악한 무리. 여기서는 남인(南人)을 가리킨다.
25) 관함(官銜) : 관원(官員)의 직함(職銜).
26) 삭(削)하고 : 박탈당하고.
27) 북새(北塞) : 북쪽 변방.

3. 정유악(鄭維嶽)

정유악(鄭維嶽)이란 사람은 서인(西人)으로서 갑인(甲寅)28) 후에 남인
(南人)에 붙어, 아첨(阿諂)하는 태도를 사람이 차마 바로 보지 못할 정도
였는데 그때 남인(南人)이 새로 득지(得志)하여29) 허목(許穆)을 추존(推
尊)하여 와주(窩主)30)를 삼고 일일(一日)은 모든 남인(南人)이 유악(維嶽)
과 더불어 궐중(闕中)에31) 모여 [미수야(眉叟爺)32)는 허목(許穆)의 별호
(別號)이다]33) 유악(維嶽)이 또한 따라 미수야(眉叟爺)를 찬칭(讚稱)하
니34) 청성(淸城)35)이 마침 좌상객(座上客)36)으로 참여하여 계셨는데 희
롱(戲弄)하여 웃으며 가로되,

"길보(吉甫)[유악(維嶽)의 자(字)]는 가히 환야(喚爺)를 임종린아위(任
從隣兒爲)라 이르리로다.37)"[아비 부르기를 임의(任意)대로 이웃집 아이
에게 한단 말이다.38)] 유악(維嶽)이 대참(大慙)하여39) 낯을 숙이고 모든

---

28) 갑인(甲寅) : 갑인년(甲寅年). 1674년(현종 15)이다. 이 해에 갑인예송(甲寅禮訟
　: 2차 예송)이 일어나 서인이 내몰리고, 남인이 정권을 잡았다.
29) 득지(得志)하여 : 뜻을 얻어.
30) 와주(窩主) : 우두머리. 와주(窩主)는 본래 도둑이나 노름꾼 소굴의 우두머리를
　가리키는 말임.
31) 궐중(闕中)에 : 대궐(大闕)에.
32) 미수야(眉叟爺) : 미수(眉叟) 어르신.
33) [미수야(眉叟爺)는 허목(許穆)의 별호(別號)라] : 이 부분은 주석에 해당되는 부
　분인데, 앞에 '미수야'란 말이 보이지 않아 문맥에 맞지 않는다. 따라서 앞에 "모
　든 남인이 미수야(眉叟爺)라고 부르는데" 정도의 내용이 생략된 것으로 보인다.
34) 찬칭(讚稱)하니 : 높여 부르니.
35) 청성(淸城) : 청성부원군(淸城府院君) 김석주(金錫胄, 1634~1684).
36) 좌상객(座上客) : 여러 사람이 모인 자리의 손님.
37) 가히 환야(喚爺)를 임종린아위(任從隣兒爲)라 이르리로다 : 마음대로 이웃집 아
　이를 따라서 어르신이라고 부른다고 말할 수 있겠다.
38) 아비 부르기를 임의(任意)대로 이웃집 아이다려 한단 말이라 : "가히 환야를 임
　종린아위라 이르리로다"를 설명한 말로서, '아버지라 부르기를 마음대로 이웃집
　아이에게 한다'는 뜻이다. 곧 미수(眉叟) 허목(許穆)을 미수야(眉叟爺)라고 부르

남인이 다 실색대경(失色大驚)40)하고 듣는 자가 다 앙앙(怏怏)히41) 여기
더라.

니, '爺'는 아버지라는 뜻이고, 이에 따라 '미수(眉叟) 아버지'라 부르는 것이 되어,
이웃집 아이 같은 미수(眉叟)를 보고 아버지라 부른다고 희롱한 것이다. 그런데
이는 "可謂喚爺任從隣兒爲"의 의미를 잘못 파악한 것이다. 이때 '야(爺)'는 아버
지란 뜻이 아니라, 어른에 대한 존칭으로 사용된 것이다. 이를 번역하면 "'爺'라
고 높여 부르는 것은 자기 임의대로 이웃집 아이를 좇아서 한 것이라고 이를 만
하다."가 된다. 이는 미수(眉叟)를 보고 '미수야(眉叟爺)'라고 높여 부르는 남인들
을 좇아서 정유악이 '미수야(眉叟爺)'라고 부르는 것을 희롱한 것으로, 이때 이웃
집 아이[隣兒]는 여러 남인들을 빗대어 말한 것이다.

39) 대참(大慙)하여 : 크게 부끄러워.
40) 실색대경(失色大驚) : 대경실색(大驚失色).
41) 앙앙(怏怏)히 : 불쾌하게.

4. 정탁(鄭琢)

정탁(鄭琢)은 예천인(醴泉人)인데 가세(家勢)가 한미(寒微)하고 조남명(曹南冥)42)[아국(我國) 명인(名人)]43) 문하(門下)에 놀아 사우간(士友間)에 자못 지명(知名)하더니44) 명묘조(明廟朝)에45) 등제(登第)하여 교서분관(校書分館)46)을 하였더니, 이때는 사람 쓰기를 다만 재주와 명망(名望)을 보고 문벌(門閥)을 보지 아니하는 고(故)로 정탁(鄭琢)이 옥당(玉堂)47)과 이조좌랑(吏曹佐郎)48)을 지나, 마침내 지위(地位)가 좌의정(左議政)에 오르고 서원부원군(西原府院君)에 봉(封)해지고 향년(享年) 팔십(八十)에 치사(致仕)하고 죽으니 자손(子孫)이 또한 번성(繁盛)하니 진실로 희세(稀世)한 팔자(八字)이더라.

일찍 교서분관(校書分館)에 있을 때, 고제봉(高霽峰) 경명(敬命)49)이 [아국(我國) 명인(名人)] 바야흐로 조당(朝堂)에50) 번(番)들어,51) 제붕(諸朋)으로 더불어52) 논명(論命)53)[사주(四柱) 본다는 말이니 고제봉(高霽

---

42) 조남명(曹南冥) : 남명(南冥) 조식(曹植 : 1501~1572).
43) 아국(我國) 명인(名人) : 우리나라의 유명한 사람.
44) 지명(知名)하더니 : 이름이 널리 알려졌더니.
45) 명묘조(明廟朝)에 : 명종(明宗) 때에.
46) 교서분관(校書分館) : 교서관(校書館)에서 일을 익히게 되었더니. 교서(校書)는 교서관(校書館)을 말하며, 분관(分館)은 새로 문과(文科)에 급제한 사람을 승문원(承文院), 성균관(成均館), 교서관의 삼관(三館)에 나누어 배치하여 권지(權知)라는 이름으로 실무(實務)를 익히게 하던 일을 말한다. 급제자로서는 가장 영광스런 일이었다.
47) 옥당(玉堂) : 홍문관의 부제학, 교리(校理), 부교리, 수찬(修撰), 부수찬 따위를 통틀어 이르는 말.
48) 이조좌랑(吏曹佐郎) : 이조(吏曹)의 좌랑. 좌랑(佐郎)은 조선 시대 육조(六曹)에 소속된 행정실무직임.
49) 고제봉(高霽峰) 경명(敬命) : 고경명(高敬命, 1533~1592). 제봉(霽峰)은 그의 호(號).
50) 조당(朝堂)에 : 조정(朝廷)에.
51) 번(番)들어 : 차례로 숙직(宿直)이나 당직을 하기 위해 들어가.

峰)이 사주(四柱) 보기를 묘(妙)히 했다]하거늘 정공(鄭公)이 지필(紙筆)을 취(取)하여 사주(四柱)를 쓰고 제봉(霽峰)으로 하여금 보아 달라 하니, 제봉(霽峰)이 대로(大怒)하여 가로되,

"군(君)이 어찌 감(敢)히 청(請)하느뇨?"

정공(鄭公)이 빌며 공순(恭順)함을 마지 아니하기에 고제봉이 곁눈으로 그 사주(四柱)를 가만히 보니 극귀(極貴)할 명(命)이라 크게 놀라 가로되,

"그대 명(命)이 지위(地位)는 인신(人臣)에 극진(極盡)하고54) 수(壽)는 기이(期頤)55)[장수(長壽)한단 말이라]에 이르리니 우리 모든 벗이 따르기 어렵다."

하고 또 가로되,

"이 사람은 재자(才子)로다. 영남(嶺南) 풍속(風俗)에 향족(鄕族)으로서 제일(第一) 양반(兩班)을 삼거늘 이제 정공(鄭公)이 한미(寒微)한 사람으로서 귀(貴)히 되리로다."

하더라.

후(後)에 과연 정공(鄭公)이 상국(相國)이 된 후 그 형(兄)이 본군(本郡) 좌수(座首) 되었는데, 왜란(倭亂)에 감사(監司)가 군량(軍糧)을 잇지 못함으로 좌수(座首)를 중형(重刑)할 때, 그 나이를 물으니 칠십여(七十餘)라. 감사(監司)가 꾸짖어 가로되,

"나이가 저리 많으면서, 대사(大事)를 어찌 저리 소활(疎闊)이 하여 죄를 범(犯)하뇨?"

좌수(座首)가 답하여 가로되,

"시임(時任)56) 정승(政丞) 정탁(鄭琢)의 형(兄)이니 나이가 어찌 많지

---

52) 제붕(諸朋)으로 더불어 : 여러 벗들과 더불어.
53) 논명(論命) : 사주를 보거늘.
54) 인신(人臣)에 극진(極盡)하고 : 신하로서 끝까지 다하게 되고.
55) 기이(期頤) : 백(百) 살을 말함.

아니리잇가?"

　감사(監司)가 청필(聽畢)에 대경(大驚)하여 즉시 방면하니라.

---

56) 시임(時任) : 현임(現任). 지금 재임하고 있는.

5. 정인홍(鄭仁弘)

정인홍(鄭仁弘)은 대대(代代)로 합천(陜川)에서 살았는데, 그 아버지가 본군(本郡) 좌수(座首) 되었더니 일일(一日)은 해인사(海印寺) 중이 꿈꾸니, 정좌수(鄭座首) 집에 불빛이 하늘에 닿고, 가야산 호표(虎豹)[57]·시랑(豺狼)[58]·웅시(熊豕)[59]의 무리가 그 집에 무수(無數)히 들어가니 괴이히 여겨 즉시 가 보니 그날 밤에 정좌수(鄭座首)가 아들을 낳았으니 곧 인홍(仁弘)이더라.

인홍(仁弘)이 산림발천(山林發薦)[60]으로 광해조(光海朝)에[61] 이르러 영의정(領議政)이 되어 흉당(凶黨)[62] 중에 들어 성품(性稟)이 매우 경한(勁悍)하여[63] 마침내 대역(大逆)으로써[64] 도시(都市)에서[65] 복형(伏刑)하니[66] 중의 꿈으로 보건대 악수(惡獸)의[67] 사나운 기운(氣運)을 품득(稟得)하여[68] 난 연고(緣故)일러라.

---

57) 호표(虎豹) : 호랑이와 표범.
58) 시랑(豺狼) : 승냥이와 이리.
59) 웅시(熊豕) : 곰과 멧돼지.
60) 산림발천(山林發薦) : 시골에 숨어 있는 인재를 등용하는 일을 말한다.
61) 광해조(光海朝)에 : 광해군(光海君) 때에.
62) 흉당(凶黨) : 흉악한 무리들. 여기서는 대북(大北) 계열의 인물들을 가리킨다. 원래 이 글은 도곡(陶谷) 이의현(李宜顯, 1669~1745)의 「운양만록(雲陽漫錄)」에 실린 글을, 의유당 남씨가 한글로 번역한 것이다. 따라서 서인[노론]계열인 이의현의 당색(黨色)으로 인해 이렇게 표현되었다.
63) 경한(勁悍)하여 : 사납고 거칠어.
64) 대역(大逆)으로써 : 대역죄로써. 1623년 서인(西人)이 정권을 잡은 인조반정(仁祖反正)으로 인해 합천(陜川)에 낙향(落鄕)해 있던 정인홍은 대역죄로 참형(斬刑)을 당하였다.
65) 도시(都市)에서 : 도성(都城)의 저자거리에서.
66) 복형(伏刑)하니 : 사형(死刑)에 처(處)해지니.
67) 악수(惡獸)의 : 흉악한 짐승의.
68) 품득(稟得)하여 : 받고 태어난.

6. 김승평(金昇平)69)

선묘(宣廟)70) 말년(末年)에 제궁 왕손(諸宮王孫)71)을 모아 그림도 그리게 하시고 글씨도 쓰게 하시더니 인묘(仁廟)72)께서 아시(兒時)에 말을 그리셨으니 선묘(宣廟)께서 그림을 백사(白沙) 이공(李公)73)을 주시더라.

백사(白沙)가 북천(北遷)74)할 때 문생(門生)·부곡(部曲)75)이 따르며 도방(道傍)에서76) 보내는 자가 매우 많았는데 홀로 김승평 류(金昇平 瑬)77)를 이끌고 역려(逆旅)에 와 자고 그림을 맡기며 왈

"이는 선왕(先王)이 주신 것인데 그 뜻을 알지 못하니 군(君)이 다만 이 그림 그린 자를 알아보라."

승평이 또한 망연(茫然)하여 그 소유(所由)를 알지 못하고 돌아와 벽상(壁上)에 붙였더니, 인묘(仁廟) 잠저(潛邸)78) 때 나가 계시다가 급한 비를 만나시어 길가 집 문에 들어 피하시더니 이슥하여79) 차환(叉鬟)80)이 안으로부터 나와 고(告)하되

"어떠한 손님인지 알지 못하나 비 심(甚)하니 오래 서 있지 못할지라.

---

69) 김승평(金昇平) : 김류(金瑬, 1577~1648). 승평부원군(昇平府院君)에 봉해졌기에 김승평이라 한 것이다.
70) 선묘(宣廟) : 선조(宣祖).
71) 제궁 왕손을 : 제궁왕손(諸宮王孫)을. 여러 궁에 살고 있는 왕손들을.
72) 인묘(仁廟) : 인조(仁祖).
73) 백사(白沙) 이공(李公) : 이항복(李恒福, 1556~1618). 백사(白沙)는 이항복의 호(號)이다.
74) 북천(北遷) : 북쪽으로 귀양감. 백사 이항복은 인목대비 폐모론에 반대하다 1618년(광해군 10)에 함경도 북청(北青)으로 유배갔다.
75) 문생(門生)·부곡(部曲) : 문하생과 일반 백성.
76) 도방(道傍)에 : 길가에.
77) 김승평 류(金昇平瑬)를 : 승평부원군 김류를.
78) 잠저(潛邸) : 잠저는 나라를 세우거나 임금의 친족으로 임금이 된 사람이 임금이 되기 전의 시기를 가리키는 말이다.
79) 이슥하여 : 얼마간 시간이 지난 후에.
80) 차환(叉鬟) : 계집 종.

원컨대 잠간 외사(外舍)[81]에 앉으소서."

주인이 없으므로 인묘(仁廟)께서 사양(辭讓)하신되 차환(叉鬟)이 여러 번 청하거늘 인묘(仁廟)께서 마지못하여 말에서 내려 외사(外舍)에 드셨는데 벽상(壁上)에 그린 말이 있거늘 살펴보시니 곧 아시(兒時) 때에 그리신 바라. 마음에 괴이히 여기시더니 주인이 이르니 곧 승평(昇平)이라. 서로 알지 못하더니 인묘(仁廟)께서 피우(避雨)한[82] 연고(緣故)를 두루 이르시고 인하여 물어 왈

"그림을 어이해 벽에 붙였나뇨?"

승평 왈

"백사(白沙)께서 일찍이 그림을 주셨으되 뉘 그림인 줄 알지 못하는 고(故)로 벽에 붙여 구할 이를[83] 기다리나이다."

하니 인묘(仁廟)께서 왈

"이는 내가 아시(兒時) 때 그린 바로다."

이슥하여 안으로부터 크게 음식을 하여 내오거늘 승평이 괴이히 여겼는데 인묘(仁廟)께서 돌아가신 후에 들어가 부인(婦人)께 물어 왈

"지나가는 종실(宗室)[84]이 우연히 비를 피하거늘 성찬(盛饌)을 대접함은 어째서요."

부인 왈

"밤 꿈에 대가(大駕)[85]가 우리 집 문에 들어오시는데, 위의(威儀)가 매우 성(盛)하거늘 깨어 괴이하게 여겼는데 낮에 종이 전하되 '한 관인(官人)이 비를 피하여 문에 들어 말을 세웠다.' 하거늘 내 문틈으로 엿보니 얼굴이 매우 준수(俊秀)하여 완연(宛然)히 몽중(夢中)에 본 바와 같은지

---

81) 외사(外舍) : 사랑채. 외당(外堂). 객당(客堂).
82) 피우(避雨)한 : 비를 피한.
83) 구할 이를 : 구하는 사람을.
84) 종실(宗室) : 임금의 친족, 곧 왕족.
85) 대가(大駕) : 임금이 타는 수레. 어가(御駕).

라. 고(故)로 놀라 성(盛)히 대접함이로소이다."

승평이 이로부터 인묘(仁廟)께 왕래(往來) 친밀(親密)하여 흥왕지사(興王之事)86)를 하니라.

---

86) 흥왕지사(興王之事) : 왕업을 일으키는 일. 여기서는 1623년에 있었던 인조반정(仁祖反正)을 가리킨다.

7. 조안렴(趙按廉)[87]

조안렴(趙按廉)은 개국원훈(開國元勳)[88] 문충공(文忠公) 준(浚)의[89] 아우라. 매양 그 형(兄)을 절간(切諫)하여 고적(顧籍)치 아니하더니[90] 혁명(革命)한 후 문충공(文忠公)이 그가 화(禍)를 면(勉)치 못할까 하여 태조(太祖)께 아뢰고 공(公)의 이름을 국적(國籍)[91]에 올리고 호조전서(戶曹典書)[92]를 시키니 출사하지 않거늘 태조(太祖)께서 그 집에 친림(親臨)하시어 개유(開諭)하고자 하시되 공이 이불로 낯을 싸고 누워 대답 왈

"오히려 여조(麗朝)[93] 섬기던 일을 생각하는가?"

하거늘 상(上)이 굴(屈)하지 아니할 줄 아시고 창연(悵然)하여 돌아가시더라. 백운산(白雲山)에 숨어 종신(終身)하니 자손(子孫)에게 유언(遺言)하여

'삼대(三代)를 과환(科宦)을 다 폐(廢)하고 아조(我朝) 관직(官職)을 명정(銘旌)에 쓰지 말라.'

하였더니 졸(卒)함에 태종(太宗)이 시호(諡號)를 평간공(平簡公)이라 하시니 제자(諸子)가 유언(遺言)을 따르지 아니하고 표석(表石)[94]에 아조(我朝) 관함(官銜)[95]을 새겼더니 이미 세움에 비(碑)가 홀연 절로 넘어져 부러지고 '조공지묘(趙公之墓)' 네 자(字)만 남았으니 보는 자들이 '정충(精忠)에 감동(感動)함이라' 하더라.

---

87) 조안렴(趙按廉) : 조견(趙狷, 1351~1425). 고려 때 안렴사(按廉使)를 역임(歷任)하여 조안렴(趙按廉)이라 하였다.

88) 개국원훈(開國元勳) : 건국 공신.

89) 준(浚) : 조준(趙浚, 1346~1405). 문충(文忠)은 시호(諡號).

90) 고적(顧籍)치 아니하더니 : 아까워하지 아니하더니. 자기 몸을 돌보는데 마음을 두지 않았다는 의미이다.

91) 국적(國籍) : 나라의 전적(典籍). 사적(史籍).

92) 호조전서(戶曹典書) : 호조판서(戶曹判書).

93) 여조(麗朝) : 고려 왕조(高麗王朝).

94) 표석(表石) : 무덤 앞에 세우는 푯돌.

95) 관함(官銜) : 관직명.

8. 유부인(柳夫人)

홍학곡(洪鶴谷)96)의 모부인(母夫人)은 유몽인(柳夢寅)의 누이라. 글에 능(能)하고 식감(識鑑)97)이 있되, 성(性)98)이 투한(妬悍)하더니 학곡(鶴谷)의 대인(大人)99)이 그 벗을 대하여 그 투한(妬悍)하여 난감한 뜻을 이른데, 벗이 왈

"이러한 자(者)를 어찌 가히 아내를 삼아 스스로 괴로우리오? 어이 내치지 아니하느뇨?"

대(對) 왈(曰),

"내 어찌 모르리오마는 바야흐로 유신(有娠)하니,100) 아들을 낳을까 하여 참을 뿐이로다."

벗이 왈(曰),

"이 같은 사람이 생자(生子)한들101) 무엇에 쓰리오?"

부인이 창(窓) 사이로 가만히 듣고 사람을 시켜 막대에 똥 묻혀 손102) 앉은 편 창 구멍을 뚫고 뺨을 치더라.

생자(生子)하니 곧 학곡(鶴谷)이라. 자소(自少)로103) 친히 과독(課讀)하여 문장(文章)을 이루니라.

유부인(柳夫人) 식감(識鑑)이 있더니 학곡 아들 감사(監司) 명일(命一)104)이 감시(監試) 회시(會試)로부터 나오니105) 학곡(鶴谷)이 그 글을

---

96) 홍학곡(洪鶴谷) : 홍서봉(洪瑞鳳, 1572~1645)을 말한다. 학곡(鶴谷)은 그의 호(號)이다.

97) 식감(識鑑) : 사물이나 사리를 판단하는 능력.

98) 성(性) : 성품(性品).

99) 대인(大人) : 아버지.

100) 유신(有娠)하니 : 임신(姙娠)하니.

101) 생자(生子)한들 : 아들을 낳은들.

102) 손 : 손님.

103) 자소(自少)로 : 어릴 때부터.

104) 감사(監司) 명일(命一) : 감사(監司) 벼슬을 한 명일(命一). 곧 홍서봉의 아들

보고

　“반드시 하지 못하리라.106)”

하거늘 부인(夫人) 왈(曰),

　“이 틀림없이 장원(壯元)을 하리라.”

하고, 가인(家人)을 재촉하여 술을 빚어 응방(應榜)할 차림을 하더니 방(榜)이 나니 과연 장원(壯元)을 하니라.

　이 밖에 후생(後生)의 글을 한 번 봄에 문득 수요궁달(壽夭窮達)을107) 결단(決斷)하여 점(占)친 듯하니 가히 다 기록치 못하니라.

　일일(一日)은 학곡(鶴谷)이 모시고 앉았더니 멀리 말의 소리를 듣고 부인(夫人) 왈(曰),

　“이는 명마(名馬)라.”

하고,

　“이끌어 오라.”

하니 여위어 죽게 된 말이어늘 명(命)하여 먹여 기르니 과연 절족(絶足)108)이 되니라.

　유부인이 이 같을 뿐 아니라 또 곤범(壼範)이 많아 이제까지 숙덕(淑德)으로 말하니 투한(妬悍)하기를 의논(議論)할 사람이 아니라, 막대에 똥 묻힌 이는 감사(監司)의 후부인(後夫人) 구씨(具氏)의 일이라 하더라. 구부인(具夫人)도 결열(潔烈)109)하고 영기(英氣)110) 있더니 감사(監司)가 혼인날 밤에 그 복착(服着)을 자랑하여 왈(曰),

---

　홍명일(洪命一, 1603~1651)을 말한다. 그는 강원감사(江原監司)를 역임하였다.

105) 감시(監試) 회시(會試)로부터 나오니 : 소과(小科)의 복시(覆試)를 보고 나오니.

106) 반드시 하지 못하리라 : 반드시 급제하지 못하리라.

107) 수요궁달(壽夭窮達) : 장수(長壽), 단명(短命), 곤궁(困窮), 영달(榮達).

108) 절족(絶足) : 훌륭한 말.

109) 결열(潔烈) : 성품이 강직하고 곧음.

110) 영기(英氣) : 뛰어난 기상과 재기(才氣).

"총갓111)과 도홍(桃紅) 띠112)와 옥관자(玉冠子)113)가 어떠하뇨?"

부인이 응성(應聲)114) 왈(曰),

"황초립115)에 대모관자(玳瑁貫子)에 세초 띠116)야."

하니 감사(監司)가 말이 막히더라.

감사(監司)가 새로 남대단(藍大緞)117) 단령(團領)118)을 입고 조회(朝會)에 갔다가 귀로(歸路)에 첩의 집에 다녀오니 부인(夫人)이 알고 바로 관대(冠帶)119)를 기름 동이120)에 담그더라.

---

111) 총갓 : 말총으로 엮은 갓.

112) 도홍(桃紅) 띠 : 도홍색의 술띠. 정3품 당상관(堂上官)만이 맬 수 있었음.

113) 옥관자(玉冠子) : 옥으로 만든 망건 관자. 정3품 당상관 이상의 관원이 할 수 있었다.

114) 응성(應聲) : 즉시 대답함.

115) 황초립 : 초립. 누런 빛깔이 나기에 황초립이라고도 하였다.

116) 세초 띠 : 애기풀로 만든 술띠.

117) 남대단(藍大緞) : 남빛의 좋은 비단.

118) 단령(團領) : 관복(官服).

119) 관대(冠帶) : 벼슬아치의 공복(公服).

120) 기름 동이 : 유분(油盆).

9. 이번(李璠)[121]

이번(李璠)은 율곡(栗谷)[122]의 형(兄)이라. 파주(坡州)[123]에 있더니 서울 들어와 율곡(栗谷)을 보니 이 때 상(上)이 표피(豹皮) 요를 사송(賜送)하시니[124] 이는 외방(外方)에서 진상(進上)한 바라. 장광(長廣)[125]이 크고 화미(華美)하더니 전상(殿上)에 어(御)하시는[126] 것인데, 율곡(栗谷)을 권우(眷遇)하시어[127] 주심이러라.

번(璠)이 명일(明日)에 파주(坡州)로 돌아가더니 도로 오거늘 율곡(栗谷)이 물으신대 답 왈(答曰),

"몇 리(里)를 가더니 군(君)을 생각하여 다시 보고 가려 하노라."

율곡 답 왈,

"어제 은사(恩賜)하신 표피(豹皮) 요를 형에게 드림 직하되, 임금께서 주신 것을 감히 깔지 않고 보내지 못하여 수일(數日) 후 기다려 보내고자 했더니 이미 깔아 밤이 지났으니 감히 드리노라."

한데, 번(璠)이 가지고 가더라.

---

121) 이번(李璠) : 율곡 이이의 둘째 형.
122) 율곡(栗谷) : 이이(李珥, 1536~1584). 율곡(栗谷)은 그의 호(號)이다.
123) 파주(坡州) : 지명(地名). 경기도 파주.
124) 사송(賜送)하시니 : 하사(下賜)하시니.
125) 장광(長廣) : 길이와 넓이. 곧 크기.
126) 전상(殿上)에 어(御)하시는 : 임금께서 사용하시는.
127) 권우(眷遇)하사 : 특별히 사랑하여 후하게 대우하시어.

10. 이탁(李鐸)

　이상국(李相國) 탁(鐸)[128]은 성묘조(成廟朝) 명신(名臣)이라. 갓 태어나서 이불에 덮혀 오래도록 소리 없으니 그 모부인(母夫人)이 열어 봄에 작은 용(龍)이 머리와 뿔이 우뚝하고 몸을 서려 길이[129] 자거늘 드디어 도로 덮고 가만히 기다리더니 이슥하여[130] 우는 소리 있거늘 열어 보니 아이더라.

　자라서 급제(及第)하여 성균학유(成均學諭)[131]로 시골 갈 때, 한강(漢江) 건너 십여 리(里)의 물가에서 말을 먹이더니 월산대군(月山大君)이 남(南)으로 놀고 돌아올 때, 또한 물가에 앉아 점심을 은기(銀器)에 드리거늘 이공(李公)이 은기(銀器)을 들어 보고 도로 놓으니, 대군(大君) 왈(曰),

　"그 그릇을 가지고자 하는가? 마땅히 받들어 주리라."

　이공(李公)이 웃으며 왈,

　"내 평생 은기(銀器)란 것을 보지 못하였는 고로 집어 보았을 뿐이거늘 문득 가지라 하니 어찌 사대부의 대접을 그리 박(薄)하게 하시나니이까?"

하고 인하여 떠나가거늘 대군(大君)이 와 상(上)께 뵈옵고 그 말씀을 여쭈었는데, 상(上)이 내구마(內廄馬)[132]로 명(命)하여 따르게 하여 더불어 말씀하시고, 대열(大悅)하시어 즉시 홍문수찬(弘文修撰)[133]을 제수(除授)

---

128) 이상국(李相國) 탁(鐸) : 정승(政丞) 이탁(李鐸). 상국(相國)은 정승을 말한다. 이탁이 누구인지는 미상이다. 성종 때 이와 비슷한 이름의 정승은 없었다.

129) 길이 : 길게.

130) 이슥하여 : 얼마간 시간이 지난 후에.

131) 성균학유(成均學諭) : 관직명(官職名). 성균관에 소속된 종9품의 관직임.

132) 내구마(內廄馬) : 내구마(內廄馬)는 임금이 거동할 때 쓰는 말을 말한다. 여기서는 내구마(內廄馬)를 관리하는 관원(官員)을 말한다. 내구마(內廄馬)를 관리하는 관원은 임금을 가까이 모시었기 때문에, 요직(要職) 중의 하나였다.

133) 홍문수찬(弘文修撰) : 조선 시대 홍문관(弘文館)의 정5품의 관직으로 요직(要職)이었다.

하시고 불차탁용(不次擢用)[134] 초천(超遷)[135]하여 정승(政丞)에 이르렀더
라.

---

134) 불차탁용(不次擢用) : 관계(官階)의 차례를 밟지 아니하고 등용됨.
135) 초천(超遷) : 등급을 뛰어넘어서 올라감.

영명사득월루상량문(永明寺得月樓上樑文)

절이(竊以)

한천고사황대만(寒天古寺荒臺晚)하니,

기인구이흥퇴(旣因舊而興頹)하고,

근수고루득월선(近水高樓得月先)하니,

우창신이천미(又創新而薦美)로다.

감당(甘棠)이 포음(布蔭)하고,

기수증휘(祇樹增輝)로다.

염자패상고도(念玆浿上古都)는,

식유해동승지(寔惟海東勝地)로다.

장성대야(長城大野)는,

천하제일강산(天下第一江山)이오.

벽와주란(碧瓦朱欄)은,

운변무수루관(雲邊無數樓館)이라.

원유사어강북(爰有寺於江北)하니,

숙천명어관서(夙擅名於關西)로다.

청류벽금수봉(淸流壁錦繡峰)은,

체세기상(體勢奇爽)이오.

을밀대능나도(乙密臺綾羅島)는,

안계통명(眼界通明)이라.

영승(靈僧)이 삽석어명구(揷錫於名區)하니,

묘의년대지명막(緲矣年代之冥漠)이오.

불전(佛殿)이 탁석어심저(卓錫於深渚)하니,

익연제도지굉화(翼然制度之宏華)로다.

인전구제궁유기(人傳九梯宮遺基)하니,

옥청청포지상상(玉廳靑蒲之想像)이오,

지유동명왕이적(地留東明王異蹟)하니,

문정린굴지가심(文井麟窟之可尋)이라.

연화기회개도량(緣化旣會開道場)이오,

도회중별반세계(都會中別般世界)로다.

천향계자(天香桂子)는,

방불영은사풍연(彷彿靈隱寺風烟)이오.

어화종성(漁火鐘聲)은,

의희고소성광경(依稀姑蘇城光景)이라.

소인묵객지소등람(騷人墨客之所登覽)이오,

방백태수지소유관(方伯太守之所遊觀)이라.

난도소강(蘭棹溯江)하니,

계청람어쌍수(繫靑纜於雙樹)하고,

죽여천경(竹輿穿徑)하니,

주화개어제천(駐華蓋於諸天)이라.

차성상지변이(嗟星霜之變移)하니,

구동우지경비(久棟宇之傾圮)로다.

용당(龍堂)이 반락(半落)하니,

만쇄호겁지부운(漫鎖浩劫之浮雲)이오.

보전(寶殿)이 황량(荒凉)하니,

허조항사지혜월(虛照恒沙之慧月)이라.

신선루굉의설지소(矧禪樓曠宜設之所)하니,

이사관유불비지탄(而寺館有不備之嘆)이로다.

탑좌지영기고평(塔左之靈基高平)하니,

비무기루지지(非曰無起樓之地)언마는,

수서지화구(水西之華構) 완만(宛晩)하니,

기내호기자난봉(其奈好奇者難逢)가.

운연(雲烟)이 현태어삼방(現態於三方)하니,

종요가경지공완(縱饒佳景之供玩)하나,

수월(水月)이 교위어일면(交輝於一面)하니,

독부청야지임관(獨負淸夜之臨觀)이라.

특지기승이이휴(特地奇勝已而虧)하니,

과객지회황(過客之徊徨)이 개구(慨久)로다.

자은사지중수고탑(慈恩寺之重修古塔)이,

갱유하인(更有何人)고.

채자사지경시선당(蔡刺史之經始禪堂)이,

약대금일(若待今日)이라.

복유순상홍공합하(伏惟巡相洪公閤下)는,

망중낭묘(望重廊廟)하고,

재우동량(才優棟樑)이라.

강해풍류(江海風流)는,

백척원룡루호기(百尺元龍樓豪氣)오.

호산청광(湖山淸光)은,

반세압구정주인(半世鴨鷗亭主人)이라.

재상(宰相)이 수정간지재(須楨幹之才)하니,

인방기이병축(人方期以秉軸)이어늘,

조정(朝廷)이 중쇄약지임(重鎖鑰之任)하니,

공내굴어안번(公乃屈於安藩)이라.

임양세유애지방(臨兩世遺愛地方)하니,

만성(萬姓)이 쟁도(爭睹)하고,

신일도징청지화(新一道澄淸之化)하니,

백폐구흥(百廢俱興)이라.

방풍경어영명지계(訪風景於永明之界)로다.

앙첨전금문현액(仰瞻轉錦門懸額)하니,

홀억당년(忽憶當年)이오.

갱감부벽루게시(更感浮碧樓揭示)하니,

중등차일(重登此日)이라.

남산천이감성쇠지운(覽山川而感盛衰之運)하고,

권사찰이심흥체지기(睠寺刹而審興替之機)로다.

위천년천기지구(謂千年擅奇之區)에,

불가완재식퇴관(不可緩再飾頹館)이라.

위일편임수지지(謂一片臨水之地)가

불가무별기신루(不可無別起新樓)니라 하야,

수구재이취공(遂鳩材而聚工)하니,

갱연름이흥역(更捐廩而興役)이라.

법우수보광지구(法宇修普光之舊)하니,

기백간륜환(幾百間輪奐)이 기완(旣完)고.

위난점주악지동(危欄占奏樂之東)하니,

수십영결구(數十楹結構) 사미(斯美)로다.

휘황금벽(輝煌金碧)은,

기견서림지승관(旣見西林之勝觀)이오.

표묘고릉(縹緲觚稜)은,

갱망동루지생색(更望東樓之生色)이라.

임만경지황량(臨萬頃之荒凉)하야,

납일륜지청원(納一輪之淸圓)이라.

층영(層楹)이 침벽(侵碧)하니,

염풍(簾風)은 양금파지휘(漾金波之輝)하고,

팔창(八窓)이 배허(排虛)하니,

첨운(檐雲)은 누은섬지영(漏銀蟾之影)이라.

등사루야(登斯樓也)에,

활연심목지구청(豁然心目之俱淸)이오.

지부월호(知夫月乎)냐,

과연명실지상득(果然名實之相得)이라.

황랑사광한전(晃朗似廣寒殿)이오,

영롱여수정궁(玲瓏如水晶宮)이라.

분대영이성삼(紛對影而成三)하고,

혹정배이문일(或停杯而問一)이라.

등림초체(登臨迢遞)하니,

개석일지무루(慨昔日之無樓)러니,

조망청명(眺望淸明)하니,

희금소지다월(喜今宵之多月)이라.

유안사포화지일(唯按使布化之日)은,

즉선궁개관지추(卽禪宮改館之秋)로다.

법계지루대재신(法界之樓臺再新)하니,

거승(居僧)은 과이천지독유(誇二天之獨有)ㅎ고,

대동강지류부절(大同之江流不絶)하니,

고명(高名)은 기백대지영수(期百代之永垂)로다.

가일경구(暇日輕裘)는,

불천유태위지청흥(不淺庾太尉之淸興)이오,

화편대자(華扁大字)는,

고괘미원장지장홍(高掛米元章之長虹)이라.

기신구지고성(旣新構之告成)하니,

거선송지무작(詎善頌之無作)가.

자념단필(自拈短筆)하니,

조거수량(助擧修樑)이라.

아랑위포량동(兒郞偉抛樑東)은,
백로횡강월상동(白露橫江月上東)이라.
불수주렴운공권(拂樹珠簾雲共捲)하니,
일단청원화난동(一團淸影畵欄東)이라.

아랑위포량남(兒郞偉抛樑南)은,
십리장림월영남(十里長林月影南)이요.
하처일성경구조(何處一聲驚鷗鳥)하고,
도가래자연광남(棹歌來自練光南)이라.

아랑위포량서(兒郞偉抛樑西)는,
야색희미월향서(夜色稀微月向西)를,
활처수심유정지(闊處須尋幽靜地)하니,
고송창회을대서(古松蒼檜乙臺西)로다.

아랑위포량북(兒郞偉抛樑北)은,
월전루남광재북(月轉樓南光在北)이라.
홀부영회취만렴(忽復縈回翠滿簾)하니,
모란봉영난간북(牧丹峰影欄干北)이라.

아랑위포량상(兒郞偉抛樑上)은,
소월수휘천우상(素月垂輝天宇上)이라.
일임한섬거우래(一任寒蟾去又來)하니,
야한취와포단상(夜閑醉臥蒲團上)이라.

아랑위포량하(兒郎偉抛樑下)는,
월색강광연상하(月色江光連上下)로다.
야반령령청경성(夜半泠泠淸磬聲)에,
어룡출청루지하(魚龍出廳樓之下)로다.

복원상량지후(伏願上樑之後)에,
차월(此月)이 불류(不流)하고,
차루(此樓)이 불개(不改)라.
천추안전지돌올(千秋眼前之突兀)이오,
만고강상지배회(萬古江上之徘徊)로다.
상어사영어사(觴於斯詠於斯)하니,
일루고어선계(一樓高於仙界)하고,
천불로지불로(天不老地不老)하니,
호월현어청공(好月懸於晴空)이라.

영명사득월루상량문(永明寺得月樓上樑文)

그윽이 써 하되,
찬 하늘 옛 절의 거친 대(臺) 늦었으니
옛날을 의지하여 무너진 것을 일으켰고,
물 가까운 높은 누(樓) 달 얻기를 먼저 하니
또 새 것을 지어 아름다움을 드러내도다.
감당(甘棠)이 그늘을 펴고
중의 나무가 빛을 더하도다.
이때 패수(浿水) 가의 옛 도읍은
진실로 해동(海東)의 좋은 땅이로다.
긴 성(城)과 큰 들은
천하(天下)의 제일강산(第一江山)이요,
푸른 기와와 붉은 난간(欄干)은
구름 가의 무수한 다락집이로다.
이에 절이 강 북편(北便)에 있으니
일찍 이름을 관서(關西)에 천자(擅恣)히 하였도다.
청류벽(清流壁)과 금수봉(錦繡峰)은
몸과 형세(形勢) 기특(奇特)함이 시원하고,
을밀대(乙密臺) 능라도(綾羅島)는
안계(眼界) 통창(通敞)함이 밝도다.
영(靈)한 중이 막대를 이름난 땅에 꽂았으니
아득히 연대(年代) 멀었고,
부처의 집이 다리를 깊은 물가에 꽂았으니
높은 제도(制度)가 굉장하고 빛나도다.
사람이 구제궁(九梯宮) 남은 터를 전하니

옥(玉)집과 푸른 개1)를 생각고,

땅에 동명왕(東明王)의 기이(奇異)한 사적(史蹟)을 머물게 하니

문무정(文武井)과 기린굴(麒麟窟)을 가히 찾으리로다.

연화(緣化)하는 때에 도량(道場)이요,

도회(都會) 한 가운데 별반세계(別般世界)로다.

하늘 향내와 계수(桂樹) 열매는

영은사(靈隱寺) 풍연(風煙)과 방불하고,

고기 잡는 불과 북소리는

고소성(姑蘇城) 광경(光景) 같도다.

글 쓰는 사람과 글씨 쓰는 나라기가 올라 보는 바이고,

방백(方伯) 태수(太守)가 놀아 볼 바로다.

목란(木蘭) 돛대로 강을 거슬러 오르니

푸른 뱃줄을 쌍수(雙樹)에 매었고,

대2) 남여(藍輿)가 길을 뚫으니

빛난 개(蓋)3)를 제천(諸天)4)에 머물게 하는도다.

슬프다. 성상(星霜)이 변(變)하고 옮겨져

오래도록 집이 기울고 무너졌도다.

용당(龍堂)5)이 상하고 떨어졌으니

부질없이 호겁(浩劫)6)에 뜬구름만 잠기고,

보전(寶殿)이 거칠고 차니

헛되이 항사(恒沙)에 혜월(慧月)만 비추었도다.7)

---

1) 옥(玉)집과 푸른 개 : 옥청(玉廳)과 청포(靑蒲). 곧 궁궐과 그 안. '푸른 개'는 궁
   궐의 안을 의미하는 靑蒲를 靑浦[푸른 갯벌]로 잘못 이해하여 나타난 오류이다.
2) 대 : 대나무[竹].
3) 개(蓋) : 덮개. 양산.
4) 제천(諸天) : 하늘.
5) 용당(龍堂) : 법당(法堂).
6) 호겁(浩劫) : 아주 오랜 세월.

하물며 중의 다락이 마땅히 있어야 할 곳 다 비어

절집이 갖추어지지 못한 탄식(歎息)이 있도다.

집 좌편(左便)에 영(靈)한 터가 높고 평안(平安)하니

누(樓) 지을 땅이 없다고 이르지 못하겠지만,

물 서편(西便)에 빛나게 꾸미는 것이 늦었으니

그 기특(奇特)함을 좋아하는 이 만나기 어려우니 어찌하리오.

구름과 안개가 태도(態度)[8]를 삼방(三方)[9]으로 드리우니

비록 아름다운 경(景)이 구경하는 데 족(足)하나,

물과 달이 서로 일면(一面)에 비추니

홀로 맑은 밤에 보기를 저버렸도다.

특별한 땅에 기특(奇特)하고 좋은 것이 이미 이지러졌거늘

지나가는 손이 머뭇거림이 대개 오래도다.

자은사(慈恩寺)의 옛 탑을 중수(重修)함이

다시 뉘 있나뇨.

쵀자사(刺史)가 선당(禪堂)을 지음은

오늘을 기다린 듯하도다.

엎드려 생각하니 순상(巡相) 홍공합하(洪公閤下)[10]는

물망(物望)[11]이 낭묘(廊廟)[12]에 중(重)하고

재주가 동량(棟樑)에 넉넉하도다.

강해(江海) 풍류(風流)는

백(百) 자[尺] 원룡루(元龍樓)의 호기(豪氣)요,[13]

---

7) 항사(恒沙)의 혜월(慧月)만 비추었도다 : 오랜 세월동안 밝은 달만 비추었도다.
8) 태도(態度) : 모습.
9) 삼방(三方) : 세 방향.
10) 순상(巡相) 홍공 합하(洪公閤下) : 관찰사 홍공 합하(閤下). 당시 관찰사였던 홍 상한(洪象漢, 1701~1769)을 말함.
11) 물망(物望) : 명망(名望).
12) 낭묘(廊廟) : 의정부(議政府). 여기서는 조정(朝廷)의 의미.

호산(湖山)의 청광(淸光)14)은

반세(半世) 압구정(鴨鷗亭) 주인(主人)이라.

재상(宰相)이 정간(楨幹)15) 같은 자를 기다리니

사람들이 병축(秉軸)16)하기를 기약(期約)하거늘,

조정(朝廷)이 쇄약(鎖鑰)17) 같은 직임(職任)을 중(重)히 여기니

공(公)이 이에 안번(安藩)하기에18) 굴(屈)하였도다.19)

두 대(代)를 사랑하는 땅에 임(臨)하니20)

만성(萬姓)21)이 다투어 보고,

한 도(道)의 맑은 화(化)22)를 새롭게 하니

일백 폐(一百廢)23) 다 니도다.24)

참비(驂騑)25)를 장경(長慶)26) 어귀에 엄연(儼然)히 두고

풍경(風景)을 영명(永明)27) 지경(地境)에 찾도다.

우러러 전금문(轉錦門)28) 현액(懸額)을 보니

---

13) 백(百) 자 원룡루(元龍樓)의 호기(豪氣)요 : '백척원룡루(百尺元龍樓)'의 고사를 의미하는 것으로, 아주 씩씩하고 호방한 기상이 있음을 말한 것이다.
14) 호산(湖山)의 청광(淸光) : 호수와 산의 아름다운 경치.
15) 정간(楨幹) : 가장 근본이 되는 기둥.
16) 병축(秉軸) : 정권을 잡음. 여기서는 관직에 나아감을 의미함.
17) 쇄약(鎖鑰) : 군사상의 요지.
18) 안번(安藩) : 변방을 안정시킴. 여기서 변방은 평안도를 말함.
19) 굴(屈)하였도다 : 굴취(屈就)하였도다. 굴취(屈就)는 몸을 굽혀 관직에 나아감을 의미함.
20) 두 대(代)를 사랑하는 땅에 임(臨)하니 : 홍상한의 아버지인 홍석보(洪錫輔, 1672~1729) 역시 평안도 관찰사를 역임하였다.
21) 만성(萬姓) : 만백성.
22) 화(化) : 교화(敎化).
23) 일백 폐(一百弊) : 온갖 폐지되었던 것이.
24) 니도다 : 일어나도다[興].
25) 참비(驂騑) : 수레를 메운 말. 여기서는 말, 또는 수레를 의미함.
26) 장경(長慶) : 장경문(長慶門)을 말함. 장경문(長慶門)은 평양성(平壤城)의 동문 (東門)임.
27) 영명(永明) : 영명사(永明寺)를 말함.

홀연히 당년(當年)을 생각하고,

다시 부벽루(浮碧樓)에 게시(揭示)한 것에 감동(感動)하니

이 날에 거듭 올랐도다.

산천(山川)을 보고 성(盛)하며 쇠(衰)한 운(運)에 감동(感動)하고

절을 보고 흥(興)하며 체(替)하는 기틀을 살피도다.

이르되 천 년(千年)의 아름다움을 천자(擅恣)히 하던 땅에

무너진 집 두 번 꾸미기를 가히 완완(緩緩)히 못하리라 하고,

이르되 한 조각 물에 임(臨)한 땅에

각별히 새 다락 일으킴을 가히 없애지 못하리라 하여,

드디어 재물(財物)을 모으고 장인(匠人)을 모아

다시 창름(倉廩)을 덜어 역사(役事)를 일으키도다.

법집29)을 보광전(寶光殿) 옛 것을 닦으니

몇 백 간(間) 윤환(輪奐)30)이 이미 완전(完全)하였는가.

위태로운 난간(欄干)을 주악루(奏樂樓)31) 동편(東便)에 지었으니

수십 기둥 얽음이 아름답도다.

휘황(輝煌)한 금(金)과 푸른 것은

이미 서편(西便) 수풀의 빛을 더함을 보고,

표묘(縹緲)한 모서리는

다시 동편(東便) 누(樓) 생색(生色)함을 보도다.

일 만(一萬) 이랑 황량(荒凉)한 것을 임(臨)하여

한 바퀴 둥근 것을 들이는도다.

층 기둥이 푸른 데 침노하니

발 바람이 금빛을 흔들고,

---

28) 전금문(轉錦門) : 평양의 북성(北城) 남쪽에 있는 문.

29) 법집 : 법전(法殿). 법당(法堂).

30) 윤환(輪奐) : 크고 아름다운 건물.

31) 주악루(奏樂樓) : 득월루 옆에 있던 누각 이름.

여덟 창이 빈 데 벌여 있으니

처마 구름에 은섬(銀蟾)32) 그림자 새는도다.

이 누(樓)에 오르니

시원하여 마음과 눈이 다 맑고,

달을 아느냐

과연 이름과 실(實)이 서로 맞도다.

황랑(晃郞)하여 광한전(廣寒殿) 같고

영롱(玲瓏)하여 수정궁(水晶宮) 같도다.

어지러이 그림자를 대(對)함에 셋이 이루어졌고

혹 잔을 머물러 한 번 묻는도다.

올라 임(臨)함에 초체(迢遞)33)하니

옛날 누(樓) 없음을 탄식(歎息)하더니,

바라보기 청명(淸明)하니

오늘밤 달 많음을 기뻐하도다.

오직 안사(按使)34)의 교화(敎化) 펴는 날은

곧 선궁(禪宮)의 집 고칠 때로다.

법계(法界)의 누대(樓臺) 이에 새로워졌으니

사는 중은 두 하늘을 홀로 둠을 자랑하고,

대동강(大同江) 흐르는 것이 끊어지지 아니하니

높은 이름을 백대(百代)에 길이 드리움을 기약하도다.

한가한 날 가벼운 갖옷은

유태위(庾太尉)35)의 맑은 흥(興)이 옅지 아니하고,

---

32) 은섬(銀蟾) : 달.

33) 초체(迢遞) : 아득히 먼 모양.

34) 안사(按使) : 관찰사.

35) 유태위(庾太尉) : 중국 육조(六朝) 시기 진(晉)나라 사람이었던 유량(庾亮, 289
~340). 태위(太尉)는 벼슬이름.

빛난 현판(懸板)의 큰 글자는
높이 미원장(米元章)36)의 긴 무지개를 걸었도다.
이미 새로 얽은 것이 이룸을 고(告)하니
어찌 잘 기리기의 지음이 없으리오.
이에 짧은 붓을 뽑아
긴 들보를 도와 드노라.

오랑위포량37) 동편(東便)에는
흰 이슬이 강에 비꼈는데 달이 동으로 오르는도다.
나무에 떨치는 주렴을 구름과 한가지로 걷으니
한 둥근 그림자는 난간(欄干) 동편(東便)이로다.

오랑위포량 남편(南便)에는
십 리(十里) 긴 수풀에 달 그림자 남편(南便)에 있도다.
어느 곳 한 소리가 갈매기 새를 놀래는가.
배 돛대 연광정(練光亭) 남편(南便)으로부터 오는도다.

오랑위포량 서편에는
밤빛이 희미(稀微)하니 달이 서편(西便)으로 향하는도다.
활통(闊通)한38) 곳은 모름지기 그윽하고 고요한 땅에서 찾을지니
옛 솔과 푸른 전나무 을밀대(乙密臺) 서편(西便)이로다.

오랑위포량 북편에는

---

36) 미원장(米元章) : 중국 북송(北宋) 때 유명한 화가이자 서예가인 미불(米芾, 1051~1107)을 말함. 원장은 그의 자(字).
37) 오랑위포량 : '어영차' 정도의 의미를 지닌 의성어.
38) 활통(闊通)한 : 탁 트인.

달이 누 남쪽으로 구르니 빛이 북쪽에 있도다.
홀연히 다시 도리어 푸른 것이 발에 가득하니
모란봉 그림자 난간 북편이로다.

오랑위포량 위에는
흰 달이 빛을 하늘 위에 드리웠도다.
한결같이 찬 두꺼비39) 가락오락함을 맡겼으니
밤이 한가로우매 포단(蒲團)40) 위에 취(醉)하여 누웠도다.

오랑위포량 아래에는
달빛과 강빛이 위 아래 연(連)하였도다.
야반(夜半)에 영령(泠泠)한 맑은 경쇠41) 소리에
고기와 용(龍)이 다락 아래에서 나가는 듯하도다.

엎드려 원하느니 상량(上樑)한 후에
이 달이 떨어지지 말고
이 다락이 고치지 말아
천추(千秋)에 눈앞에 돌올(突兀)하고
만고(萬古)에 강 위에 배회(徘徊)하도다.
예서 술 먹고 예서 글 지으매
한 다락이 신선(神仙)의 지경(地境)에 높아 있고
하늘이 늙지 아니하고 땅이 늙지 아니하니
좋은 달이 갠 하늘에 걸렸도다.

---

39) 두꺼비 : 달[月]을 가리킴.
40) 포단(蒲團) : 부들방석.
41) 경쇠 : 불전에서 사용하는 작은 종.

찾아보기

지은이 류준경
부산 출생
서울대학교 국문학과 및 동대학원 졸업(문학박사)
서울대학교 한국문화연구소 전임연구원 역임
성신여자대학교 한문교육과 교수

감 수 황선엽(성신여자대학교 교수)

100대 한글 문화유산 86
의유당관북유람일기

초판 1쇄 발행 2008년 11월 25일

지은이 류준경
펴낸이 이재선
펴낸곳 신구문화사

출판등록 1968년 6월 10일
주소 경기도 성남시 중원구 금광2동 2661번지
전화 031-741-3055~6
팩스 031-741-3054
e-mail kkk33@korea.com
ⓒ 국립국어원, 한국어세계화재단, 2008
ISBN 978-89-7668-146-1 93710
ISBN 978-89-7668-120-1(세트)

값 17,000원
*지은이와의 협의에 따라 인지는 생략합니다.
*잘못된 책은 바꾸어 드립니다.
*이 책은 국립국어원으로부터 국고보조금을 지원 받은
 '100대 한글 문화유산 정비 사업'의 결과물로 이루어졌습니다.